葛剑雄 著

人在時空之間

穿越千年时空 体验人文意境

II

中华书局
ZHONGHUA BOOK COMPANY

图书在版编目（CIP）数据

人在时空之间 Ⅱ／葛剑雄著.—北京：中华书局，
2010.1
ISBN 978 - 7 - 101- 06970 - 9

Ⅰ．人… Ⅱ．葛… Ⅲ．社会科学—文集 Ⅳ．C53

中国版本图书馆 CIP数据核字（2009）第 157865 号

书　　名　人在时空之间 Ⅱ
著　　者　葛剑雄
责任编辑　祝安顺
出版发行　中华书局
　　　　　（北京市丰台区太平桥西里 38 号 100073）
　　　　　http://www.zhbc.com.cn
　　　　　E-mail:zhbc@zhbc.com.cn
印　　刷　北京未来科学技术研究所有限责任公司印刷厂
版　　次　2010 年 1 月北京第 1 版
　　　　　2010 年 1 月北京第 1 次印刷
规　　格　开本 /700×1000 毫米　1/16
　　　　　印张 14　插页 2　字数 200 千字
印　　数　1-8000 册
国际书号　ISBN 978 - 7 - 101- 06970 - 9
定　　价　28.00 元

目录

第一章

家国与天下

1. 中国与中国文化

1.1 古代"中国"究竟有多大

谈到世界上大国的历史，谈到中国的和平崛起，自然会想到古代的中国。古代中国究竟算不算大国，究竟有多大？这是我们了解历史、比较古今的前提。但到目前为止，人们还存在不少误解。

首先必须清楚，"中国"被正式当作我们国家的名称是从1912年中华民国建立才开始的。在这以前，"中国"的概念是不确定的，一般来说范围是不断扩大，从仅指中原地区，扩大到泛指整个国家。比如在清朝后期，"中国"有时是"大清国"的代名词，包括清朝的全部疆域；有时也指"内地十八省"，而不包括东北、内外蒙古、西藏、新疆。

因此，要确切地表示中国古代的疆域范围，只能说当时这个朝代实际统治的范围有多大，例如秦朝有多大，唐朝有多大，清朝有多大。如果要说当时的中国有多大，就得说明这个"中国"是什么概念，它包括当时哪些政权。例如，8世纪的中国有多大？如果只指唐朝的疆域，那就不能包括青藏高原，因为那是由吐蕃统治的，而吐蕃是独立于唐朝的政权，至少不属唐朝管辖，要不唐太宗就不必将宗室女儿嫁给它的君主，唐朝也不必与吐蕃立碑结盟了。如果因为青藏高原以后归入中原王朝的版图，就将它提前到唐朝，那是不符合历史事实的。如果要从今天中国的领土往前追溯，在今天的中国范围内，8世纪时的政治形势有哪些政权存在，当然应该提到吐蕃，还有南诏、渤海等实际独立于唐朝的政权。

其次应该了解，不用说历代之间，就是一个存在时间稍长的朝代，它的疆域也是在变化的，特别是那些延续时间较长、曾经较大规模开疆拓土的王朝，往往前后会有大幅度的变化。

如西汉初期的西界还没有到达河西走廊，但后期已扩大到巴尔喀什湖，末年又退至玉门关。初年的南界只抵南岭，连今两广都在南越控制下，但中期后扩展到今越南南部。

又如唐太宗时灭东突厥后，唐朝的疆域向北扩展到贝加尔湖一带。但到后突厥复国，唐朝的北界又退回到阴山一线。

再如清朝，雍正时的疆域还不包括今新疆，到 18 世纪中叶的乾隆年间才平定天山南北路，扩展到巴尔喀什湖和帕米尔高原。但到 1860 年后，黑龙江以北、乌苏里江以东和今新疆西北的一百多万平方公里领土先后被俄国侵占，上世纪 20 年代后期，150 万平方公里的外蒙古实际已经丧失。

再者，还必须区分，哪些地方是一个朝代的正式行政区，哪些地方是藩属国，哪些地方只是"声威所及"。

例如，西汉后期匈奴的单于（首领）曾向汉朝投降，但汉宣帝并没有将匈奴并入汉朝，而是资助单于返回匈奴，并规定双方以长城为界，互不侵犯。所以汉朝的北界始终没有越过阴山，匈奴也不属于汉朝的疆域。

成吉思汗及其子孙多次西征，蒙古骑兵横扫亚欧。但到成吉思汗的孙子忽必烈建立元朝时，他的其他子孙已分别建国，以后被称为"四大汗国"。这些汗国与元朝是各自独立的政权，只是它们的君主出于同一个祖先。元朝的疆域始终没有包括全部新疆，南疆一直属于另一个汗国，更不用说中亚、西亚和欧洲部分。

又如越南的大部分曾经是从西汉至唐朝的正式行政区，但从 10 世纪开始已经独立建国，以后只是宋、元、明、清的藩属。当然它没有完全独立，所以法国要将越南变为殖民地前，还得迫使清朝放弃宗主国的地位，承认越南独立。但不能将 10 世纪后的越南看成"中国"的一部分。朝鲜、琉球、缅甸等也有类似情况。

至于日本、东南亚各国，从来没有正式成为中原王朝的藩属国，中国史书中所记的"称臣纳贡"实际是打着"朝贡"旗号的国际贸易，或者是临时的访问。史书上的"称臣纳贡"大多如此，还有些只是天朝大国因循守旧或自娱自乐的片面记录，直到清朝前期，还将俄罗斯、法兰西、葡萄牙、荷兰等国的来访称为"朝贡"，难道我们相信这些国家是清朝的藩属吗？

1.2 再说中国历史疆域变迁

中国的"统一与分裂"这个话题应该是在 20 世纪才出现的。从那时候起，大家就把统一的好处说得越来越高，还有就是始终强调我们中国自古以来就是统一的，解放后再加上一个"多民族的国家"。但是这个说法有很多问题，比如北宋，北界在现在北京、天津的南面，河北的中部，山西的中部，北面就是燕云十六州了，是契丹人建立的辽朝，辽朝可以一直到西伯利亚，很大。那你说这时的中国算统一吗？很多写在书面的话，不好放在地图上。

960 年，赵匡胤建立宋朝的时候，或者就算到他的弟弟赵光义把最后一个割据政权山西的北汉灭掉的时候，用宋朝的标准或正统的标准看当然是统一的。可是我的老师谭其骧先生在画地图（《中国历史地图集》）的时候，问题就来了。宋朝北面是辽朝，辽朝是从燕云十六州，一直往北到东北，西边到伏尔加河流域；北宋中期又出来一个西夏，在今天的宁夏、甘肃那里；北宋南面，自从南诏以后变成大理国，就是云南这里；原来西藏的吐蕃，后来成为吐蕃诸部；然后今天新疆那里又是一片，分出去那么多，你说中国统一不统一？

什么叫"中国的统一"？中华人民共和国当然清楚了，中华民国也清楚。以前春秋战国的时候，"中国"是什么呢？"中国"只是中原的一块小地方。又比如说，魏源写的《圣武记》里面，第一句话就是"台湾自古不通中国"，但他这里的"中国"指的是中原王朝，所以这个概念要分清楚。又比如说，中国历史上究竟是统一的时间长还是分裂的时间长？清朝皇帝退位的时候也还没有统一，比如香港就没有了，俄国还把边疆都割掉，你说统一不统一？太平天国的时候，占了那么大的地方，自己建了国都；北洋军阀政府的时候统一不统一？实际上，我们说统一是主流，但并不是说，它的时间一定要长。

这些困惑都促使我进行研究。1987 年，吉林教育出版社组织出版一套中国政治丛书，我就把这些思考写出来，后来出版了《普天之下——统一分裂与中国政治》。而后我又增加了一些内容，写了《统一与分裂》。

"统一与分裂"以及"疆域与领土"是本书主要涉及的问题。我们对统一有两种标准，一种是大一统，就是历史上中国最大的疆域范围；还有一种是基本上要恢复到前朝的领土。比如宋朝，是要恢复燕云十六州的，所以统一大业一直没有完成。但如果分裂的双方或各方面都接受了，就不能算分裂。如云南的大理国，北宋建立时就已存在，赵匡胤说"非我所有"，所以双方一直相安无事，这就不算分裂了。以前往往认为一个朝代建立了，统一就恢复了，其实没有那么简单。

中国古代没有"世界观"，只有"天下观"。一方面认为"溥（普）天之下，莫非王土"，另一方面又认为处在华夏诸族周边的蛮夷地区还没有开化，没有必要去统治。对占不了的边疆，还有一个自我解嘲的办法，叫"守在四裔（夷）"，就是让蛮夷替华夏守边疆。俄国占了黑龙江以北的地方，清朝上下其实很麻木，没有那么紧张；直到日本人打过来才受到刺激，天朝大国还对付不了蕞尔小国。

中国的疆域应该是在清朝定型的，那么这个形成过程是怎样的？

清朝把明朝的疆域都继承了，谈不上"侵略扩张"。清朝入关前已经拥有北方直到外兴安岭的疆域，包括内外蒙古在内。每一次少数民族特别是北方游牧民族"统一"一次，疆域就大一次。蒙古统一把西伯利亚这一块都带进来了，北魏把兴安岭一带带进来了，都是这样的。西藏是从元朝开始归中央政府管辖的，明朝继承下来，封了"法王"，设置了各级机构，朱元璋还专门派人去过。以后明朝的确不大管西藏，但是西藏地处内陆，既没有闹独立，也没有被外国占据，当然还是属于中国的，这是没有话讲的。到了清朝，跟西藏关系更密切了，其中一个重要原因是，蒙古人已经信黄教，蒙古已经有了活佛，还出了一世达赖喇嘛。西藏成了蒙古人的宗教圣地，大批蒙古人迁入西藏，西藏的世俗领袖经常是由蒙古人担任的，他们成了西藏与清朝交往联系的有效媒介。

谭其骧先生讲，中国的版图是在18世纪中叶才定型的，这也是清朝的极盛疆域。在这一范围内，清朝都设置了行政区，进行有效的管理。但在边疆，由于人口稀少，有不少地方还是无人区，所以都用军事监护的方式进行统治，由将军衙门兼管民政，比如伊犁将军、黑龙江将军等。

为什么后来黑龙江以北都给俄国占了呢？当时清朝还是认为普天之下都是我的，与俄国签过《尼布楚条约》就没有问题了。但是俄国人签了条约以后继续移民，清朝却继续对东北实行封禁。俄国人到黑龙江以北如入无人之境，所以自称为"新土地的开发者"，不承认是侵占中国的领土。尽管这样，《瑷珲条约》还规定，江东六十四屯还是属于中国的，因为屯里住的都是中国人，到后来才把他们赶过来。这样，1860年以后，黑龙江以北就没有了。乌苏里江以东当时是中俄共管的，但是管到后来，俄国依靠武力就强占了。所以清朝从1860年以后赶快开放东北，大批移民进去，不久又开放内蒙。这样东北到"九一八"时已经有三千万中国人，日本无法直接吞并，只能通过伪满洲国，同时加紧向东北和内蒙移民。这是运用领土策略了。

在西方人那里，国际法产生出来，就形成领土概念了。这和版图、疆域都不同，承认事实叫疆域，但主权就不一样了，是在这样的空间范围内拥有全权。而且疆域的概念只是地面的，领土的概念要大很多了，往上是领空，往下有领海、底床、底土。国际法也是逐步形成的，领土的概念、签条约的概念，也不是一下子形成的。我国签的第一个关于领土的条约《尼布楚条约》很有意思，条约里没有汉文，有满文、俄文、拉丁文，拉丁文是为了防止分歧。当时清政府认为东北不仅是清朝的，还是满族人的，跟汉人没有关系的，所以他一直把东北作为自己的后院，汉人不能进。

如果不是外敌入侵，中国人还是不会形成领土的概念。

所谓的版图就是地图，我们为什么叫疆域而不叫领土？疆的本义是界线，域是指一个范围，一片空间，疆域的意思就是皇帝确定的由自己直接统治或间接统治的范围。普天之下都是皇帝我的，皇帝我愿意给谁就给谁。所以再远的地方是我们不要，或者他们不配，没有资格。鸦片战争以后，在与西方列强和外国打交道的过程中，中国人才逐渐明白了领土、主权是怎么回事，才知道有国际法。

这个时候开始意识到问题了。

假设我家有一个院子，如果没有人进来，到底我的边界在哪里，这个是没有必要知道的。如果对方来了，就要画界线了，这与国家是一个道理。因为要跟天朝以外的人接触，才有一个主权、领土的概念。以前认为日本是蕞尔小国，朝鲜是我们的属国，这是很清楚的。日本侵略朝鲜，中国一定要管，法国侵略越南也是要去管的。因为日本已经学了国际法了，明明想侵占朝鲜，就逼中国先承认朝鲜独立，法国也是这样。还有琉球，日本开始还不敢独占，向清朝提出：它占北面，清朝占南面。琉球向清朝求救，朝廷也不管。琉球当时很可怜的，派出的大臣在北京像"申包胥哭秦庭"一样，朝廷不睬他，所以他最后自杀了。

历史研究追求的是真实，我一直主张，历史研究与研究成果的运用是两回事。对于历史事实的研究，这是没有国家利益的，也没有现实的利益，它只有一个目的：求真。它不会因为是中国人或外国人研究就出现两样的结果。但是在运用历史研究的成果上，是有国家利益的。比如说，我们现在研究历史上一些敏感问题，如果的确涉及国家利益，而外界又不知道的，为了国家利益，应该保密，没有必要去公开。但是如果已经公开了，你保密也保不了。至于这个成果在什么情况下公开，就要充分考虑国家的利益。

如果说我们从事历史研究，得到了新的成果，的确是有利或不利于国家，那么在一定的时期，我们要保守秘密，这是应该的。但如果一开始做研究的时候就不尊重历史，那就不能够了解历史真相，也不能真正有效地为国家利益服务。

我们对"统一分裂"的研究，不是对国家有害，相反，是对国家有利。比如宋朝，对外虽然"积弱"，但内部却从来没有分裂，在外敌入侵时也能保持稳定。从赵匡胤开始，宋朝就制定了一系列的制度和政策，有的一直延续下来。研究这些历史经验，对今天是没有什么坏处的。在统一政权中产生的消极因素和社会弊病，其根源并不是统一本身，更不是统一带来的和平安宁和繁荣，而是政治制度，或者说是用什么制度来实现统一，如何统一，统一到什么程度。同样，分裂社会中存在的积极因素也不是分裂本身带来的，更不是战争和破坏所能造成的，而是冲击、削弱了旧制度的结果。

我们讲的统一，绝不是要统一到中国历史上最大的版图。所以跟邻国之间，我们一方面要讲清历史，另一方面要面对现实。

1.3 惟有人文足千秋

我们"玄奘之路"的车队到达吉尔吉斯斯坦的伊塞克湖以后，基本上沿着当年玄奘的路线西行，进入费尔干纳盆地。在托克马克附近，我们来到碎叶城的遗址。这个面积达 35 公顷的遗址曾经是唐朝的碎叶镇，是著名的"安西四镇"之一，一度也是安西都护府的驻地，管辖着天山山脉南北的广阔疆域。当我们的车队经乌兹别克斯坦，穿过铁门关，由铁尔梅兹进入阿富汗，又从开伯尔山口来到巴基斯坦的白沙瓦时，我们的行程还没有超出唐朝极盛时的疆域——唐朝疆域的最西界一度达到咸海和阿姆河之滨。不过，唐朝的势力并没有能在这一带久留，尽管波斯的内乱给唐朝提供了向西扩张的机会，但漫长的交通补给线使处于巅峰时期的大唐帝国也不胜重负，力不从心；而新兴阿拉伯帝国的军队更是势不可挡。怛逻斯一战，唐朝名将高仙芝的十万大军全军覆灭，从此唐朝退守葱岭，再也没有西扩的机会。要是没有吐蕃的崛起，成为唐朝与阿拉伯人之间的缓冲区，阿拉伯人饮马秦川也不无可能。

以往国人习惯于说一个地方"自古以来"就是中国的领土，例如碎叶城地处原苏联、今吉尔吉斯斯坦境内，既然碎叶城曾是唐朝安西都护府和安西镇所在，那么这一带自然"自古以来"就是中国的领土了。其实，"自古以来"与直到近代或今天是两回事，要不，今天中国的西界岂不是也要划到咸海去了吗？唐朝也不完全等同于中国，否则，今天中国境内有些地方就成了外国。

实际上，一个地方可以从本地形成国家或隶属于一个国家开始，直到近代或当代都没有改变，但更多的地方是已经历了多次改变，历史却不会倒退到开始的年代，曾经管辖过那个地方的国家也早已烟消云散。

我们所经过的地区——吉尔吉斯斯坦、乌兹别克东部、阿富汗和巴基斯坦北部，历史上已经历过几次大的变化，不止一次被外来的民族或本地的其他民族所征服，当地的文化也不止一次被外来文化所取代，相互间的影响更是难以条分细缕。

举其大者，公元前 4 世纪，来自希腊的亚历山大军队曾经越过开伯尔山口，统治过北印度；公元 6 世纪前后，突厥人曾以这一带为中心建立过强大的帝国，而唐朝于 7 世纪中叶攻灭西突厥后一度成为这里的主人；随后崛起的阿拉伯帝国又将势力范围扩展到帕米尔高原；蒙古铁骑于 13 世纪横扫欧亚大陆，成吉思汗的子孙完全控制了这片土地，但不久又被具有突厥和蒙古血统的帖木儿所取代，而沙皇俄国的扩张和英国的殖民又重新划分了这一带的版图。

今天要完全复原历史时期的疆域变迁，即使一流的历史地理学家都会感到困难。当初不可一世的君主、威震世界的征服者，最多只留下了豪华的陵墓。但我们却随处可以感受到一些不可磨灭的影响——在吉尔吉斯斯坦的比什凯克人文大学，师生们与我们一起吟诵李白的诗篇；碎叶城出土的中文石碑，至今陈列在博物馆中；怛逻斯之战的唐朝俘虏掌握的造纸技术，不仅为阿拉伯人所学习，也传入欧洲，影响世界；突厥人的石像面对着天山，附近耸立着早期清真寺的高塔；规模宏大的佛寺遗址恰似玄奘的描述，精美的佛像和艺术品令人目不暇给；希腊文明的痕迹无所不在，更是早期佛教艺术的基础。

作为历史地理学者，我完全明白，这些文化大多并非发源于本地，它们的被接受也并非出于土著居民的自愿，有的甚至伴随着激烈的战争和残酷的杀戮，双方都付出过惨重的代价。但一旦它们被接受，就会长期延续，即使在遭受毁灭后，还会顽强地存在于其他文化之中。而军事上的征服者却一次次成为文化上的被征服者，甚至连本民族也被消解于其他民族之间。征服者和统治者会被推翻，会随着时间消逝，但不论出于何种原因而被传播的外来文明，却大多有踪迹可寻，并且植根于民众，与山河同在。

当我们在荷枪实弹的士兵保护下，来到阿富汗北部马扎里沙里夫市的会议室里时，我们看到了被称为民族英雄的马苏德的画像，但挂在一起的三幅画像，却分别属于心理医生、哲学家和诗人。这更使我相信，惟有人文足千秋。我只是希望，未来的世界能让文化更自由地传播，尤其是在这片土地。

1.4 举世无双的历史文献

中国丰富的、延续的、多样的历史文献，使中国成为世界上唯一能够进行长时段、大范围的历史人文地理研究的国家，其研究成果为了解世界早期历史地理提供了可靠的根据或比较对象，因而使这些史料具有世界性意义。

历史地理学的研究对象是历史时期的地理现象，所以大多数学者将历史地理学归属于地理学，少数学者认为它属于历史学，或者是介于地理学和历史学之间的边缘学科。历史地理学的主要研究手段是建立在历史文献基础上的历史学研究方法，而不是以实地考察为主的地理学研究方法，一般是没有异议的。尽管历史地理研究离不开地理学的基础原理，同样需要采用地理学的基本研究手段，并借助于相关学科的研究成果，但绝对离不开文献资料。

正因为如此，现代历史地理学首先产生在西欧和北美的发达国家，它的基本原理和研究手段适用于各大洲的各个国家，但只有具有丰富的、延续的、系统的历史文献的时间和空间才有可能进行真正意义上的历史地理学研究。也正因为如此，英国、加拿大和欧美其他国家的历史地理研究集中在历史人文地理领域，并且主要是 17 世纪以后的课题。因为历史自然地理现象的变化尺度往往以数百年或千年计，缺乏长达千年的、延续的历史资料是无法进行的。

中国的历史地理研究具有举世无双的优势，有条件进行长时段的、持续的、大范围空间的全方位的研究。这是因为：中国有悠久和延续的历史。迄今为止有文字记载的历史可以追溯到夏、商、周，并且已为考古发掘所证实，通过考古学和其他相关学科的研究还可能将历史提前到夏朝以前。尽管目前得到证实的中国历史还不如埃及、巴比伦的长，但从夏朝开始，中国的历史一直没有中断，作为历史主人的主体民族就是从以夏人为中心的华夏诸族发展下来的，不像其他文明古国的历史早已断绝，当年的主人或者早已迁离，或者已经灭绝。

中国历来有辽阔的疆域，从秦始皇统一六国开始，历代中原王朝的疆域一般都有数百万至上千万平方公里。尽管疆域时有盈缩，内部也有过多次分裂割据，但一般都能在北起今阴山山脉、燕山山脉、辽河下游，南至海南岛和南海，西起陇东高原、川西高原、横断山脉，东至于海的范围内实施着有效直接的行政管理，从 18 世纪中叶起又扩大到今中国全境。这就为历史地理学进行大范围的、可比较的、前后连贯的研究提供了一个大舞台。中国历史上的朝代数以十计，政权数以百计，行政区数以千计，使用过的地名数以万计，涉及的人物、事件、制度更难以数计，也留下了不少千古之谜，为历史地理学者的研究留下了巨大的发展空间。

历史上中国拥有多种自然地理环境，跨越北半球的寒、温、热三带，拥有东亚大陆的三个阶梯，有复杂多样的地形和地貌，包括世界最高的山脉、最低的盆地之一、最长的河流之一、最大最厚的黄土高原和黄土冲积平原，以及其他多种世界罕见的地理现象，形成了很多景观迥异的地理区域。由于开发时间长、供养人口多，大多已受到人类活动的影响，发生过显著的变迁。这些都为历史地理研究提供了极其丰富的课题。

中国历来人口众多。从公元初的 6000 多万人发展到 1850 年的 4.3 亿人，又增加到 1953 年的 6 亿余人，中国人口在世界人口中一直占着三分之一至四分之一的比例。从古代的华夏诸族、三苗、百越、东夷、西戎、南蛮、北狄，到今天的 56 个民族，中国始终是一个多民族的国家。

中国尽管自古以农立国，以农为主，但同时也具有游牧、饲养、狩猎、采集、捕捞等多种生产方式，农、林、牧、副、渔、手工业、工业、商业、服务业和各种特种行业全面发展。各民族、各地区方言繁多，生产和生活方式、物质和精神文化丰富多彩。

中国虽然儒家文化占据了主导地位，但道教、佛教、伊斯兰教、天主教、基督教等宗教同时存在，各种民间的、地方的信仰变化无穷，就是儒家文化内部也有各种流派。这些都是值得历史地理学者开发的无尽宝藏。

由于地理环境的阻隔，中国文化基本上是独立发展的。直到 19 世纪中叶，中国文化在总体上还没有受到外来文化的影响，对东亚以外也没有产生直接的、整体性的作用。但早在先秦时期，先民就开始了与境外的联系，产生了周穆王、西王母、昆仑山等的传说。张骞通西域和丝绸之路开通后，甘英、朱应、康泰、法显、宋云、惠生、常骏、玄奘、王玄策、慧超、杜环、李志常、常德、亦黑迷失、汪大渊、周达观、陈诚、郑和、王景弘、费信、图理琛、谢清高等旅行家、探险家、航海家、高僧等给我们留下了耳闻目睹、亲身经历的文字，有的是世界上唯一的、在当时当地也没有的珍贵记录。

同样，竺法兰、安世高、安玄、康僧会、支谶、鸠摩罗什（Kumarajiva）、阿罗本、伊本·瓦哈伯（Ibn-Wahab）、马可·波罗（Marco Polo）、伊本·拔图塔（Ibn-Battutah）、鄂多立克（Odorico da Pordenone）、约翰·孟德高维诺（Giovanni de Montecorvino）、邓玉函（Jean Terrenz）、利玛窦（Matteo Ricci）、金尼阁（Nicolas Trigault）、庞迪我（Didaco de Pantoja）、汤若望（Johann Adam Schall von Bell）、南怀仁（Ferdinand Verbiest）、徐日昇（Thomas Pereira）、罗雅各（Giacomo Rho）、毕方济（Francesco Sambiaso）、冯秉正（Josephde Moyriade Maillac）、郎世宁（Giuseppe Castiglione）等人因种种原因来到中国，或者传播佛教、景教、天主教、基督教，或者带来了西方、阿拉伯、印度文明，或者向外界介绍了中国当时的情况，其中也有未见于中文记载的重要资料。具有如此多的研究中外交流史和世界文明史的资料，也

是中国历史地理学者的幸运。

目前所知中国最早的文字是甲骨文，基本已能够解读。战国后期，各国间的文字交流已没有障碍。从秦始皇统一和规范文字至今，中文的基本构造的意义没有根本性的变化。我们的祖先曾经创造了世界上最多的文字记录，传抄或印刷了世界上最多的书籍，保存至今的书籍和其他文字记载如金文、碑刻等，无论数量、内容和种类，都是世界上最多的。此外，还有粟特文、吐火罗文、吐蕃文、契丹文、西夏文、蒙文、满文、彝文等各种文字的史料，大多已得到解读。其中仅地方志就有8000多种，对明、清以来各地的记载非常详细。用中文译成的《大藏经》所收录的佛经，由于一部分原本早已散佚，现成为有关资料的唯一出处。这样的历史文献资源在世界上是独一无二的，尽管同样存在着一些时间和空间上的缺损或空白，但与世界上其他任何国家和地区相比，中国历史地理可以研究的时间最长，空间最广，资料的密度最高，可信度最大。

1.5 环境发展预测的依据

中国的历史文献能够对地球环境长期的演变作出更合理的解释，有利于更准确地预测未来。中国历史地理文献可以作为研究历史自然地理的基础，为人类做出不可替代的贡献。

自上世纪后半期以来，地球上出现了气候的急剧变化和不少自然灾害，大多数地方的环境趋于恶化，最近在中国北方出现的罕见的沙尘暴和各地普遍的春季高温更使人们对未来的气候和环境变迁充满了困惑和忧虑。世界上其他地方的人也在为未来担忧，而科学家的预测莫衷一是。科学不能未卜先知，科学的预测只能建立在大量实践和科学规律的基础之上。但人类认识规律需要相当长的积累，如对一种地理现象的变化规律的了解，都需要一个比较长时段的观察。如果不做长时段的研究，就要总结它的规律，来预测它未来的发展趋势，那是非常危险的，或者说是完全不可能的。

不幸的是，人类用现代的科学仪器来观测气候，如气温、风向、风力、气压、降水等，到现在最长只有170多年，能积累那么长时期资料的站点在全世界只有50个，其中的90%集中在西欧。也就是说，如果我们完全依靠现代科学仪器积累起来的气候资料，那最多只能研究西欧四十几个点不到 200 年间的规律。而且影响气候变化的各种因素的变动周期或长或短，如太阳黑子变化是 11 年一个周期，而气候冷暖的变化却有几十年、几百年甚至几千年的周期。从现有的资料分析，上一世纪的气温的确呈上升趋势，但仅仅 100 年的资料能证明是一个完整的周期吗？谁能肯定 100 年后气温是继续上升，还是又将进入一个新的周期，或者进入一个下降阶段呢？退一步说，即使这 170 年的资料能够提供西欧地区的规律，也不可能解决全世界的问题。

至于我国，能够积累 100 年以上现代气候观测资料的点也屈指可数，大多数县级观测点的资料是从 1958 年后开始的，比西欧的条件更差。幸运的是，依靠中国丰富的历史文献和各种信息，历史地理的研究可以为人类提供更长、更多的气候变化状况，有可能使我们了解更多的规律性。当然，科学家也可以利用孢子花粉分析、土壤沉积物分析、生物种类、碳 14 断代、考古发掘等方法来获得气候资料，但在信息的延续性、广泛性、精确性方面，与文献记载是不可同日而语的。

例如，现存的甲骨文中有好几条有关亚洲象的记录，证明殷人猎象已很有经验，在王都殷（今河南安阳）附近的田猎区内常有成群的野象在活动。另外，甲骨文中出现的十多种天气现象的字中，没有冰、霜等字。结合考古发现的其他证据，我们完全可以肯定，公元前 16 到公元前 11 世纪的商代是一个气温偏高的明显阶段，其年平均气温比今天还高，黄河以北地区的冬季气温比今天上海一带还要高。所以说，从上一世纪开始的气温升高并没有超过历史时期的极限。

同样，我们可以在历史资料中找到很多最低气温的记录，例如，上海附近的太湖在宋代冬天经常结冰，有时湖面完全冰封，上面可以步行和供车辆来往。苏州一带的运河也经常冻结，以至船只常备有凿冰工具，不断破冰才能通行。这些情况，现在早已绝迹了，这说明历史上长江三角洲冬天的最低温度比今天低得多。这就是说，近一个多世纪内出现的气温变化都还在历史时期"正常"的范围之内。

又如，建立在历史文献基础上的研究证明，有史以来死亡人数最多的地震灾害，是明朝嘉靖三十四年十二月十二日（1556 年 1 月 23 日）陕西华州的大地震，死亡人数至少有 83 万，而 1976 年的唐山大地震死亡 24 万人。已知黄河最大的洪水发生在清朝道光二十三年（1843 年），三门峡洪峰流量达到 36000 立方米/秒，12 天洪水量 119 亿立方米，相当于 500 年一遇。而 20 世纪内最大的 1933 年三门峡洪峰流量是 22000 立方米/秒；1958 年在河南花园口实测到的洪峰流量是 22300 立方米/秒，12 天洪水流量 86.8 亿立方米，只相当于 50 年一遇。我们还可以找到其他大量类似的例子，这至少可以证明，自然灾害并不存在越来越严重的规律。人类活动固然会加剧自然灾害，但造成自然灾害的主要或根本原因显然还是自然本身，这正是我们必须探索的规律。

用从我国浩如烟海的历史文献中整理出来的气候变化、自然灾害的类型和程度、环境变迁和其他自然地理要素变化的资料，结合其他历史信息，参照现代观测资料及其研究结果，中国历史地理的研究成果能够发挥独特的作用，填补现代科学研究的空白，为更科学地发现和认识自然规律，预测未来提供经验，为全人类的未来做出贡献。

1.6 文化的标准与选择

人们往往以是否出现大师大家、不朽作品为文化建设的指标，这未免失之偏颇。一般来说，物质文明的建设是可以不断积累，越来越发达的。近年来，各类文化设施的建设和物质条件的改善在中国历史上是空前的。但人类的精神文明并不是个简单的积累过程，更不一定是进步和发展。今人的精神境界未必比春秋时代高，今天的杰出人物未必能超过本领域的前人。杰出人物和成果的出现，不仅需要必要的物质条件，更离不开个人的天赋。真正的天才 300 年也不一定能出一个，何况短短的 30 年！社会所能做的，只是给予每一个人平等的机会，使天才不至被埋没，并为已被发现的天才创造更好的条件。但任何社会无法制造天才，再多的人力、物力也不可能代替天才创造出不朽的成果。所以对文化发展的期待需要理性，也要有耐心。

任何一种文化都是特定的人群创造出来的，如果这种文化能够得到长期传承，说明它适应了这一人群的需要。所以对自己的文化首先要有充分的自信和自尊，在此基础上，才能充分理解和尊重其他人群的文化，也不会因为别人对自己的文化不理解、不尊重而丧失信心，失去自我，完全没有必要为了迎合别人的需求而作出选择。另一方面，不同的人群、不同的文化之间应该学会相互理解，相互欣赏。只要不损害自己的利益，至少要相互容忍。

其实，世界上大多数人群都是这样做的。笃信某种宗教的人，不会因为别人不信或有人反对就改变自己的宗教信仰。爱吃奶酪的法国人，不会在乎其他人是否喜欢，也不勉强别人品尝。同样，中国人可以自由地选择自己的宗教信仰，或坚持不信仰宗教的自由。爱吃臭豆腐的可以继续吃下去，也不妨尝尝法国奶酪，从此改吃奶酪也无妨。这就是每个人的选择，也是文化的价值。

文化的价值，首先要靠我们自己作出评价，而不能由外人来选择。哪些是精华，哪些是糟粕，哪些要着重向外界介绍，哪些要主动说明它的局限，得由我们自己决定。有些人往往迎合外国人的好恶，甚至看外国人的眼色行事，既不应该，也没有必要。展示文化不是推销商品，不是人家要什么我们造什么，卖什么。

但是，既然是对外展示，就得考虑别人的接受能力和欣赏习惯，尊重别人的意愿。既要考虑内容，也得注意形式，用最合适的展示方法。并不是所有的中国文化都适合于展示，也不是文化的精华都能通过展示的方式得到传播，有些高深的理论和复杂的技艺只能由少数专业人士学习研究，无法在公众活动中得到显示。选择不当，不仅起不到展示的作用，反而会增加外界的误解。

这就需要明确展示的目的是什么。各种文化都有其适应性和优越性，否则就存在不下去。但除了人类普遍适应的那一部分外，其他部分都不是普遍适用的，这正是文化多样、多元的基础。就文化的普遍性，如人类的基础价值观而言，各种人群之间大同小异，往往只是表现形式不同。就具体的文化而言，人们也会进行自主的选择，不可能只有一种模式。对外展示文化的主要目的，是让外界了解本国文化，理解本国文化，欣赏本国文化，而不是一定要别人肯定或学习。"己所不欲，勿施于人。"己所欲，也不能强加于人。对不同的文化，人类要学会选择，学会相互欣赏。

1.7 汉字与传统文化的断裂

据台湾媒体报道，台湾地方当局将在2010年成立"产官学推动小组"，联合世界重要大学联署，推动将繁体字列入世界文化遗产。其实在此前，大陆已有人提出过类似建议，现在台湾又有这样的打算。如果真能在四年内达到目标，当然是汉字之福。汉字应该作为一个整体来申报世界文化遗产。

从目前所知最早的汉字甲骨文算起，到现在汉字已有三千多年时间。而且汉字的发展过程是延续的，中间改变的只是字形。传世的甲骨文字，绝大多数是可以解读的。此后演变成的金文、篆书、隶书、楷书、行书、草书，以及标准字体以外的俗体字、简体字都是可以识别解读的。汉字今天还在使用，人数有十多亿，流通的范围不仅包括海峡两岸，还遍及世界上的华人聚居区和历史上的汉字通行区。

在历史上，汉字的使用和传播范围并不限于中国历朝的统治区，也不限于汉族（华夏诸族）的聚居区。一些非汉族也使用汉字，如回族。有些民族虽有自己的文字，但也同时采用汉字，有的还以汉字为基础创造自己的文字。由于历史的原因，今天中国之外的国家和地区，也曾全部或部分采用汉字，如朝鲜、韩国、越南、日本、琉球（今日本冲绳）等。在一些中国移民及其后裔聚居的国家，有的至今以汉字为官方文字之一，有的有很大的通行范围。至于受汉字影响的文化区，其范围更大。改革开放以来，随着大量中国人移居世界各地，汉字出现在世界大多数国家和地区。

在汉字的发展过程中，除了由官方认可并得到大多数人使用的标准字形、字义外，也产生过各种阶段性的或区域性的变异，还创造出一些仅仅流通于特定区域或人群的新字或新义，有的以后消失了，有的还在使用，有的已进入标准汉字。但无论有多少因时间或空间而发生的变化，也无论它们今天是否还在中国的范围，或者是否还在通行使用，全部汉字应该是一个整体。如果要申报世界文化遗产，当然也应整体上报。

台湾与大陆对传统汉字使用的不同名称，是不同的发展过程所决定的。繁体字是对简体字而言的，大陆从上世纪50年代开始实行文字改革，制定了规范的简体字，并且通过法律的形式正式颁布和推行。既然有了简体字，未加简化的文字就成了繁体字。而台湾地区没有进行过简化，不使用法定的简体字，自然也不存在相对的繁体字。在这种情况下，将长期使用的标准文字称为正体字也很正常。正体是对异体而言的，也包括实际已流行但未得到官方认可的简体字。如果一定要大陆将繁体字称为正体字，那么已经使用半个世纪的法定简体字难道就不"正"了吗？同样，一定要台湾将"正体字"称为繁体字，那么当地标准的简体字在哪里？

在现阶段，完全可以求同存异。在文化交流日益频繁密切后，自会水到渠成。如果强求一致，或者以此为借口人为制造矛盾，不仅会影响汉字申遗，也非全世界汉字的使用者和汉字文化圈之福。

实际上，在汉字发展过程中一向存在由繁趋简的过程。现在大陆通行的简体字，有的早在古代名家的书法作品中就已出现，宋代以来的印刷品，有的简体字的写法与今天并无二致。当初制定标准简化字时，除了少数文字是新制定的外，多数是在现在的简体字中择优采用和标准化。台湾虽未正式推行简体字，在书写中使用却相当普遍。另一方面，在大陆也有一些人提出了"认繁写简"的建议，即在使用简体字的同时，还是要识繁体字，以利传统文化的传承。更有人认为现在电脑普及，书写困难已不成问题，可以取消简体字，全面恢复繁体字。两岸在存异的同时也有趋同的一面，是不争的事实。不过无论如何，汉字作为一个整体的存在和发展趋势是主流，整体申遗有百利而无一弊。

在讨论中国是否应该继续使用简体字时，有人提出了一个使人不得不重视的论点——简体字的推广导致了文化断裂。要真是这样，简体字就成了中国文化的罪人。而推广简体字岂不是加剧或加速了中国传统文化的灭绝？

历史事实并非如此。

任何一种文化都离不开它的载体，都是通过载体得到保存、延续和传播的。最重要的载体当然是人，是创造或掌握这种文化的人。特别是在文字和书面记录相当困难的条件下，人作为文化载体的作用无可替代，甚至是唯一的。俗文化的载体是一个群体，除非遭遇特大的天灾人祸，一般不至于灭绝。雅文化的载体往往是少数人，甚至只有个别人，如果这些人失去了或被剥夺了传播能力，这种文化就会断裂甚至从此灭绝。但只要人还在，那怕只有个别人幸存，这种文化还可能得到延续。中国历史上有不少雅文化都因为传承者的丧失而成为广陵绝响，但另一些雅文化不绝如缕的现象也屡有发生。

如秦始皇焚书坑儒以后，规定以吏为师，禁止百姓收藏图书。学者逃亡山林，有的连儒家经典也没能保存下来，只能靠口头传播。汉惠帝时取消了禁止百姓收藏图书的法令，儒家学者才开始在民间传播学说，但由于原书没有完整地保留，长期依靠口头流传。济南人伏生原来是秦朝的博士，秦始皇禁书时，他将《尚书》藏在墙壁间。等伏生在战乱后回家，发现遗失了几十篇，只剩下二十九篇。好在伏生还能背诵记忆，传授给学生。到汉文帝时，伏生已年过九十，行动不便，朝廷只能派晁错到伏生家学习继承。伏生讲一口齐地方言，又口齿不清，只好让女儿传达，但晁错说的是颍川方言，还有二三成的意思不明白，只能根据自己的理解记录。要没有伏生，或者没有晁错的记录和传播，《尚书》的传承就会出现断裂。

在古代中国，另一个重要的文化载体是文献记载，主要是书籍。如果唯一的一种文献、书籍遗失了，毁灭了，又没有像伏生那样的人，文化也会随之断裂以至灭绝。而这样的事在以往2000多年间何止万千！

在秦始皇的焚书和禁书后，又经历了秦汉之际的大乱，先秦形成的典籍大多损毁，经过西汉时一次次的征集和重编，到西汉末年才形成由刘向、刘歆父子编成的《七略》，共分7大类，33090卷。王莽覆灭时，宫中图书被焚烧。东汉光武帝、明帝、章帝都很重视学术文化，好在民间有不少收藏，经过多次征集，皇宫中石室和兰台的藏书又相当充足。于是将新书集中在东观和仁寿阁，分类整理，目录编成《汉书·艺文志》。可是到董卓强迫汉献帝西迁长安时，军人在宫中大肆抢掠，将用缣帛写成的长卷当作帐子和包袱，但运往长安的书籍还有七十余车之多。以后长安也沦于战乱，这些书籍被一扫而光。

经曹魏收集散在民间的图书，加上西晋初在汲郡（今河南汲县西南）古墓中发掘出来的一批古书，又恢复到29945卷。但不久八王之乱和永嘉之乱爆发，首都洛阳饱受战祸，成为一片废墟，皇家图书荡然无存。

东晋初只剩下3014卷，此后北方的遗书逐渐流到江南，到宋元嘉八年（431年）已著录了64582卷。南齐末年，战火延烧到藏书的秘阁，图书又受到很大损失。梁初整理图书，不计佛经，共有23106卷。由于梁武帝重视文化，加上江南维持了40多年安定局面，民间藏书大量增加。侯景之乱被平息后，湘东王萧绎（即以后的梁元帝）下令将文德殿的藏书和在首都建康（今南京）收集到的公私藏书共 7 万余卷运回江陵。加上他的旧藏，达到空前的 14 万卷。但到承圣三年（555 年），当江陵城被西魏军包围时，被他下令付之一炬。这一损失无法估量，因为直到唐初修《隋书·经籍志》时，著录到的书籍才 89666 卷。

唐朝以后，虽然由于印刷术的逐渐普及，多数书籍有了复本，民间的收藏增加，在天灾人祸中得以幸存，但还是有大量孤本秘籍失传了，或者被蓄意毁灭了，由它们承载的文化也随之湮灭。

在这一漫长的过程中，记录文字的材料发生了根本性的变化，由甲骨、金属、石料、竹简、木简、缣帛，变成了以纸为主。文字本身也发生了很大变化，由甲骨文、金文、篆书、隶书，变为以楷书为主，辅以行书、草书，并且不断产生一些被简化了的“俗字”、“俗体”。但只要记录得到保持，文化就不会断裂。即使是三千多年后重见天日的甲骨文，经过专家的研究，也大多得到解读，使后人由此获得商代的大量信息。

至于有一些文化已被历史所淘汰，自然不会再有传承它们的人。但只要相关的记载还在，后人还是可以了解的。例如汉族妇女缠足的现象已经消失，但通过五代以来所谓“金莲文化”的记载，我们可以了解它的状况和影响。又如科举制度废除后，会写八股文的人越来越少，现在大概已没有高手了。但由于有关科举的史料和八股文都很丰富，研究科举和了解八股文并不困难。

近代的确存在文化断裂，那是由于某些文化载体受到损害或毁灭。仅在那场史无前例的“文化大革命”中，就有多少传统文化的传承者遭受迫害，从此丧失传承的能力！又有多少典籍文献被付之一炬！这才是文化断裂的真正原因。

2. 流动的文化

2.1 如何重返古代航海之路

中国有漫长的海岸线，也有悠久的历史，中国的航海历史也非常长，我们今天所了解的只是其中很少的部分，特别是文献记载，到周朝才有，但是这并不意味着在这之前就没有航海活动。

我们现在要研究古代的航海，要重新找回古人的航海之路，主要是从两个方面入手。

一是考古的证据。 就是我们根据现在还遗存的并且被我们发现的古物，来复原出当时航海的实际情况。

在世界的很多地方、很多古代民族聚居活动的地方都发现过独木舟。比如在江苏扬州这一带就发现过古代独木舟，在这一点上各个民族的智慧是差不多的。当他们开始看到一棵树或是一根木头在水里浮着的时候，就加以利用。以后就发现把中间掏掉一部分它就更加的稳定，而且可以装载更多的人或是货物。

还比如说，在各地都可以发现一些古代留下来的船具：一个桨、一个锚，甚至有些地方发现了完整的船。根据船上的木材遗物，可以复原出是什么时代的船，就可以了解那个时候人们所具有的航海能力。

还有就是异地的文物，比如说在美洲发现中国古代的瓷器，那些瓷器是怎么运过去的呢？一般的都是通过航海运输的。通过对那些瓷器的分析，看它们是什么时候、通过什么路线由中国运往美洲，来复原出航海的历史。但是应该看到，仅仅依靠考古的证据是很难复原出航海的全貌的。正因为如此，世界上还存在着很多的难解之谜，比如说为什么世界上不同的地区、不同的民族有着文化的相似性，他们是怎么传播的，我们还不知道。

二是文献的证据。 因为文献有具体的记载，往往有具体的人、事、地，根据这些来复原出古代航海的事实，比考古的证据来得更具体。但是历史的记载有时会出现错误，或是夸张和虚构事实，或者根本找不到任何记载，所以要把这两种方法结合起来。

还有第三种办法：就是杨槱老师采用的科学验证的办法，用科学原理来判断其可能性。比如说郑和的宝船，它的尺寸、木结构到底是否可能，除了文献本身的考证，还需要科学技术的检验，这样我们才可以复原。尽管有些事实有着很强的吸引力，但是由于我们无法验证，也只能把它做为一种可能来看，而不能作为一种结论。有很多人也做了很多的工作想证明中国在商朝末年就到过美洲，也有很多人想证明《梁书》里记载的扶桑就是今天的墨西哥，在我看来，还没有足够的证据来支持这样的一个假设或推断。还有些是概念和幻想，有人指出白令海峡在历史上的冰期里是结冰的，它也因此把亚洲和美洲连接起来，进而推断亚洲人是通过冰桥来到美洲大陆的。不过这只是一种需要验证的可能。

航海的产生和发展过程中有很多的主要因素。

首先，不同的海岸线、不同的海岸，影响航海产生的早晚和发展快慢。 航海从本质上讲是人离开陆地，进入海洋，到达彼岸。岸线的情况不相同，就会影响航海的发展。比如我国的海岸线就有1.8万公里，那为什么有些地方成为港口和航海的策源地，有些地方一直没有明显的航海活动呢？我想这是岸线的原因。

其次是水深。 现在航海对水深的要求比较高，古代的船比较小、吃水比较浅，对水深的要求不大，但也不是没有要求。比如历史记载了很多地方只是作为盐场，因为它处在一阶地带，水深不够。如果相当大的海域不具有基本的水深条件，那么航海业是发展不起来的。

另外是海流和洋流的情况。 在没有燃料动力的条件下，我们航海只有靠风和洋流、海流。如果人类积累了充分的经验，有效地利用风向和风力、有利的洋流，就可以安全的到达目的地。对于这些因素人类只能利用它，而不是刻意的去改变它，而风向和海流、洋流情况往往与人类的目的地不是每次都能吻合的。唐朝的鉴真和尚想到日本，但是从扬州出海后风浪把他吹到了海南岛。地图上说中国到日本从上海这一带过去比较容易，但是中国到日本最稳定的港口实际上是宁波。事实上这也是利用了洋流和风向的结果。

有些国家他们航海到的国家比较远或比较早，这是和他们所处海域的洋流、风向、海岸以及气候有关的。为什么我国从大陆到日本、韩国的记载比大陆到台湾要早呢？因为台湾海峡是多台风的。以致西方航海家在近代到了台湾后，还把它视为畏途。

影响航海的因素有很多，正因为这样，往往这些因素都有利的地方容易产生航海活动，并且得以顺利地发展。但是还要考虑到除了海洋自身条件的影响，还有沿岸和陆地的情况。

航海活动与地形地貌、人文因素、交通状况都是相关联的。如果到地中海去就可以看到这样的情况：一个繁荣的海港它辐射的范围很小，因为它的腹地已经沙漠化了。还有些地方尽管离海洋的距离比较远，但是它却是航海的腹地，因为它有着便利的交通连接到海港。如果沿岸出产能通过航海交通运输到其他地方，也是会促进航海发展的。但是沿岸的条件和腹地的条件过于有利的话，也会抑制航海的发展。比如中国内地有被冲击的广阔的平原，农业开发的余地非常大，所以我们的先民在发展了稳定的农业之后，海洋意识就淡薄了。对他们来讲，向内地的发展、向平原甚至往山区的发展意味着可以扩大耕地、增加粮食产量，而向海上的发展就缺少了眼前的利益。比如说钓鱼岛尽管早在明朝的时候就已经被人们所熟知，但是这些地方不适合农业生产，并没有受到重视。像这样的因素要充分的考虑。

另外还有海外目的地的情况。距离的远近是一个决定的因素，还有人对海外的需求程度、了解程度也起着非常重要的作用。比如当初的西方殖民主义者，因为本土已经没有发展的余地，或本土不能满足工业化、殖民化的要求，他们就以很大的热情去寻求海外的殖民地、劳动力市场，这样的动力是非常大的。但是中国恰恰相反，一直到 19 世纪大多数人还认为中国是世界的中心，是世界上最文明最发达的地方，皇帝认为天朝无所不有，无需依赖外人，对海洋的需求程度比较低，甚至说是根本没有。当然这和对海外的了解程度有关。中国古代认为天圆地方，中国是世界的中心，海外往往被认为是落后的、虚无缥缈的地方，在中国的文化概念里把海边看作是天涯海角、没落的地方。这也是与我们对海外的了解程度和需求程度有关的。

当然这还取决于航海的工具和手段：机械、技术、设施、生存能力。总之，了解和考察古代航海的兴起和发展的过程，要全方位的进行考察，了解了情况之后才能做出彻底的解释，才能回答为什么不同地区、不同民族的人们有着不同的海洋意识和不同的需求。这一切不是由上帝决定的，也不是哪种文化所固有的，而是由客观的条件，特别是当时的自然环境和人文环境所决定的。

2.2 先秦两汉航海之路

中国从秦朝开始就是一个有几百万平方公里的大国，中国从南到北的海岸线、海洋状况以及海洋地理环境的差距非常大，所以我们了解中国古代的航海状况要分地区、分时期的进行，而不要把它作为一个整体。如果问中国到底是海洋民族还是陆地民族，或是问中国人到底有没有海洋意识，在不同的时期、不同的地区、不同的民族之间是有区别的。

航海有以下这些目的：经济、军事、政治、文化。比如说探险，可以没有任何目的，就是去看，而纯粹是出于探险目的的航海则出现比较晚，比较早期的一般都是有自己的目的。目的不同也决定了采取手段的不同，比如为经济目的肯定受到经济利益的驱使，做公益事业往往很难想到海外去发展。英国、西班牙、荷兰、葡萄牙是沿海国家、海岛国家，国内已经不能满足他们发展的需要，如果内陆能够解决这些问题，他们是不会去从事航海的。又比如以军事为目的，它往往不计较经济的效益，也可以去冒险。比如元朝的忽必烈在灭南宋以后下令要远征日本，在这种情况下可以不考虑结果，甚至在了解不充分的情况下就采取行动，他们有一次遇到台风后几乎全军覆没。从文化目的上考虑也往往不会是为了什么利益。当然往往航海是这些目的合起来的结果，但是我们还是要区分不同的阶段起主要作用的因素。

西周时候没有什么边境，往往是政权发展到哪里，边境就到哪里。当时的居住点主要集中在黄河流域、长江流域的北部和其他孤立的几点。在当时的航海条件下，他们最容易到达的地方是从黄河流域的沿海到辽东半岛及朝鲜半岛，再进一步可能到日本岛。尽管南海和东海的航海条件也不错，但是当时大陆上还没有发达的文化，环境也还不了解，所以不大可能集中去南方。主要问题是在中国近海的太平洋的岛链以外是烟波浩淼的太平洋，一般情况下是不会扩展到太远的地方的。毕竟生产力很落后，人口也很稀少，而且在中原地区还有许多的空地未开发，以农业立国的中国人是不可能放弃这些肥沃土地的。

罗马领土分布在地中海的周围，几乎围绕着海洋，即使罗马帝国不扩展，为了维持它的生存，也不得不依靠航海，把它的整个国家联系起来。在北非留下了大量的罗马时期的宫殿、码头、城市等，各种要塞都是沿着地中海而建的，地中海就是他们物资交流的主要的通道。比如说在北非可以通过西西里岛直接到意大利，难道还会绕过波罗的海峡，或是绕过北非沙漠这样行走吗？在当时即使依靠最原始的航海技术也能并不困难的到达对岸。毕竟地中海是内海，即使航海过程中有重大的失误也不会有太大的危险。

通过比较就可以看出古代不同地区具有不同的航海条件。黄河流域的先人在他们航海能够到达的范围内很难找到与他们一样发达的文明，这是先秦和两汉的航海背景。

现在发现了公元前5世纪时的航线：从今江苏、山东、辽宁到朝鲜半岛，我们找到的证据是孔子在《论语》中说："道不行，乘桴浮于海。"孔子是公元前479年去世的，尽管不知道他的话是哪一年讲的，总之是在他去世之前说的，这句话的意思是：如果我的主张不能得以实施，我愿乘船漂流到海外去。他甚至问谁能和他一起走，这说明孔子的观念是开放的；也说明当时航海是一种平常的手段。这不是说孔子去外面探险，而是传播他的思想。桴就是用木材或竹子扎起的比较小的船。孔子生活在山东曲阜，他主要的活动地点是山东、河南周围这一带，而山东半岛可靠的航程就是去朝鲜半岛，或者也许是去日本滨岛，那么在朝鲜半岛不仅可找到考古证据，也可以找到文献的证据。

同时还发现在《春秋左传》哀公十年，也就是公元前485年，"徐承帅舟师，将自海上入齐，齐人败之，吴师乃还"。讲到吴国的吴王派遣徐承率领一支军队从海上入侵齐国，后来兵败。当时吴国的首都在今天的苏州，向北扩展就是沿着海岸北上。齐国在今天的山东半岛，也就是说当时这支部队坐船从海上进攻齐国，尽管没有说部队多少人，但至少有几百人甚至上千人，既然舟师能组成船队，并且可以作战，可以说安全性已经能够得到保障。如果完全不了解航海的规律、航海的风向、潮流，那么怎么能把军队放到海上去。"吴师乃还"，就是说吴国的军队虽然战败但是还能顺利的返回，这也说明在公元前5世纪末的时候，吴国人能够把航海技术比较成熟的用于军事目的。

这两句话的时间前后差不多，可以说当时在江苏、山东、辽宁、朝鲜半岛的航海已经比较成熟，形成了稳定的航线，并且具有一定的航海力量。

还可以找到《国语·吴语》的佐证："于是越王勾践乃命范蠡、舌庸率师沿海溯淮以绝吴路。"就是说勾践命范蠡、舌庸率军队，沿海驶到淮河的河口去断绝吴军的后路。越国的首都在今天的绍兴，可见他的军队是从杭州湾出发的，沿海而上，然后到达今天的江苏北部的淮河口处。这样我们就可以把航线进一步南推到今天的浙江沿海，时间也是大概在公元前5世纪。

到公元前3世纪，山东半岛——日本列岛的航线已经形成，最重要的证据就是《史记·秦始皇本纪》的记载：

> 齐人徐市（福）等上书，言海中有三仙山，名曰蓬莱、方丈、瀛洲，仙人居之。请得斋戒，与童男女求之，于是遣徐市发童男女数千，如海求仙人。

徐福等人上书说海上有三个仙岛，他请皇上吃斋，并要求率数千男女出海求仙，皇帝允许了他的请求。《史记·淮南衡山列传》记载：

> 秦皇帝大悦，遣振男女三千，资之五谷种种百工而行，徐福得平原广泽，止王不来。

就是说秦皇派遣男女三千，还有各种手工艺人，带上了各种种子，徐福带着他们找到一个平原，还有很大的湖泊，自己在那称王不回来了。

关于徐福到了哪里，一般认为到了日本，当时中国对朝鲜半岛早就熟悉，有人说是到了台湾，但台湾还不符合"平原广泽"这样的记载。日本的周围有很多的海湾，对记载的湖泊来讲比较符合情况。当然这个说法也不是完全得到了事实的支撑，但是这次航海对日本的影响是非常大的，日本的徐福墓就有几十个。从移民史的记载来看，秦始皇时期有大批移民迁到日本是可能的，可以看出徐福是有计划的，他带走的男孩和女孩可以在海外繁衍，带走了种子和技工可以生产，这是有计划的利用秦始皇进行移民。这样说来这支船队的规模是很大的，载有上千人和各种工具、种子等，这是一支庞大的船队。

大概在此后不久，找到了更完善的证据，证明中国开拓了中国到南亚及东南亚的航线。在公元前3世纪，《汉书·地理志》就有记载：

> 自合浦、徐闻南入海，得大洲，东西南北方千里，武帝元封元年略以为儋耳、珠崖郡。

就是说从今天的广西、海南岛、琼州半岛向南飘洋过海可到达大洲，东西南北都有上千公里，汉武帝的时候就把它占领下来，建立了儋耳、珠崖两个郡，这就是海南岛。

> ……徐闻、合浦船行可五月，有都元国（印度尼西亚、苏门答腊）；又船行可四月，有邑卢没国（缅甸、勃国）；又船行可二十余日，有谌离国（缅甸、伊洛瓦底江口）；步行可十余日，有夫甘都卢国（伊洛瓦底江中游），自夫甘都卢国船行可二月余，有黄支国（印度的马德拉斯、印尼亚齐），民俗略与珠崖相类，其洲广大，户口多，多异物，自武帝以来皆献见，有译长，属黄门，与应募者俱入海市明珠、璧流离、奇石异物，赍黄金、杂缯而往。

步行大概十天（步行一般都是逆流而上），他就到了夫甘都卢国，以后再乘二月的船可以到黄支国。对黄支国有两种说法，一种是印度的马德拉斯，还有一种是印尼亚齐，这个地方的民俗和海南岛差不多，但是面积广阔，人口众多，还有很多异物（就是中国所没有的物品）。

从汉武帝开始，他们就来供奉了，而且在那时已经有了固定的翻译。这些翻译归属汉朝政府机构黄门所管辖，可见当时不仅有来往，而且是经常来往，否则是不会有固定翻译并归一个常设机构管辖，这就是说这种来往已经是经常性的了。翻译人员随船一起到了黄支国进行贸易，买了琉璃、奇石等异物，并带去了黄金和丝织品，所以说当时不仅有了航海，还有了小规模的海外贸易。这是明确的记载。当然，对这些地名也有不同的说法，但是这些地方已经包括了今天的新加坡、印度尼西亚、马来西亚、缅甸等等，最后是印度、斯里兰卡。

公元1世纪前：广东——东南亚、南亚的航线。

> 王莽辅政，欲耀威德，厚遗黄支王，令遣使献生犀牛，自黄支船可八月，到皮宗（新加坡）；船行可二月，到日南，象林界云，黄支之南，有已不程之国（斯里兰卡），汉之译使自此矣。

到了王莽执政时，也就是公元初的时候，为了显耀自己的威德，送给黄支王厚礼，让他遣使者贡献活犀牛。中国古代有这样一种观念：周边国家把奇珍异兽贡献给皇帝，表示自己的效忠，而且有些像犀牛类的动物往往被比做麒麟，这是种吉兆，也是国家威德远播、发达富强的标志，所以王莽让黄支国国王献活犀牛。黄支乘船再走八个月就到了皮宗，皮宗有一种说法是新加坡，船再走两个月到了日南、象林这些地方，之后又回到了汉朝。就是说他到了印度、缅甸这一带，又回来到马六甲、新加坡，之后回到越南的南部，航行的就是这条航线。在黄支国之南还有已不程之国，就是今天的斯里兰卡，汉朝的使者、翻译到了这就回来了。当时这里是汉朝与外界联系的有效航程的终点，但并不意味着在此之外就没有别的航线，像这种政治性的航海活动不可能去探测一条没有航行过的航线，这也就证明汉朝的有效航程是到此，这点是非常重要的。

在此之后的唐朝、宋朝，经证明，与印度、阿拉伯之间的航线已经非常发达，并且中国的外贸出口也很大。但是我们很难找到中国方面主动航海的记载，比如说在泉州、广州有阿拉伯人定居繁衍，但是在阿拉伯世界很难找到中国人。

下面这条航线就是从今天的浙江、江苏到达两广、越南的。当时南方的诸多地区还未开化，比如说福建省，在两汉时期就被撤消了政级，因为山中的交通太差，人口又少，当地的少数民族不服从汉朝的统治。看到这条史料就知道当时海上交通比陆上的交通便利得多。《后汉书·郑弘传》中讲：

> 建初八年（83 年）代郑众为大司农，旧交址七郡贡献转运，皆从东冶泛海而至，风波艰阻，沈溺相系，弘奏开零陵；桂阳峤道，于是夷通，至今遂为常路。

公元 83 年，就是建初八年时，郑弘代替郑众做了大司农，大司农就相当于农业部长，并监管交通的职务，当时交趾七郡贡献的物资都是从东冶泛海而至，但是经常有船翻掉，很不安全。交趾七郡就是今天的两广、海南岛、越南北部及东南部，这些地方到东汉首都洛阳贡献物资，乘船通过福建的福州，然后到杭州湾，从那里通过陆路再到洛阳。这里所讲的零陵、桂阳就是今天的湖南南部到江西南部一带，这些地方山路还没有开通，与其翻山越岭，还不如乘船绕行，这样也比较方便。

以上也就证明了这条航线是从越南南部到今天的广东沿海的，这条航线作为当时岭南地区与北方联系的途径之一，尽管有一定的危险，也有沉船、翻船的可能，但是它还是成为联系南北的主要交通路线。一直到建初八年（83年）开通了今天湖南南部与广西之间的山路，然后才形成了陆路交通，所以这条航线是当时连接华北和两广的重要途径。

到了东汉末年天下大乱，之后又是三国鼎立，中原的难民是怎么去越南避难的呢？而且还要快捷。还有就是从今天的株洲、绍兴这一带出海，乘船绕过福建，到达广州或是越南，这是一条长期使用的航线，一直延续到魏晋南北朝。

还有一条航线是公元3世纪前从福建、浙江到台湾等岛屿。根据《后汉书·东夷传》：

> 会稽海外有东鳀人，分为二十国，又有夷洲及澶洲；传言秦始皇遣方士徐福将童男子数千人入海，求蓬莱神仙不得，徐福畏诛不敢还。遂止此洲，世世相承，有数万家，人民时至会稽市，会稽东冶县人有入海行遭风，流移至澶洲者，所在绝远，不可往来。

就是说会稽的海外有一个叫东鳀人的地方，分为20多国，也就是20多个居住点，还有夷洲和澶洲。据说是秦朝时方士徐福率几千人到此，现已经发展几万人。有到会稽做买卖的人，也有东冶县人，入海遇到风浪，漂流到澶洲的，由于地点比较远，往往去了就回不来。根据史料记载，只能证明这是一条还不常用的航线。通过这些不完整的信息，知道会稽是从浙江南部到福建一带，这里人能经常遇见海外来客，他们可能是来自台湾岛，也可能是其他岛屿，像日本岛。他们这些人中有人说自己是徐福后人，偶尔也会有大陆人过去，为什么距离并不远反而航线不稳定呢？我猜测与当时气候、洋流等条件有很大关系，另一方面也与商贸需求有关。

当时福建和浙江南部主要是当地民族，中原大批移民还未到来，人口很少，依靠本地的资源足以维持生存，没有向海外发展的需要，另外他们不会冒险去一个不发达的地区进行贸易，航线也就停留在这种不稳定、不常用的状态。像从越南，穿过台湾海峡到北方，这要考虑他们的需求。比如每年地方还向中央政府进献物资，中央对地方的需求是国家收入的一部分，像这种情况，他们就会用各种手段保证航线的正常运行，甚至是冒着风险进行航海。

西汉时期的疆域北到朝鲜的东部，当时从山东半岛到朝鲜半岛是一条国内的航线，渤海湾到辽东半岛也是国内航线，可见当时航海已经非常发达，也使交通更加便捷。

西汉初年，公元前34年时，在山东半岛发生吴楚七国之乱，诸多王侯造反，后来治理黄河的专家——王景的先祖，从山东半岛避难到了朝鲜。

汉武帝时，分兵两路灭朝鲜，其中一路就是水进，从山东半岛到日本是比较容易的，另外一路是从朝鲜南部越过对马海峡到达日本。日本的国宝——金印，是东汉时候皇帝封日本国王为倭奴国王并赐予的。金印是在日本福冈发现的，可见北航线存在可能性之大。

近几年日本学者考古发现，还存在着另两条航线，就是从长江口直接航海到日本。徐福出海的说法也有许多，有的说从山东龙口，有的说是江苏连云港，还有的说是从山东胶南，但都是接近山东半岛为出发点的。春秋时期有两个记载，一是从吴国首都（长江口附近）开始北上去攻击齐国（山东半岛南部一带）；另一个是越王的军队从今天的杭州湾北上到淮河口，再逆淮河而上去攻击吴国，这些记载说明这些航队不仅有航海技术，还具有了内河航行的能力。

再把朝鲜半岛到杭州湾联系起来，往下就是会稽这一带，从杭州湾或长江口出海，经过福建福州，然后到达越南的红河口，再到达广州和越南南部，最大一条航线就是以雷州半岛、琼州海峡或者是越南向南到印度尼西亚或者是新加坡，最后到孟加拉湾、印度、缅甸。

由此可见当时的航线在中国的作用。但若根据这些史料就说中国已经是海洋民族，是海洋国家，那也未免太简单了。毕竟西汉时主要的水运活动还是在黄河流域、珠江流域，还有主要是在大陆上进行，而后汉武帝打通河西走廊，西出玉门关；而到汉宣帝时（前1世纪后期），西汉建立了西域都护府，控制了广大中亚地区，可见西汉的主要开发方向是西方。

使者张骞还远到了许多中亚国家，渐渐形成了丝绸之路。但这也不排除在中国东南沿海已经有的比较发达的海上航线，尽管这类航线在社会上所起的作用还不是很大，其中的原因不应该归咎于汉朝人缺少航海意识。当时作为一个农业社会，西汉王朝自己的需求能在内陆得到满足，西汉人口的高峰达到了六千多万，当时已经可以生产足够的粮食，一部分粮食还可以供给位于蒙古高原的匈奴。而且当时对中国有吸引力的发达文明不是来自海上，中国的注意力聚集在了西方，也就通过陆上向西方扩张的。

还有一些我不太了解的航线，比如说，有些航线是从缅甸到南亚、印度的，张骞在阿富汗发现四川生产的果酱和四川竹子做的手杖，通过了解得知这些物品是从印度传过来的。从四川运送物资到印度可以完全是通过陆路，也可以是由缅甸到印度的船舶运输的。

从海上来讲，既然存在了从中国东部到印度的航线，也可能存在着另一方面的物资交流。我国传统认为佛教是从陆路传播到中国的，一般认为佛教是在东汉初年传入中国的。文件记载：东汉初年（1世纪前期），汉明帝梦见有个金光耀眼的人，后来大臣告诉他西方有佛。近年的考古发现还有另一条海上的传播路线，连云港的云台山发现一些佛教的记载，大概就是东汉时的。

为什么佛教不是从海上传到中国的呢？有一个传说，在三国时期，从海上漂浮到上海一尊佛像，并得到供奉，这就是上海最早寺庙的来源。根据已故的专家胡道静先生的研究，这尊佛像是用东南亚某些地方的在火山岩制作而成的。

这些只是文献记载比较成熟的几条航线。在认识中国历史的过程中也应该实事求是，在肯定航海起到的作用的同时，也要重视当时中国面临的形势，联系我们离海岸的距离、交通手段和人的要求。把我国当时的地图和当时罗马帝国的形势图相比较，我们承认罗马对海洋的依赖程度要比中国秦汉时期大得多，罗马拥有更发达的航海技术是理所当然的。这样认识航海史，才能找到推动航海发展的动力。

2.3 郑和航海的光芒之旅

郑和的七次远航完全称得上是和平之旅，不仅完全没有发现新大陆、掠夺海外财富或人口、建立殖民地的目的，甚至连寻找海外市场、增加对外贸易的目的也没有。并非 15 世纪的中国人具有与其他国家人民不同的品质，或者特别爱好和平，而是当时的中国和中国人根本没有这样的需要。

自古以来，生活在中国中原地区的华夏诸族（以后发展成为汉族）一直以为自己居于"中国"（其原意是众多国中居于中央、地位最高且最重要的国），属于"天下之中"，而"溥（普）天之下，莫非王土。率土之滨，莫非王臣"，中国的君主，理所当然应该成为天下的主宰，是无可争议的、唯一的统治者。所谓"天无二日"，就是将这样的观念当作绝对真理予以肯定。

华夏诸族以外的、居于中国之外的人被当作"蛮夷"（或"夷狄"）。在一般情况下，华夏容许"蛮夷"迁入，甚至强制他们迁入。在华夏地区人口增多，生存空间不足或者发生天灾人祸时，华夏会不断迁入"蛮夷"聚居的地区，使"中国"的范围不断扩大。因此，"蛮夷"只要接受华夏文化，就能变成华夏的一分子，他们的聚居区也就成为"中国"的一部分。

尽管在理论上说，中国的统治者可以拥有"天下"的任何地方，但按照儒家的观念，君主直接统治的疆域不必太大，适度即可。中原王朝治理好了，就能对周边的蛮夷实施教化，引导他们向化。王朝的疆域必须适合农业生产的需要，适合居住；当地的居民必须认同华夏文化，或者是以华夏诸族为主；如果不符合这些条件，就不应也不必纳入版图，可以通过和亲等方式加以羁縻或监护，对这些地区的部族主要应通过德化，而不是用战争加以镇压。纯粹为了扩张领土和掠夺别国财富的战争应该制止，不得不进行的战争也要讲究实效，充分认识敌方的优势和己方的弱点，不应付出过大的代价。

正因为如此，无论郑和航海所接受的使命是什么——是寻找被推翻的建文帝，是宣扬国威，还是为了联络西域打击元朝残余势力——都不可能包括开疆拓土。

另一方面，中国长期以来都能做到自给自足，依靠中国境内的农业区所生产的粮食，完全可以供养本国人口的基本需要。直到 20 世纪前期，中国的 6 亿人口还是完全以本国生产的粮食供养的。明朝初年，全国的人口不过7000 万，粮食和日常生活用品自给有余，并没有向外寻求资源的需要，也缺乏开辟海外市场的积极性。尽管从汉、唐、宋、元以降，中国与外界的贸易已具有一定规模，但从事贸易的主体是外国人，而不是中国人；是民间，而不是官方。

由于中国的统治者一直以为"天朝无所不有，无需仰赖外人"，再加上以"天下共主"自居，所以从来不承认商业性的贸易，只接受"朝贡"——外国以藩属或臣子的身份"称臣纳贡"，由天朝给予"回赐"或"赏赐"。由于这类"朝贡"贸易一般都是"薄来厚往"，中国方面的支付高于实际价值，经济上无利可图，大多只具有象征意义。因此，由皇帝直接派遣、执行政治使命的郑和船队不可能从事对外贸易，只能在颁发赏赐的同时接受"进贡"。从郑和带回的物品也可以看出这一特点，除了各地的土产、动物以外，最大宗的就是苏木一类香料。由于对国计民生毫无作用，这也成为大多数人反对皇帝继续"下西洋"的理由。

当然，今天看来，明朝不可能将外国放在与自己同等的地位，而只会视之为"藩属"或"蛮夷"。尽管郑和没有将自己当作征服者，也只会以"天朝大国"的使者、财富的布施者、文明的传播者自居，但在当时的历史条件下，世界上没有哪一个国家、哪一位航海家或殖民者能达到如此程度，郑和的航海完全称得上是和平之旅。

郑和七次下西洋的伟大业绩，充分显示了明朝的强大实力和当时先进的技术。但郑和航海不是一个孤立的事件，离不开此前的元末明初期间的基础，也得益于外来的经验，主要是阿拉伯人长期积累的航海经验和地理知识。

实际上，在相当长一段时间里，阿拉伯人的航海技术和实践领先于中国，至少不在中国之下。特别是在印度洋和由阿拉伯半岛至中国的航线，基本是由阿拉伯人垄断的。《汉书·地理志》记录了西汉后期由徐闻、合浦通往外界的海上航线，尽管对其中的具体地名的现在地点有不同解释，有些地名至今无考，但一般都认为这些航线最西只到达印度。在此后到 14 世纪中叶的史料中，尚未发现中国开辟印度以西航线的确切证据。

唐朝随高仙芝西征而于怛罗斯（今哈萨克斯坦江布尔）之战中被俘的杜环，于宝应初（792年）搭乘商船由大食（今阿拉伯半岛）回到广州，说明当时在西亚与中国间已有稳定的航线。唐朝的广州已出现由阿拉伯人聚居的"蕃坊"，宋朝的泉州已成为阿拉伯移民集中、富有阿拉伯文化特色的城市，阿拉伯裔移民蒲寿庚（一说占城人）拥有大量海船，在泉州担任南宋的提举市舶（约相当海关关长兼港务局长）达30年。

元朝与蒙古四大汗国的并存，使中国与阿拉伯的联系更加频繁，中国人也通过阿拉伯人获得了大量地理知识和航海经验。元人汪大渊所著《岛夷志略》涉及的国家和地区多达220余个，远远超过此前宋朝的《岭外代答》和《诸蕃志》等书，而汪大渊就有搭乘海船两下东西洋的经历。

郑和的远航也明显得益于阿拉伯人的航海经验。郑和本身是回族后裔，其先世系蒙元时由境外迁入。他的祖父和父亲都到过伊斯兰教的圣地麦加，他从小就有机会了解阿拉伯地区的知识。目前所知郑和船队在印度洋的航线和到达之处，都没有超过阿拉伯人的范围，如果不利用阿拉伯人的航海经验倒是不可思议的。近来引人注目的肯尼亚拉木岛，正处于阿拉伯半岛进入东非海岸的中转站，至今还聚居着阿拉伯人，他们的迁入远在郑和之前，郑和船队到过的木骨都沙（今摩加迪沙）和幔巴撒（今蒙巴萨）都在其航线之内。

日本地图史家海野一隆早已指出，收藏于日本龙谷大学的《混一疆理历代国都之图》和《大明混一图》等的出现，是世界地图由阿拉伯传入中国的证据，该两图均继承了元朝李泽民《声教广被图》（约1230年，已佚）的谱系。就连《郑和航海图》上用"指"来表示纬度值，也是受伊斯兰制图技术的影响。值得注意的是，《混一图》绘制于1402年，比郑和首航早了三年，显然不可能受到郑和航海成果的影响。而《声教广被图》问世的年代更早，所代表的只能是元朝人所掌握的地理知识。郑和及其部属固然有发现非洲并将其绘入地图的可能性，但比郑和更早到达东非，并对这一带的航线相当熟悉的阿拉伯人难道就没有更大的可能吗？如果这些地图上的确画了好望角，为什么不可以是阿拉伯人的贡献呢？一定要归功于郑和，实在是因果倒置。

《声教广被图》和《混一图》等地图的存在也告诉我们，由中国人用传统方法绘制的地图完全可能吸收并包含外来的地理知识。例如，在明朝嘉靖二十一年（1542年）刻本《陕西通志》中有一幅《西域土地人物图》，万历四十四年（1616年）刻本《陕西四镇图说》中有一幅《西域图略》，都是用山水画的手法详细描绘了从嘉峪关至天方（今沙特阿拉伯的麦加）的地图，这类地图的复制本至今尚有流传。这些地图的作者不一定有亲身经历，他们的地理知识显然是来自蒙古，而且是从元朝就开始积累地理知识的。既然如此，元末明初的中国人根据阿拉伯人传播给他们的有关非洲（包括好望角及其特征）的知识绘制成这些地图，是更为合理的推断。

郑和航海能取得如此伟大的成就，正是以开放的态度，认真学习当时世界上最先进的航海经验所取得的结果。从这一意义上说，郑和也属于世界，郑和航海不愧为人类之光。

2.4 人类与水

2.4.1 水与人的物质生活

水不仅是人类赖以生存的一种必需品，而且是生活的一部分。摄取水分，包括喝水，成为人类的一种生活方式。摄取水分是人人需要的，但摄水的形式、用具、时间、地点、数量等却因人而异，并非完全决定于生理的需求。尽管其中已经包含了物质以外的因素，但主要还是物质上的需要。

在此前提下，水成为食物和饮料必不可少的介质或载体，由此而产生酒、茶、咖啡等各种饮料和各种菜肴、食品。人们还不自觉地认识到以水为介质的一些微量元素或其他物质的特殊作用，品尝水味、水质，形成既具体又抽象的概念"水土"，并指出"一方水土养一方人"的事实。水被用之于洗涤和保洁，从洗自己的身体、衣服、饰物、用具，到清洁街道、市场、建筑物和环境，人类与水息息相关。

当人们认识到其它生物同样离不开水时，就将水用于浇灌植物和喂养动物。在炎热地区或季节，人们发现了水与冰的降温作用，水被用于人、生物或特殊场所的防暑降温，或在冬季将冰储存于地下，供夏季使用。

直到当代，水还被广泛地运用为吸收或储存热量的介质。早在二千多年前的春秋时代，周天子和北方一些诸侯国已经设置专职官员"凌人"，负责在冬季收集自然冰，窖藏后在夏季使用。水的稀释、负载功能也被广泛地运用于生活和生产之中。先民早已掌握了由海水脱水制盐的技术，也知道利用流经岩盐的泉水制盐，或将水注入岩盐层形成卤水后制盐。

水在一般情况下是以液体形态存在的，水也不是到处都有，更不可能存在于人们随时需要的场所，因而人们在用水上也有意识积累了丰富的经验。首先要找到合适的水源，如河流、湖泊、沼泽、湿地、泉水、地下水、冰雪等，再利用取水、盛水、输水或储水的容器、工具，如在水边建台阶、坡道，打井，修渠，开沟，垒坝，挖塘，发明制造了盛水器皿、绳索、管道、井台、支架、辘轳、闸门、隧道……在寒冷的地区或季节，人们还利用水的固态——冰，进行运输和储存。而严寒地区的人还发现了冰雪能够隔热保温的特殊功能，生活在北极圈内的爱斯基摩人和因纽特人就在冰雪下挖洞穴居，顽强地生存繁衍。

水被用之于各种生产方式，农耕广泛用水自不待言，渔业则无论捕捞还是养殖更依赖于水，游牧民族也要"逐水草而居"，手工业、冶矿业、林业、畜牧业都少不了水。即使某些生产类型本身不需要用水，但生产者的生活用水也是不可或缺的。

水的浮力以及水面自然飘浮的物体使人产生在水上航行的愿望，从利用现成的飘浮物，到制作独木舟、木筏、竹筏和各种船只，从河流、湖泊到海洋，从水面到水中、水底，水给人类提供了航运之便。在古代，是否有水运条件是城市和地区是否开发的前提，水运至今还是最廉价的运输方式。4000多年前，古埃及人就利用尼罗河运输建造金字塔的巨石。为了改善或创造水运条件，人类在3000年前就开始整治水道。2000多年前，中国就出现了人工开凿的运河，7世纪初建成了当时世界上最长的运河，北京至杭州的大运河是元、明、清三代建都北京的根本保障。

水流动而产生的动力也为人类所利用。以水为动力的机械早就得到运用，世界上不少地方至今还能见到古代的水轮、水磨、水车。蒸汽机的动力推动了工业革命，也推动了连接世界各地的轮船和火车的制造，它们一度独领风骚。水力发电提供的电力不仅节省了大量燃料，还使地球变得更加清洁。在治理黄河的过程中，明朝的万恭、潘季驯就采用了"束水攻沙"的办法，即通过修筑堤坝等措施缩小河道的截面，使河水集中，流速加快，冲刷沉积在河床的泥沙。近年黄河小浪底水库放水冲沙，是"束水攻沙"在现代技术条件下的延续。

但另一方面，很多民族的先民都留下了大洪水的传说，说明人类早期大多经历过可怕的洪水而幸存。所以，在离不开水的同时，又必须与水保持一定的距离，以保证自身的安全。考古发现的不少早期文化遗址，往往处于离水源不太远，但地势高于水源的台地。当黄河下游两旁尚未筑堤，尚未形成固定的河道前，在相当大的扇形区域内一直没有形成固定的聚落。在低洼地区和经常受到洪水威胁的地方，先民还创造了干栏式建筑，用不同材质的立柱支撑，使住处高于水面，以保证安全。黄河下游地势较低的村落，往往筑有供村民躲避洪水的土台。湘西一带建于河边的吊脚楼，也是为了防御山洪的需要。

当一个群体有了足够的人力、物力和组织能力时，就会采取长远的措施，在江、湖、海边修堤筑坝。黄河大堤、长江大堤、江南海塘的建造，曾经是中国历史上的重大工程，并有常设或专门的机构负责它们的经常性维护。但这仅仅使人在洪水面前暂时获得安全，为了生存和发展，还必须将多余的或不需要的水引走排出。大禹治水的传说就反映了中国早期的历史事实，在经历了多年围堵洪水的失败，付出了巨大代价后，先民终于找到了根据地形地势，因势利导，将积水排入海洋的办法。此后，泄洪排涝与引水灌溉同样受到重视，二千多年前建成的都江堰就巧妙地设置了可以控制流量的"鱼嘴"，既保证灌渠内有充足的水量，又能使多余的水顺利流往下游。

水流的巨大能量和洪水的破坏作用也诱发了人的恶性。"以邻为壑"成为春秋战国时一些诸侯国消除本国水害的办法，而不顾给邻国造成的损失。为了共同制止这种损人利己的行为，公元前651年，当齐桓公在葵丘与诸侯会盟时，就将"无曲防"作为盟约的内容之一。更有甚者，"以水代兵"成了中国战争史上常见的现象。514年（南朝梁天监十二年，北魏延昌二年），梁、魏在淮河对峙，梁出动20万人在钟离（今安徽凤阳县西北）筑浮山堰，准备拦蓄淮河水淹北魏的寿阳（今寿县）。工程很不顺利，曾发生溃坝，加上传染病爆发，死者无数。516年，堰建成，拦蓄的淮河水泛滥几百里，冲垮寿阳城，魏军不得不放弃。但当年秋天淮水暴涨，浮山堰垮坝，沿河十几万人被水流冲卷入海。

南宋建炎二年（1128年）冬，宋将杜充为了阻止金兵的南下，在滑县以上的李固渡（河南滑县西南沙店集南三里许）以西人为决河，造成黄河南流，由泗水入河，形成黄河历史上第四次大改道。

1232年，蒙古军队围攻金朝的归德（今河南商丘南），在归德凤池口（今商丘西北22里）决开河堤，河水夺漯河而入于泗水。1245年，宋军进入开封，蒙古军南下，在城北20余里的寸金淀决黄河以淹宋军，河水由此南流，夺涡河入淮河。这两次人为的决口，成为黄河第五次大改道的主要原因。

明崇祯十五年（1642年）九月，河南巡抚高名衡决黄河水灌李自成军，结果河水冲入开封城，城墙垮塌，城中居民与难民聚集百万户，逃脱的不足2万人，城内建筑大多被淤泥埋没。

1938年6月初，蒋介石企图利用洪水阻止日本侵略军西进，下令扒开郑州附近花园口大堤，黄河向东南泛滥于贾鲁河、颍河和涡河之间，洪水沿淮河泻入洪泽湖、高宝河之后，汇入长江，受灾面积达54000平方公里，死亡和失踪89万人，水患历时9年半，后果极其惨重。

另一种情况，是为了达到某种目的，对洪水泛滥故意不加治理。如西汉元光三年（前132年），黄河先后在顿丘（今河南清丰县西南）、濮阳瓠子（濮阳以北的瓠子河堤，在今河南濮阳县西南）决口，流入巨野泽（在今山东巨野东北一带），又直到淮水、泗水，泛滥16个郡。当时的丞相、外戚田蚡因为自己的封邑在黄河北，河水向南流能确保封邑的安全，就向汉武帝提出黄河决口是天意，"塞之未必应天"，因此一直不采取堵塞措施。

有时则因出于现实的考虑，权衡利弊。如南北大运河与黄河下游河道相交，在黄河洪水泛滥时，运河的水量丰富，漕运疆得到保障。因此为了保障南方的粮食能及时运到北京，往往暂时不堵塞黄河决口，在客观上延长了黄河水患。

2.4.2 水与人的精神世界

水文化的精神方面内容也非常丰富。各种形态、各种环境下的水和水体给人以精神上的印象、感觉、情趣，形成相应的概念、观念、思想以至哲学。人类在利用水的物质方面的同时，也获得精神方面的不同感受。以水为载体的各种饮料，如茶、咖啡、酒等，早已构成人类文化的一部分，由此产生了无数文学艺术作品，对人类的精神影响难以估量。

常态下的水无色透明，沸腾的水热烈奔放，固态的水坚硬晶莹，这些都被用来比喻人类社会的各种现象，各类人物或事物。江河、湖泊、沼泽、湿地、海洋、波涛、潮汐、泉水、喷泉、跌水、瀑布、地下水、暗河、雨、冰、雪、雹、霰、雾、露、霜、气等等，形成各种地理景观。就是对水的流动，人们也注意到了它的各种形态，诸如汩汩、涓涓、潺潺、淙淙、哗哗、滚滚、浩浩、滔滔等各种形容，这包含了人们主观的情感，已经是物质与精神的交融。

以水为基础的各种比喻广泛存在于从日常生活到伦理、经济、政治、军事等众多领域，乃至提升至哲学境界。如"水往低处流，人往高处走"、"好雨知时节"、"久旱逢甘雨"、"逝者如斯夫，不舍昼夜"、"在水一方"、"仁者乐山，智者乐水"、"君子之交淡如水"、"水清无鱼"、"水可载舟，水可覆舟"、"防民之口，甚于防川。川壅而溃，伤人必多"、"覆水难收"、"天下莫柔弱于水，而攻坚强者，莫之能胜"、"上善若水，水善利万物而不争，处众人之所恶，故几于道"等等。而水的另一方面作用也产生了与此完全不同的概念，如"洪水猛兽"、"水火无情"、"水深火热"、"人情如水"、"祸水"、"掺水"、"水货"、"浑水"，或许能汇集世界上种种不幸、无能或凶恶。

在人类的早期，对水的恐惧和敬畏更多于依赖和喜爱。在自然环境优越，人口稀少，水资源相对丰富的条件下，要获得水并不困难，以至大多数人认为人能用水是理所当然。有些人至今还不知道珍惜水源和节约用水，而水的破坏和祸害却无法预见，更难以避免。

过度的水量不仅会形成吞没一切的洪水，还会遗留下低洼潮湿的环境，滋生传染病或地方病。当农业生产发展到一定程度，人口密度增加到一定数量时，水量不足同样困扰着这些地区的居民。特别是大范围的持续干旱，往往造成"赤地千里"、"颗粒无收"、"饿殍载道",以至"人相食"的惨象,人们对水的期盼和祈求也会达到极点。在特殊条件下,人们也会形成对周期性洪水泛滥的依赖,像尼罗河三角洲的栽培农业就离不开每年尼罗河水泛滥所形成的淤泥堆积带。

在人类的知识还不足以科学地解释这种种现象时,很自然地将恐惧、敬畏、期盼、祈求变成为信仰和崇拜,从而产生诸多的水神、河神、海神、雨神和与此相对的妖魔鬼怪,如水怪、旱魃、落水鬼,并衍生出降魔治水、保佑一方平安或丰收的神灵。

在中国,黄河、长江、淮河、泗水被尊为"四渎",都有相应的神灵,受到高规格的定期祭享。在发生重大灾害和特殊事件时,还会举行特别的典礼和祭祀。直到清朝中期,人们还认为河神应该居于河源,因而在河源建庙致祭,认为这样才能得到河神的接受和回报。乾隆四十六年(1781年),黄河在江苏、河南决口,乾隆皇帝在次年就派阿弥达再次探寻河源,更直接地向河神表达尊敬和祈求。阿弥达的探险结果,肯定卡日曲是黄河正源,达到了当时河源考察的最高水准。尽管这次探寻并没有使河神领情,达到消除或减轻黄河水患的目的,但充分反映了当时人对黄河的敬畏。在这种情况下,人们不敢对黄河为所欲为,客观上有利于对黄河的合理利用。

一条河流,一片水体,一个与水关系密切的地方,只要与一定数量的人口存在利害关系,就会产生相应的神。最直接、最基本的是河神,或是无名无姓的抽象的神,或是曾与此河或本地有一定关系的人格化的神。如李冰父子是四川一带的治水神,其子还被演化为"二郎神",具有广大的法力。许真君是江西一带的治"蛟"神,善于对付不时爆发的山洪。相传宋朝福建林总兵的女儿,因溺水而成为保佑海上平安的神——"妈祖",妈祖信仰随着福建移民的足迹扩大到东南沿海地区和台湾,并且增加了不少新的功能。在求雨时,人们除了向司雨的雨师、风伯和有关的雷公、电母祈求外,也希望得到地方神、特别是城隍老爷和土地公公的怜悯,或者是众神的庇佑。人与神的交流离不开祭品,早期的牺牲往往是人。西门豹制止"河伯娶亲"虽然在中国史上传为美谈,但实际上,以给河伯娶妻为名将女子溺毙河中,这是长期以来用人作为祭品的习俗的延续。

随着人类文明程度的提高，人体祭品逐渐为某些形式的物或纯粹抽象的仪式所取代，但在屈原投江后将粽子投入江中的本意，还希望以这类食品代替祭品，使江中的神灵鬼怪不致享用屈原的遗体。对各种与水有关的神灵的信仰、崇拜必定导致对相关水体的保护，产生一定的禁忌，形成一定的规范和传统。如要保持水体的清洁，就不能改变水源地的环境，不能砍伐树木，不能随便动土。尽管这些传统利弊兼有，但总的来说，是有利于人与水、人与自然环境的和谐相处，在现代科学技术产生以前更是如此。

2.4.3 水与人类的制度

水文化的制度产生于人对水的管理和分配，以后又扩大到抵御水灾，兴修水利以及协调水与整个社会的关系。

在干旱或缺水地区，即使人口稀少，也需要进行协调和分配，才能满足一个群体的需要。在极端条件下，人们往往为了争夺水源和水量而争斗，甚至不惜一战。但在多数情况下，则是通过宗族势力、乡规民约、宗教或法律的权威进行日常管理，或处理相关的重大问题，并由此而形成规则、契约、法规、法律，建立并维持相应的管理机构。在水源充足的地区，对水源的保护，水量的调节和分配，天然或人工的供水系统的维护，应对异常因素造成的水量短缺等，也需要进行管理。而在水量过大，或经常发生洪涝水灾的地区，管理主要用于对水的宣泄排放、水灾的防范、水灾发生后的应急措施和灾后的互助救济。

在突尼斯西南的沙漠绿洲，某村口有一座小屋，唯一的泉源被引入屋中，每天清晨村民们都会聚集在小屋外面，等待领取自己应得的份额。负责分配的"伊玛目"首先以手按着《古兰经》起誓，然后尽其全力进行公正的分配。

在利比亚沙漠深处的古城古达美斯，城中的水房还负责分配每家的生产用水。轮流值班的分配人员由公认德高望重的长者担任。水房底下是由总水源引来的泉源，由此再流向每家每户门前的明渠。分配者以一把底部凿有小孔的铜壶来控制时间，以一满壶水流尽的时间为一个单位，当某一户的配额用尽后，他会在底下的泉流中放下一根草标。当这根草标流到该户人家的门前时，主人就会自觉地堵断自家的水口，让水流往下一家使用者。

在摩洛哥的凯鲁万古城，一座使用了 1000 多年的水房还在象征性地运转，忠实的骆驼不停地围着水轮打转，源源不断地汲取地下水，来满足城内居民的生活所需。这里显然并不缺水，但集中汲取地下水避免了水的浪费和水源的污染，这也是长期形成的因地制宜的管理方式。

古代中国的大部分地区并没有像北非撒哈拉沙漠边缘那样的极端干旱自然环境，特别是在人口密度还不高的情况下，生活用水和生产用水一般还不会紧缺，对水的管理更多用于水利设施的经常性维护、农业灌溉用水的调节和分配，以及在特殊情况——如遭受旱涝灾害时的应急措施。

在工业化以前，由于技术方面的原因，这一类管理的范围不可能很大，不可能覆盖一个水系、一个流域，一般只限于某一水利设施的受益范围，或某一水系、某一流域中一个不大的范围。由此形成的制度适用的范围相当有限，大多是在一县之内，少数扩大到相邻的若干县或小流域，但因此也更具有地域特点，丰富多彩。这类制度大多有文字记录，形成契约性文书，甚至刻于石碑。尽管目前幸存下来的已经很少，但在北方的河南、山西等季节性缺水或部分缺水地区以及南方水利发达地区，还有一定的实物可见。

当然这些成文的制度未必都能得到执行，制度实际所起的作用，往往不见于文字记载，或者当事人不愿为外界所知。所以对水制度文化的了解和研究，还应注意这些制度文字记载以外的内容，才能复原这些制度实际的运作和演变的真相。

从公元前 221 年开始，秦朝就建立了中央集权制度，此后长期得到延续，中国的水制度文化一直具有高度集权的特点。而且，由于从秦朝以降的中原王朝疆域辽阔，人口众多；中国的大部分地区处于北温带，主要的农业区处于黄河、长江等大河的中下游，既离不开人工灌溉，也不得不经常应对水灾，经常需要并且能够在水利工程的建造与维护上投入巨大的人力物力，水利制度也成为国家制度的重要组成部分。

由于黄河的安危事关国计民生，历来备受统治者重视，对黄河水情的观测、记录和汇报，对堤防及附属工程的日常维护和定期整治，对所需资金、物资和人力的调拨、运输、储存、使用和核销，对灾害的预防以及灾害发生后的对策、灾民的救济与安置，对河神和相关神祇的祭祀及神庙的维护，无不形成一套不断完善的制度，并有相应民间习俗与之配合。

贯通南北的京杭大运河，由于承担着首都地区和一些军事要地的粮食供应，一直是国家最优先关注的事项之一。为了保证运河的畅通，特别是保证每年漕运的完成，沿运设有一系列维护和运行机构，集中了大批人员和物资。在经常缺水的山东段，还有一系列保障运河用水的制度和法规。

像黄河和运河这样涉及全局的大工程，必须运用中央集权制度、得到国家雄厚的人力、物力的支持，并借助其他方面的设施和制度。如要将黄河沿河水尺测得的水情及时上报朝廷，离不开高效率的驿传系统。要在大旱时让山东农民"涓滴不许入田"，将一切能动用的水源都汇入运河，必须由地方官严格执行，以各种强制手段和刑罚为后盾。在治黄与保运发生矛盾时，只能由朝廷决策：一般都是首先保运，以便漕粮按时进京。

水制度是中央集权制度不可或缺的一部分，也是中央集权制赖以存在和延续的一个重要因素，而中央集权制度及按照这一制度运行的帝国又保证了水制度的实施。

水制度文化并不单纯取决于自然环境，也不完全取决于一个地方的干旱程度、能够获得的水量的大小丰俭。出乎意料的是，中国用水最浪费、每单位水量价值最低的地方，恰恰是内陆河流域的干旱地区。同样处于干旱地区的以色列，通过对全国水源的制度化的科学管理，运用先进的灌溉和水处理技术，不仅满足了全体国民的生活用水，还能大量出口水果、蔬菜、花卉和先进节水设备。以色列的水制度可以说是管理与技术的产物，这离不开以色列人的资源、环保、法制观念，也离不开他们的哲学观念和文化素质。这也说明，水文化的制度层面绝不是简单的制度，而是一种文化。

2.4.4 水文明与水文化

水文明与水文化并没有本质上的区别，就像文明与文化这两个词一样。水文明是指以水为基础产生的全部文化现象，是指人以水为基础而进行的活动，是指人与水的关系，以及在水的影响下人与人之间的关系。如果要讲水文明，就应该全面地阐述这些内容。当然在一般情况下，我们只能讲某一个时间或空间范围内的水文明，而不可能是指人类社会的全部时间与空间。

水文明可以以河流、海洋、湖泊、沼泽、湿地、地下水、冰雪等各种水体为载体，但其中对人类历史最重要的，无疑是以河流为载体的河流文明，其中又以依托水量大、流程长、流域广的大江、大河所形成河流文明最为显著，最为伟大。

在探索文明的源流时，谁也不能无视河流的作用，这种作用在人类文明之初，往往是决定性的，无可替代的。尼罗河、幼发拉底河、底格里斯河、恒河、黄河、长江，都孕育过伟大的文明，都是今天世界文明的重要源头。我们固然可以在河流流域以外的地方发现早期文明，但只有形成于大河流域的文明才有可能壮大发展成为在时间、空间上都具有重大影响的文明。

一条大河，从源头到河口，一般都流经高原、山脉、丘陵、平原，滋养了森林、草原和各种动植物，不可避免的水土流失和河水泛滥还造成了冲积平原和肥沃的土壤。先民无论是从事采集、农耕、养殖，还是从事狩猎、畜牧，都能在河流旁获得适合的场所。充足的水源使人们可以聚居，形成村落，发展为城市。

河流不仅为人类提供了生活和生产所必须的水源和物资，而且也是人类迁移的主要通道。高山密林往往能将人类阻隔，但河流却能穿越峡谷或荒漠进入另一个谷地，为人们找到新的开拓空间。特别是在生产力低下、地理知识贫乏的年代，要在榛莽未辟、禽兽出没或荒无人烟、寸草不生的陆地上作长途迁移是相当困难的，顺河流而下却要方便得多，并且不会迷失方向，便于保持与原地的联系，是人类拓展生存空间最有效的手段。溯流而上也不失为一种可行的选择，往往是一个群体、一种文明从下游向中游、上游延伸的主要途径。汇入海洋的河流为人类提供了更加广阔的天地，在内海和近海地区更是如此。

东非大裂谷是公认的人类主要发祥地，在那里形成和繁衍的人类之所以能分布到世界大多数地方，一个重要的因素就是尼罗河的存在。基本南北向的尼罗河受地球引力的影响较小，河流顺直，水势平缓，成为早期人类外迁的天然途径。尼罗河进入地中海后，人们又能在较短的距离内通过航海到达沿岸各地，再迁往欧洲、亚洲其他地方。在尼罗河下游和地中海沿岸，埃及、巴比伦、亚述、腓尼基、希腊、罗马等多种文明交相辉映，世界其他地区望尘莫及。尼罗河三角洲每年泛滥留下的沃土，构成古埃及农业生产的基础，支撑了绵延数千年的埃及、希腊、罗马、拜占庭、伊斯兰文明。

由此可见，河流文明与海洋文明相得益彰，离开了河流文明，海洋文明就会缺乏具体的内容，其影响的范围也会受到影响。因为在现代机械交通工具问世之前，人类在海洋的运动速度和活动范围都相当有限，而且有很大的风险，远不如在河流活动那样顺畅安全。如果海洋不能通向其他文明，或者离其他文明太远，难以到达，海洋就不具有传播文明的优势。地球上滨海地区很多，大多数地方并没有产生发达的古代文明。中国古代的海洋线也在2万公里上下，但沿海地区并未产生重大、有影响的文明，大多数发达的古代文明并不产生于滨海地区。

黄河在中华文明的形成和发展过程中起着无可替代的、最重要的作用。考古发现已经证明，古代文明如满天星斗，遍布中国各地，但这些文明大多没有延续到今天，不是中断了，迁移了，消失了，就是被来自黄河流域的文明所融合，所替代，或者影响范围有限，发展程度不高。这是由于形成和发展于黄河中下游的文明具有巨大的优势，较早成为中华文明的主体。而这一优势的物质基础正是黄河中下游的特殊地理条件——黄土冲积平原最适合早期的农耕，当时气候温和湿润，黄河及其支流水量充沛，使华夏诸族得以拥有东亚最大的农业区，形成了最发达的文化。

长江流域同样孕育了早期文明，根据现有的考古发现，其中一部分存在的时间比中国境内的其他文化遗址还要早，发展程度更高。由于气候和环境的演变，这些早期文明此后大多出现了中断或迁移，有的成为黄河文明的组成部分。但随着人口的增加、北方移民的迁入和气候的变化，长江流域的环境优势得到越来越充分的发挥。从公元10世纪后，长江文明的发达程度逐渐胜过黄河文明，并且再未逆转。

中国的其他大河，如淮河、珠江、海河、辽河、黑龙江、塔里木河、雅鲁藏布江等，都曾形成各自的文明，在历史上起过重大作用，今天还滋养着一方民众。

当然，河流总会决溢泛滥，造成生命财产的损失。水上运输也有风涛之虞，免不了会有人葬身鱼腹。各个民族几乎都有洪水、水神、治水英雄的古老传说，还有大量防洪、治水的历史记载。在水网地带生活的先民形成"披发文身"的习俗，原因之一就是为了阻吓水兽，保障自身的安全。大禹治水，西汉的贾让提出"治河三策"，东汉初王景治河，北宋时河工高超堵口合龙，元朝贾鲁治河，明朝潘季驯实行"束水攻沙"，清朝靳辅、陈潢治河，在黄河史上留下了重要篇章。另一方面，就像尼罗河每年的泛滥给埃及农民带来下一年的丰收一样，黄河挟带的泥沙也是两岸大量农田的基础。在人口稀少的古代，黄河下游没有堤岸约束，河道摆动，泛滥无常，先民也相应采用休耕轮作，充分利用淤泥形成的肥力。今天富饶发达的长江三角洲，包括中国最大的城市上海，相当大一部分土地都是长江泥沙淤积所成，并且还在不断扩大。

河流因所处地势地形、地质地貌、流经地域、流速流量、河道河床等诸方面的差异，形成了不同的景观、河性、水情，造就了千姿百态的自然风光和丰富多彩的人文现象。世界上找不到两条完全相同的河流，同一条河流的不同流域或河段也各有特色。一方水土养一方人，也养成了一方的风俗文化。

人类或为了生存的必需，或由于愚昧无知，或陶醉于自身"征服自然"的能力，曾经向河流过度的索取，如盲目扩大灌溉面积，无节制地使用河水，破坏流域的植被，污染水源和河床，任意建造水利设施或开辟航道，随意改变流向或流量，用耕地或堤坝限制河道，诸如此类，在破坏、影响河流的生命力的同时，也给人类本身造成不可弥补的损失，导致或加快了河流文明的衰落。这类惨痛的教训已经越来越多地引起人类的重视和思考，也使越来越多的人开始探索人类与河流和谐相处的理念和具体途径。

文明因河流孕育，受河流滋养，随河流流淌，与河流共存。受惠于河流的人类离不开河流，应该与河流和谐相处。

2.5 冷静对"韩流"

影视的"韩流"在中国流行的同时，中国人不得不面对另一股"韩流"——来自韩国的一些挑战中国历史文化的主流地位的种种说法和做法。

如在韩国清州发现的《白云和尚抄录佛祖直指心体要节》于2001年被联

合国教科文组织认定为世界最古老的金属活字印品后，2005年韩国在清州举行了大型纪念活动，一些韩国学者声称韩国是活字印刷的祖先。新版的一万元韩币背面印上了向来被认为是由中国发明的浑天仪，个别学者的说法更离谱，说青铜器是由韩国先发明再传到中国的，《山海经》中的神话出自韩国，豆浆的发源地也在韩国。

比起一度铺天盖地的影视"韩流"，这股"韩流"其实起不了多大的作用，大可不必看得过于严重，完全可以冷静面对。

还是先讲历史事实吧！早在先秦时期，今朝鲜半岛上已有大量中原移民，特别是在与辽东毗邻的西北部。秦汉之际建立的卫氏朝鲜国，就是以中原移民为主体的。西汉武帝开疆拓土，将领土扩展到朝鲜半岛北部，在辽东和朝鲜设置四郡，由朝廷直接管辖，与内地的行政制度完全相同。东汉后期在朝鲜的辖境虽有所收缩，但在三国、西晋时又有扩展，还新设置了一个一级政区——营州。6世纪后期高句丽迁都平壤，脱离中原政权。唐高宗时又在朝鲜设置安东都护府，一度进行直接统治。元朝征服朝鲜，设征东行省，但对内保留其国王。明、清两代以朝鲜为藩属国，直到甲午战争失败后与日本签订《马关条约》，才被迫承认其独立。

尽管今天有少数韩国人千方百计要割断与中国的历史关系，个别人甚至本末倒置，捏造史实，但在历史上，朝鲜一直以中国的一部分自居，或者以天朝的藩属国为荣。我在韩国亲眼看到不少古代士大夫的墓碑，无不题为"大明朝鲜国"、"大清朝鲜国"、"有清朝鲜国"。特别是在明朝万历年间出兵援助朝鲜击败日本侵略后，朝鲜君臣感恩戴德。在清朝入关后，朝鲜不顾国小民穷，君臣多次密谋，要帮明朝恢复，以报"再造之恩"；并誓死抵制清朝雉发易服，延续"汉家衣冠"。19世纪末，在内乱外患深重，濒临亡国之际，朝鲜还寄希望于宗主国清朝出兵相助。

从公元前2世纪归入西汉版图开始，朝鲜北部作为中原王朝的一部分达数百年，中国文化成为当地主流文化，也成为朝鲜半岛传统文化的源头和主体。从那时起朝鲜地区就直接采用汉字，即使是在制订了自己的文字后，汉字依然是官方的、正式的文字。朝鲜的主要制度、主流文化、伦理道德、学术文化，无不来自中国，在此基础上发展。西汉末，朝鲜北部的方言与"燕代"（大致相当今河北北部、山西西北部）一带的人相同。朝鲜的世家大族，无不自称源于中原大姓，箕子、周公、孔子、太原王氏、清河崔氏、荣阳郑氏、河东柳氏，直到朱熹等，在朝鲜都有大批"后裔"。尽管这些大多出于攀附，却反映了中国和中国文化在古代朝鲜的崇高地位。何况，文化并不一定以疆域为界限，即使朝鲜与中国的关系或隶或分，时密时疏，但在近代以前，朝鲜半岛一直属中国文化区是毫无疑问的。今天的韩国文化源于中国文化，但在传承的过程中也根据朝鲜半岛的具体条件，创造了新的形式和内容。这既是韩国文化的成就，也是对中国传统文化的贡献。

其次，正如孔子所说，"礼失求诸野"。由华夏诸族在黄河中下游地区形成的华夏（汉）文化，随着人口的迁徙、经济和文化的交流逐渐扩大到中原王朝和藩属国，成为中国文化的主体。在其发展和变化的过程中，各种文化现象呈波浪型推进，由中心而边缘，由发达、先进区域而至相对落后区域。由于边缘地区往往地形封闭，交通阻塞，人口很少流动，接受新文化远远迟于中心区域或发达地区。这种滞后现象也反映对既有文化的保存和延续，一种在中心区域早已消逝的文化现象，却能在边缘或闭塞地区长期存在，并且产生新的形式和内容。当这种文化成为当地的主流，得到普遍的认同后，当地人会倍加珍惜，并且不断创新，在某些方面甚至会超过母体文化。正因为如此，当初孔子才会到"野"去求中原华夏已失去的"礼"。

那么在今天，有些在中国已经失去的"礼"，也完全可能在韩国找到。如果这些"礼"得到发扬光大，岂不是以往的朝鲜人对中国文化的贡献？岂不是中国文化本身的光荣？

韩国在 1972 年申报成功的世界文化遗产《白云和尚抄录佛祖直指心体要节》（以下简称直指），是现存的最早金属活字印刷品，产生于 1377 年，相当于中国明朝洪武年间。这是"礼失求诸野"的典型。因为纸和活字印刷是中国发明的，《直指心体要节》印刷的主要内容是在《景德传灯录》、《禅门拈颂集》等史传部的佛书中，抄录历代诸佛祖师的偈、颂、赞、歌、铭书、法语、问答并撰述有助于掌握禅的重要部分，显然来自汉传佛教和产生于中国的禅学，用的是汉字，本身就是中国文化的一部分。

但目前在中国还没有发现更早的同类印刷品也是事实，或许这一文化产品的确是当地人的创造，或许它传自中原，却被当地人完好地保存下来。无论哪一种情况，都是对中国文化的贡献。如果今后在中国发现了更早的同类印刷品，完全可以补充申请，将这一世界文化遗产的纪录提前。如果今后没有新的发现，就让它代表中国的佛教文化、印刷术和造纸术向世界展示吧！

又如，由于清朝下令雉发易服，明朝的服饰在中国的基本绝迹，但在朝鲜却一直保持到19世纪末。这样的例子还可以找到不少，其中不乏在中国已经消失殆尽的。

《直指》固然是目前已发现的世界上最早的金属活字印刷品，但沈括《梦溪笔谈》中毕昇发明活字印刷的记载比《直指》早四百年，也是得到世界公认的可信史料，至今无人可以否定。世界上只有文字记载而尚未发现实物的事物很多，人类历史的很多重要事件和人物都只留下文字记载，并无实物可证，有的甚至只有口头传说，但并不能因此而随意怀疑其真实性。

《直指》用的是汉字，无论内容还是形式都是中国文化的一部分，它所采用的印刷术正是毕昇发明的活字印刷术的运用和改良。《直指》的发现只能证明中国文化传播范围之广、影响之深，在清州这样一个边远地区、曾经作为中原王朝的郡县数百年而当时又是中国藩属国的地方还能留下如此精美的成品。"礼失求诸野"，古人早就指出了这种现象。但谁都明白，还存于"野"的"礼"，是从中国、中原传过去的，而不是在"野"自己产生的。

至于为什么毕昇发明的活字印刷在中原反而运用不广，进步不快，恰恰是因为中原文化太发达了，以至一般的刻版工人都能熟练操作，一些刻工可以按内容直接在木板上刻反体字，加上劳动力便宜，雕版印刷的成本低，效率高，缺乏完善推广活字印刷的动力。而在西夏、朝鲜等边远地区，很难找到有文化的熟练刻工，雕版印刷的成本高，从而促进了活字印刷的发展。中国目前最早的活字印刷的证据发现于宁夏，属于西夏时代，绝不是偶然的。

应该看到，源远流长、久盛不衰、丰富多彩的中国文化是数千来各族民众共同创造的，其中包括曾经生活在历代王朝境内的人，也包括中国的藩属国内和中国文化影响区域内的人。

我们还应该承认，古代的朝鲜人一旦接受了中国文化，就视之为自己的精神支柱，十分执着地守护着传统文化，为弘扬中国文化作出了贡献。例如，在清朝的军事征服和政治压力下，朝鲜坚持不接受易服薙发的命令，始终保持着"汉家衣冠"。时至今日，一些在中国大陆早已绝迹的文化现象依然存在于韩国，既体现了中国传统文化巨大的魅力，也证明了一些韩国人重视、崇拜、恪守中国文化的价值观念和行为规范。

实际上，大多数严肃的韩国学者从来不否认韩国文化源于中国文化的事实，并不赞成那些耸人听闻的"新说"，也不主张将纯粹的学术争论扩大到公众。就是在韩国的"江陵祭"列为世界文化遗产以后，多数韩国人也承认端午节源于中国。

对少数人或一时间的过分说法大可不必太当真。真正的历史，不是一时一事就能改写的，更不是少数人所能曲解的。如果韩国真的能发现更多的中国古代文化的遗存，我们只能为中国文化的无远勿届、根深叶茂而骄傲。更重要的是，我们应该珍惜我们的历史和文化，复原史实。有了充分的证据，对活字印刷发明权一类争议，相信世人和后人自有公论。

2.6 非洲还有"杀人取乐的土著部落"吗

某全国性大报最近刊登了一篇题为《"体育度假"在德国》的报道，提到德国正在设计驾驶摩托车纵跨非洲大陆的新路线，并称"据说要比前者更艰险也更富刺激，因为途中须穿越猛兽出没的广袤原始森林以及杀人取乐的土著部落"（2007年10月6日《光明日报》第4版"世界周刊"）。看到这里，我不禁大吃一惊——今天非洲还有"杀人取乐的土著部落"吗？

非洲有过"以杀人为乐的土著部落"吗？殖民主义者和某些外来的探险家、旅游者说有，有的还有过绘声绘色的描述。但严肃的人类学家、历史学家早已否定了这种说法。因为如果是指个人，不用说非洲，就是亚洲、欧洲那些古代文明最发达的地区，也有过"以杀人取乐"的暴君恶魔、杀人狂、变态者，但并不能代表某一群体或"土著部落"。人类历史上，特别是在原始社会，的确出现过不少杀人、甚至食人的现象，有的残留到近代，但没有证据证明，这些现象是一个土著部落或群体的共同特点。在特殊情况下，的确会有某些群体拥有"杀人取乐"的恶名，如史书上称蒙古军队在灭金及西征过程中、一些残暴的侵略者和殖民者镇压反抗的民众，但这些行为恰恰不是出现在土著中、民众间，更不是非洲的特产。

至于在人类早期，或者处于原始状态的民族、群体之所以杀人，大多是出于生存的需要，或者是由于某些崇拜或信仰而形成的习俗。例如，在与其他部落或群体争夺生存条件的过程中杀死对方，在没有足够食物时杀死俘虏，或者由于某种崇拜、信仰、敬畏而杀死某类人，但绝不是为了"取乐"。就是某种看来非常残酷的食人方式，也不是为了取乐。例如非洲某些部落中，当酋长或最重要的人死后，他尸体会被支解后分食，但吃他肉的人认为是帮助他的灵魂升天。有的部落也会用这种方法对付最有潜在威胁的俘虏，防止他们死后作祟。

要说现在穿越非洲的旅游者还能看到"杀人取乐的土著部落"，那更是不负责任的奇谈。请问，在非洲哪个国家、哪一地区还有这样的"土著部落"？如果这篇报道的作者是从德国某种报刊上转载的，那无妨核对一下原文，究竟是不是这样的意思。我想，任何负责任的报刊是不会发表这样的文字的。再说，哪一家正规的旅行社或机构敢组织游客进入"以杀人取乐的土著部落"？要真这样，外来的游客岂不正好是土著取乐的对象。总不见得当地人自相残杀取乐，给外来人欣赏吧！

出现这类错误的主要原因，还是因为有些人到现在为止，还将非洲视为贫穷落后的蛮荒之地，将非洲人当成没有开化的野蛮人。一般人尽管没有那么极端，往往也免不了对非洲的偏见。例如，某高官在讲到城乡差别时就说"城市像欧洲，农村像非洲"，似乎非洲就是贫穷落后的代名词。实际上，非洲内部的差异很大。而且，近年来，非洲各国普遍取得了较大的进步。就世界范围而言，非洲固然还有好几个世界上最贫穷的国家，但世界是最贫穷的国家和人口也不限于非洲。还应该看到，绝大多数非洲国家都在通过各种途径改变或取缔长期流传的陋习。

另一个原因，是一些人至今顽固的坚持着莫名其妙的文化优越感，以居高临下的态度看待所谓"落后文化"，并且自私地希望这些"落后文化"长期保存，成为他们欣赏或考察的"活博物馆"。所以一到非洲，感兴趣的就是什么地方可以看到奇异的习俗，打听哪里的人还文身、锯齿、带长颈圈、裸体，甚至希望看到"杀人取乐"。如果找不到，或者知道已经改变或消失，就会感到失望无趣，指责当地人不注意保留"传统文化"、"民族文化"，就像某些人只对西藏的天葬感兴趣一样。

2.7 民族文化与学术传承

学术研究需要长期的积累，也需要一代又一代的传承。有了前人的成果，后人才能有发展的基础。如果没有前人的成果，后人不得不重复前人的研究，而且未必能达到前人的高度，"广陵绝响"是人类学术史上经常不得不面对的千古遗恨。要是人类的学术研究成果始终能得到传承，人类能取得的成绩肯定要比现在大得多。

秦始皇时代，多数儒家经典被付之一炬，或者被禁止传播。博士伏生将《尚书》藏在墙壁间，秦汉之际的战乱过后大部分已经遗失，只剩下二十九篇。伏生就以此为基础，终身传授《尚书》。在他九十余岁时，汉文帝派晁错去他家学习。此时伏生已口齿不清，由他女儿转述才完成传授。尽管由于双方所操方言的差异，导致晁错的一些误解，但《尚书》基本内容还是得以流传。"薪尽火传"，靠的是火种不灭。中华文明能够长盛不衰，并发扬光大，靠的就是一代代的火种。

印刷术的发达在很大程度上保证了书籍的流传，但人为的破坏还是会使有些书籍从此毁灭，往往使一门学问后继无人。而且，对严谨的学者来说，总会有一些研究的心得或某项具体成果来不及整理成文，或者因种种原因没有发表，只能靠口耳相传。

从孔子杏坛讲学，到现代大学开设的各种课程，讲课一直是传授学术的重要途径。学者的论著当然应该以自己的研究成果为主，重在创新；但讲课的目的是向学生传授，应该系统总结某一方面的学术史和全部成果，并不限于教师本人的研究领域和成果。中国的学术传承过程中，相当多的学者毕生从事教学，并没有留下什么个人著作，却使学术的薪火代代相传。而且，以传授学问为目的的讲稿或著作会较多注意受众的接受能力，更适合普及的要求。

20 世纪是中国学术史上承上启下的关键时代，中国的现代学科都是在这一阶段建立起来的，中国的传统学术也在这一阶段实现了现代化转型，或者在现代学科中得到延续。但 20 世纪前期天灾人祸频仍，加上种种学术以外的原因，不少学术成果无法正常传播，有些虽未失传，却长期无人问津。直到近年，还有些自以为颇有发明创新的论著，其实只是由于没有充分了解前人的学术积累而作的无效重复。还有些学术论著虽曾发表，但流传不广，今天更不便查阅，没有发挥应有的作用。

2.8 公祭背后的收支账

四年前，我撰文质疑以国家名义公祭黄帝，我认为，"此例一开，炎帝、伏羲、女娲、尧、舜、禹等等，还有大批地方神、民族神、行业神岂非都可以由各级政府来祭祀了吗"？想不到短短几年，我所担心的都成了事实，其规模和排场比我想像的还大，有的祭祀对象还被三四处地方争抢，并且都是由政府主办的"公祭"。据我了解，不少地方之所以热衷于办"公祭"，真正的目的还是开发旅游和招商引资。所以当地的党政领导和部分民众以为，不管怎样，能发展经济总是好的。既然如此，我们不妨算一下经济账。

不少地方在"公祭"结束时都会总结，通过"公祭搭台，经济唱戏"，共签订多少亿合同，引进多少亿资金。实际大多是自欺欺人，不是将意向性合同说成事实，就是移花接木，张冠李戴，甚至胡编乱造。原因很简单，这些祭祀地一般都不是中心城市或经济发达地区，最近更扩大到一些贫困地区，投资者和商人在商言商，岂能不考虑经济效益？要真有利可图，即使不办"公祭"，照样能招商资。要是"公祭"那么灵，黄陵和陕西应该是全国吸引外资、台资、港资和内资最多的地方，实际情况如何？

那么能不能通过"公祭"开发旅游呢？也未必。老实说，旅游的目的就是为了获得精神上或物质上的享受，说白点就是吃喝玩乐，轻松愉快，而不是为学习或研究历史文化，或者接受什么教育，否则何不上博物馆、纪念馆、展览馆！而那些祭祀地一般并没有什么可靠又可观赏的历史遗迹或文物，游客来了看什么？像有一处陵墓，现存最早的遗物是元代的石碑，游客怎么能相信这是上古的遗址？为了弥补这类不足，地方上往往不惜工本，大兴土木，但这些新建筑是不会有多少吸引力的，建多了更会使游客嫌烦。而且陵墓周围和祭祀场所应该庄严肃穆，不可能建成游乐场或购物中心，不能搞得不伦不类，而"公祭"最多一年举办一两次，平时能接纳多少游客？

还有些地方梦想通过"公祭"募集捐款，完全是一厢情愿。听说某地在香港募捐，结果所得还不够支付往返旅费。某地举办"公祭"花费上亿，全部募捐不到千万，其中最大一笔数百万还是出于一家准备在该省投资的企业。世界上的慈善家越来越多，慈善资金越来越多，但无不用于社会公益和文化艺术，有谁会资助建陵墓，办"公祭"？如果慈善家得知一个地方政府将大笔的钱花在"公祭"上，谁会将钱捐给这样的政府？

有的地方政府宣称通过一次"公祭"增加了多少游客，旅游消费增加了多少万，其实其中的领导、嘉宾、专家学者、海外华人、港台同胞、后裔，大多是由公费招待，有的连往返旅费都得报销。广场上黑压压一大片人中，宾馆酒店里上百桌筵席中，自己付钱的有百分之几？有没有哪里的政府敢公布一下全部"公祭"活动的收支账？或者将本地旅游开发的全部数据如实公布？

第二章

历史文化随想

1. 移民与区域文化

1.1 盘庚迁殷，国都奠定

根据史料记载，商人在进入黄河流域后有过频繁的迁移。据王国维的考证，商人建国前就已有过八次迁移：契由亳（今山东曹县东南）迁至蕃（今山东滕州市），昭明迁至砥石（今地不详），又迁至商（今河南商丘东南），相土迁至东都（在泰山下），又迁回商，在夏朝帝芬三十三年迁至殷（今河南安阳），夏朝孔甲九年迁回商，到成汤时又迁回亳，回到了祖宗的发祥地。

商朝建立后，它的都城也有过多次迁移。中（仲）丁由亳迁至嚣（嚣亦作隞，今河南荥阳市北），河亶甲迁于相（相，今河南内黄县东南），祖乙迁于邢（邢亦作耿，今河北邢台市），又迁于庇（今山东郓城县东北），南庚迁于奄（今山东曲阜市）。但自盘庚迁于殷（今河南安阳小屯一带），此后273年（一说253年、275年）间没有再迁，直到商亡。其间仅帝乙时有过迁移，但估计不久又回到了殷。帝乙及其子帝辛（纣）经常居于牧（朝歌，今河南淇县东北），但正式的都城还是在殷。

如果再往前追溯，商以前的夏朝也有频繁迁都的记录。据《竹书纪年》记载，阳城（今河南登封市东南告城）、斟鄩（今河南巩义市西南，近年考古学者认为是发现于偃师二里头的遗址）、帝丘（今河南濮阳县西）、原（今河南济源市西北）、老丘（今河南开封东南）、西河（今河南内黄县东南）等都做过夏朝的都城。见于其他比较可靠史籍的夏都还有平阳（今山西临汾市西南）、安邑（今山西夏县西北）、晋阳（今山西太原市西南）、斟灌（今河南清丰县东南）等地。

可见在盘庚迁殷以前，一个政权的主体和主要人口的迁移是一种常态，一个都城往往延续不了太长的时间。可是在迁入殷以后，商朝的都城基本固定了。而且从此以后，从西周、东周直到明、清，都城固定已经成为常态，迁都却成了特殊情况。为什么会产生这样重大的变化呢？

对商人频繁迁移的原因，以往的学者已有几种说法。有人认为，商人并未脱离游牧民族的特点，迁移是游牧的需要。有人认为，当时的农业生产主要利用土地的天然肥力，实行休耕和轮作，若干年后就要放弃耕作过的土地，到异地重新开垦。另一种观点是"去奢行俭"。都城固定在一个地方，会导致统治阶层生活的奢侈，所以有必要迁至异地重建，以便恢复比较节俭的生活。更多的人相信，商人的迁移是为了躲避黄河下游河道的频繁泛滥和改道。商人历次迁移的范围都不超过今河南、河北、山东三省，且集中在三省交界地区，而这一带正是当时黄河下游河道不时决溢改道的区域。

看来，盘庚以前的迁移不能用单一的因素来解释，而应该从自然和社会两方面加以综合分析。

就自然条件而言，到公元前4世纪左右黄河下游的河道两旁才普遍筑堤，在此前，黄河的泛滥和改道是经常发生的。在当时的生产力和技术条件下，固守都城抵挡洪水既无可能也无必要，而迁移避害不失为明智简便的办法。但每次泛滥或改道后留下的淤积区又是最适宜的农业区，对农耕民族必然有很大的吸引力，所以不会离黄河及其主要支流太远。

与此前的其他都城相比，殷（安阳）虽然也处于平原，但离太行山脉较近，而离黄河河道较远，不会再受洪水泛滥的影响。当时的年平均气温比现在偏高，这一带气候温暖，降水充足，植被茂密，野生动物众多，既适合农业生产，也能满足放牧和狩猎的需要。甲骨文中就有不少有关狩猎的记载，包括商王一次捕获七头大象。殷的自然条件的确比其他都城优越，更适宜长期建都。

尽管在周灭商后，殷成为废墟，但到公元前7世纪时，齐桓公就在殷墟东北四十里处（今河北临漳县界）建邺城，以后成为战国初魏文侯的都城，两汉时是魏郡的治所，从东汉末至北朝期间经常成为北方的政治中心和军事据点，其有利的地理环境和战略优势是重要原因，这也证明盘庚的选择是高明的。

从社会因素来说，早期的商人还摆脱不了游牧或迁移性农业的影响，养成了以迁移对付自然灾害、克服生产或生活上的困难和解决社会矛盾的习惯。但随着生产能力的提高、疆域的扩展和统治手段的加强，这样的迁移其实已经没有必要，只是沿用了一种长期形成的习俗。盘庚决心加以改变，就水到渠成。

我们可以推断，在殷以前的夏都、商都，由于统治者没有长期打算，并未着意经营，建置比较简陋，使用一段时间后就不再适用，可以轻易放弃。而在盘庚迁殷后，决心改变这种经常迁移的习惯，大兴土木，建造都城，这从殷墟考古发掘的成果所显示的当时商都巨大规模和丰富的器物中可以得到证明。从《尚书·盘庚》的内容可以肯定，在迁都后不久，贵族臣民曾有过激烈的反对。如果盘庚迁都的直接原因是黄河水患、农业生产退化或其他天灾人祸，或者盘庚在迁都后一仍旧章，没有新的举措，是不会出现这种情况的。从《盘庚》中"王"（盘庚本人）对贵族臣民们训话的内容看，他没有提出具体的理由，只是发出了严厉的警告，表明了自己推行既定政策的决心不可能动摇。正是由于盘庚审时度势，不顾守旧势力的反对，坚持建设永久性的都城，才奠定了二百多年的商都，也开启了中国历代建国定都的先例，殷（安阳）也以其最早的长期都城成为中国七大古都之一。

1.2 自古长安不易居

很多人以为古代人都有迁移自由，也没有户籍的约束，其实不然。

在人类的早期，洪荒年代，或许是可以自由迁移的。那时的人如果离开了群体，恐怕是无法生存的，所以恰恰惟恐离开了群体。再说，那时的人没有多少地理知识和概念，对外界几乎一无所知，哪来什么迁移的动力？即使是在"日出而作，日入而息"的年代，"帝力"（老天爷和统治者）对农夫固然奈何不得，农夫又何尝有脱离"帝力"的念头？

但至迟到了春秋时代，已经有一大批人不愿意过"日出而作，日入而息"的日子了。其中的士人，或游学于不同的流派，或追随不同的学者，或效力于不同的诸侯贵族；其中的商人，则无论行商坐贾，逐利而动，趋利而迁；就是农夫，也懂得了"趋利避害"和"人往高处走"的道理，遇到天灾人祸就迁往它处。诸侯国之间也会争夺人口，以更好的生存条件招徕那些背井离乡的流民或邻国的人口。当时大多数地方还地广人稀，或者还是没有开垦的荒地，缺的就是人口。不过，奴隶、罪犯、俘虏不能随便迁移，其他人虽还没有户籍的约束，但因交通困难，实际迁移的人很少。

到了战国时代，各国国君和一般士人都已明白，"普天之下，莫非王土"的"王"已经名存实亡，此后的天下只能靠实力才能夺取。当时最重要的实力无疑就是人力，有了人才能开垦耕种，有了人才能攻城守土，有了人才能出谋划策。所以，一方面要控制已有的人口，不许外迁；另一方面，却要千方百计招揽甚至掠夺外部人口和人才，在增强自己的同时削弱敌方。公元前 4 世纪秦孝公任用商鞅，实行变法，这两方面正是新法的重要内容，因而在实施新法的秦国，严密的户籍登记制度应运而生——每五家编为一保，每十保为一个单位。其中一家有罪就要牵连五家、十家，知罪不报一律腰斩，隐匿罪犯的罪名与降敌相等，检举揭发罪犯一名，按战场上杀敌一人标准奖励。为了防止人口逃亡或迁移，商鞅还规定，合法外出时必须携带官方发给的证明文书，投宿旅店时必须出示。旅店如接待无证明文书的旅客，将负连带责任。这类证明文书不同于后世的身份证明，估计是需要临时申报的，商鞅匆忙出逃，自然来不及预先准备。

失败后的商鞅成为自己所颁法律的受害者，当他逃离咸阳，到旅馆投宿时，因拿不出证明文书而无处栖身。但他制定的这些法律法规都为秦国所沿用，并随着秦朝的建立而推广到全国。秦始皇时实施大规模的移民，如将天下豪强、六国贵族等十二万户迁入首都咸阳一带，要是没有严格的户籍管理和对迁移的控制，他们岂会抛弃土地住宅，背井离乡，在遥远的他乡定居呢？

到了西汉，户籍制度比秦朝更加严密，因为朝廷还面临着新的考验——能否在中央与地方势力之争中稳操胜券。公元前 202 年，刘邦即位不久就决定迁都关中，并在咸阳郊外的废墟上建起新都长安，此后的 200 余年间长安一直是汉朝的首都。但在汉朝开始的几十年间，朝廷的地位并不稳固。关中虽然有易守难攻的地形优势和控制关东的战略优势，但本地人口和农业生产的规模都支撑不住一个足以统治全国的中央政权。加上连年战乱造成的严重后果，与虎视眈眈的匈奴骑兵只隔着一昼夜的路途，形势实在不容乐观。另一方面，以关东为主的地方势力一直在挑战中央的权威，甚至一度爆发武装叛乱。比起狭小的关中来，关东地域辽阔，资源丰富，人口众多，不少地方没有受到战乱的破坏，或者比较容易得到恢复。刘邦好不容易在去世前将自己当初不得不封下的异姓诸侯王一一消灭，却留下了一批同姓王的祸根。到汉景帝时，终于爆发了刘邦子孙间的骨肉相残——吴楚七国之乱。

从刘邦开始，西汉一直实行"强干弱枝"的政策，即千方百计增加首都和关中地区的实力，削弱关中以外的地方势力。刘邦在迁都长安的同时，陆续将六国（指战国时的楚、齐、燕、韩、赵、魏六国）的贵族后裔、关东豪强大批迁入关中。以后又仿效秦始皇的办法，生前为自己建陵墓，在陵墓附近建立一个新的聚落，将当朝的大臣、贵族和富户迁入。等皇帝驾崩后，陵墓最终建成，这个聚落也升格为县，称为陵县。迁入陵县的非贵即富，不是官职或爵位达到一定等级的，就是资产超过一定标准的。迁入者能得到皇帝的赏赐或补贴，还能合法取得陵县的户籍。这样，到汉元帝时，在长安附近已经形成了七个陵县——高帝长陵、惠帝安陵、文帝霸陵、景帝阳陵、武帝茂陵、昭帝平陵、宣帝杜陵。其中长陵、安陵、阳陵、茂陵、平陵都在渭河以北，合称"五陵"，权贵聚居，最为繁华，像茂陵县的人口比长安还多。

最初从关东迁入关中是强制性的，这些迁移对象大多是贵族富户，多是迁自经济文化发达地区。随着关中的稳定和繁荣，他们的后裔如鱼得水，迅速繁衍致富。如齐国田氏后代人口众多，不得不编号区分，从第一至少排到第五，以至后来有一支后裔干脆用"第五"为姓。关中的商业几乎为田氏所垄断，田氏的富裕可想而知。

到汉武帝时，长安和关中已成为政治、经济、文化地位最高的地方。由于户籍是不能随意迁移的，长安和关中户籍的含金量就大大提高，成为身份和地位的象征。关中与关外的人员也不能随意出入函谷关，必须先申请到官府的文书"传"，否则就是非法的，可据以治罪。进关的人必须保留"传"的一部分——符传，日后出关时需要与原件核对无误，方许出关。从西汉期间留下的文书实物看，这类"传"上应该注明持有人的姓名，原籍的郡（国）、县、里，年龄，肤色特征，出行的原因等。一般流民是不可能申请到"传"的，所以一般不可能进入关中。只是在遭受严重灾害，流民大量聚集到关门外时，朝廷才会特许开关，允许流民进入。除非担当一定级别的官职，或者得到皇帝特许，否则关外的居民无法取得长安和关中的户籍。

汉武帝时的楼船将军杨仆，地位虽已相当大军区司令，又富有资产，却因为是关外人而被人耻笑。杨仆无法将自己的户籍迁入关中，只能使出绝招——上书武帝，请求自费将函谷关东移三百里，从现在河南灵宝境内迁至新安。正好汉武帝想扩大关中范围，立即批准，杨仆如愿以偿改变身份，合法取得关中户籍。杨仆为一个关中户口花费的成本恐怕是古今最大的，但老函谷关以东三百里范围内的人都沾了他的光。要知道，如果没有杨仆的豪举，这么多人要取得关中户籍，会比登天都难。

另一位陈汤就没有那么幸运了。陈汤是山阳瑕丘（今山东兖州东北）人，年轻时离乡去长安求官，从太官献食丞（皇家膳食处供应科长）做起，几经起落，其间曾远征绝域消灭匈奴郅支单于，建不世之功。汉元帝时深得大将军王凤信任，担任从事中郎，相当于部级秘书长。陈汤早已娶了长安籍夫人，子女都生在长安。但根据当时的户籍政策，他的子女不能取得长安户籍，只能随陈汤的原籍，登记在山阳瑕丘。在陈汤被罢官或去世后，他的子女必须迁回原籍，尽管他们或许从未到那里去过。

由于长安一带人口已相当稠密，加上建设陵县和迁入人口耗费很大，从汉元帝开始已经停建陵县。当时在位的成帝虽然已开始为自己建造陵墓，但并没有同时建陵县的计划。将作大匠（皇家工程局长）解万年想通过建成陵县立功升官，就怂恿陈汤向皇帝建议在修陵的同时建陵县。解万年说："建成陵县是一项大功，我可以获得重赏，你可以请求按惯例迁入陵县，不但你的子女不必再担心迁回原籍，还能获得土地和住宅的赏赐，何乐而不为？"陈汤想这样的好事为什么不做！立即向皇帝奏上一封冠冕堂皇的"封事"（密件）："陛下的初陵选在关中最肥美的地方，完全可以设立一座陵县。天下已经有三十余年没有移民到陵县了，关东富人越来越多，兼并良田，欺夺平民。应该将他们迁入初陵，以增强首都实力，削弱诸侯，也使中产以下的百姓贫富比较均衡。我愿意与妻子家属迁入初陵，给全国作个榜样。"皇上果然高兴，立即批准，下令建昌陵邑，在全国实施移民。谁知由于昌陵选址不当，工程量太大，三年尚未建成，劳民伤财，引起群臣不满。成帝不得已，下令停工，不再移民。丞相和御史等也请求撤销昌陵的住宅建设。陈汤还心存侥幸，散布流言，说"已经盖好的住宅总得有人住吧！"……这些都为陈汤的政敌所揭发，陈汤被流放敦煌（今甘肃敦煌一带）。

当然，围绕陈汤的政治斗争也涉及其他很多方面，但也可以看出，当时要取得一个长安或关中的户口是多少不容易！这种情况，在以后各朝的首都地区都不同程度地存在，可见能像白居易那样在长安"居易"的人，实在是凤毛麟角。

1.3 上海、广州移民文化

1.3.1 移民对文化传播的作用

现在，从报纸上或者在各种统计材料里面经常可以看到一个词：流动人口。离开了原来居住的地方，不管是处在什么情况之下，我们都可以称之为流动人口。但是，流动人口中间只有一部分人可以称为移民。不是所有的外来人口都可以称为移民。举个例子，如果家在外地的学生，到另一个城市读书，不一定把这些学生称做移民，因为他们毕业以后又要流动到别的地方去。

一般地讲，移民是指已经定居的外来人口或者有定居愿望、并且在迁入地居住了比较长时间的那一部分人。当然，各个国家、各个地区的移民的标准有所不同。比如，西方有些国家把在一个地方居留时间满一年的人叫做移民；有的国家规定只有取得了永久居留权的才称之为移民。我们国家是看你是否落了户口。这些不同的标准都是表面的，移民实质应该是已经在一个地方定居的人。

之所以强调这个特点，是因为移民与一般的流动人口是不同的，它的特点是定居或者以定居为目的。更重要的是，这些人对定居的地方会产生一种归属感。这一点对文化的传播、接受很重要。

所谓文化，不管有多少种解释，它都需要跟人发生关系，而人是传播文化唯一的载体，也是最活跃的载体。在信息发达的今天，文化传播可以有很多种形式，可以通过电视、数字化传播。如世界杯，打开电视我们就能够看得到。但是，不管多先进、多高精尖的传播手段，使用的结果与身临其境还是不同的，更不用说以前没有这些现代化手段。

流动的人与定居的人的差别在什么地方呢？定居的人，对本地的文化无论是自觉地还是不自觉地，都会产生影响。首先，他不得不适应定居地的文化，否则，他就很难在定居地生活。一般到一个城市，都是到处走走，可以体会这里的方言或者文化。但是，如果在这里定居，那就不得不接受这个城市的文化。另外一种情况，如果你认为某种文化对居住地某方面有好处的话，你也可以传播甚至推行你认为先进的好的文化。而一般的流动人口，他们往往没有这样的愿望，也没有这样做的能力。强调移民，就是这个道理。移民对本土文化有一种归属感，他会自觉或不自觉地传播文化。正因为这样，我们研究一个地方的文化，就一定要考察这个地方历史上的移民以及现在的移民，看他们带来了什么影响。

移民本身对文化的传播有重大的作用。

首先，移民本身的素质和他们的传播能力。

如果移民的素质高，且代表一种先进的文化，又具备较强的传播能力，那么，就能比较快地把他所携带的及其负载的比较先进的文化传播出去。历史上也经常看到这样的例子。如某一个来自先进地区的学者，或者一个地方官员，他往往就会带动当地文化水平的提高或发生根本性的转变。

再有，移民所处的地位。

历史上有些移民，不是自主移民，而是在战争或者政治、行政等强制措施下成为移民的。他来到那里后，根本发挥不了他的作用。即使他的素质再高，传播能力再强，他对当地的影响也是有限的。如反右派斗争之后，曾经把北京一些高级知识分子迁到北大荒，这中间有艺术家、诗人、画家，也有各方面的专家，但因为他们是处在一个被监督改造的过程中，跟周围群众接触的机会有限，他们只劳动，文化传播的作用就很少了。我到东北有些地方了解情况，当地人告诉我，当地最好的教师来自两种人——右派和知青。当时的那些"右派"，他们虽然还会起一些作用，但这种作用极其有限。另一方面，我们也看到，有些移民处于与本土居民一样的平等的竞争地位，或者受到特别的重视，那么，他们的作用就会很快地发挥出来，并起着持久的效果。

再有，移民定居的状况。

移民的目的是定居，定居是否顺利，这一点非常重要。比如，现在有些到国外去的，受到别人的欺负，因为他们是非法移民。甚至，一些移民被黑社会甚至警察敲诈时，他们讲都不敢讲，因为他们是非法移民。在这种状况之下，他们所发挥的作用就很小了。我们国家曾一度把户口制度管得非常死，很多人迁到一个地区，很长时间都不能取得合法的户口。这不但影响他们自己，还影响他们的家庭以及各个方面。相反，有些地方能比较快地肯定他们迁入的合法地位，这些移民就能很快地发挥作用。

中国历史上，一些鼓励移民的政策起到了非常重要的作用，较好地发挥了移民的作用。清朝初年的时候，四川受到战乱的破坏，人口稀少，在省会成都，老虎白天都可以在街上散步。有的县动员几百个移民过去，不久就被老虎吃了一半。在这种情况下，当时的清朝政府就给移民一些优惠政策，其中有一条是，你到了那以后，凡是无主的荒地都可以开垦，开垦以后就归你所有，并且马上就可以登记到当地的户口，定居的手续很简便。实践证明，移民在一个地方定居状况好，就有利于发挥他们的作用。

现在世界各国，对一些迫切需要的人才采取优先入籍定居的政策。日本以前入籍的限制很紧，但这些年，凡是急需的人才（如精通外国语的、精通国际法的）很快就让他们定居。据反映，现在日本入籍比取得永久居留权更方便，日本非常希望所需要的人能永远留下来。所以，在法律上取得本地国民或者居民待遇的移民，归属感、依附感就更强了。

第四点是土著对移民的态度。

如果本地人对移民不友善，或者本地人的势力太强，移民当然会受到压制。我们研究移民史时，就发现这样的情况，土强客弱。土著太强，移民人数少或者地位低，在这种情况下，移民被土著压制或者同化是必然的。假如客强土弱，那么移民可以把土著弱化。第三种情况，是土客势力相差不多，这是一种比较好的模式，往往经过碰撞，从而形成一种既不是土著又不是移民的新的文化，产生一种新的人口的群体。因此，土著是否采取一种开明的态度，是否跟移民能够融洽也是非常重要的。

第五点是移民的数量。

数量既包括移民本身，也包括移民的后代。如现在上海的移民，已经是第二代、第三代甚至是第四五代了。如果移民在当地落地生根以后又能较快地繁衍后代，这样就增加了移民的数量。虽然移民的素质与数量无关，但数量在一个地方也是起很大作用的。

1.3.2 移民传播文化的类型

移民传播文化的类型有很多种。

第一种传播的是学术文化，比如说儒家文化。通过儒家学者逐步迁居到全国各地，最终把这种文化传播过去。

第二种传播的是制度文化。制度文化与学术文化的传播方式一样，也是通过杰出的移民把一种比较先进的制度传播到其他地方。中国历史上，在中国边疆地区，往往有少数民族建立的政权，后来这些少数民族的制度都慢慢地汉化了，与汉族基本一样，这是因为移民传播了制度文化。例如，两广地区，原来当地的少数民族，我们一般都称之为百越。到了秦始皇时平定岭南，就开始有大批的中原百姓过来，其中也包括了南越国的开国国王赵佗。赵佗是今河北正定县人，他当时依靠一批来自中原的将士、官员把中原的制度带到南越。广州新近发掘的宫殿遗址和南越王的墓，明显地带有南越人的基础，但也有中原制度的痕迹。他的文字及宫殿制度基本上是从中原带过来的。历史上很多少数民族政权，在制度上大部分都是吸收了中原的经验，而这些往往是一些比较优秀的上层移民带来的。

第三种是传播艺术、音乐、舞蹈、戏曲。这些往往也是靠移民传播。我们把民间的乐器称之为国乐或者民乐。但仔细地研究这些乐器，就能发现大多数都不是中国本土的，它们大多来自西北地方，有的来自今天的少数民族地区，有的可能来自中亚或现在的境外。比如我们拉的二胡，还有的叫高胡、京胡、板胡。为什么都称"胡"呢？因为这是胡人拉的琴。我们很多弹拨乐、打击乐，原来都是从那些地方传来的。怎样传来的呢？历史上，从中亚西域北方少数民族地区来的移民，把这些乐器、音乐、舞蹈带了过来。我们现在也感觉到，汉族人在音乐舞蹈上面没有什么特色，而有特色的都是少数民族。

第四种是传播方言。方言直到今天都有，东莞人说话与广州人说话是不同的。中国南方的方言很多，北方也有方言，一个县里面也有互相听不懂的方言。迁移频繁的地方，一些小的方言就会成为一种大的方言；迁移到一些比较闭塞的地方或者迁移比较少，或者移民在一个地方比较固定的情况下，就会形成一种方言，并长期流行。

又比如说，中国各地的方言，跟历史上古代人讲话比较接近的不是北方而是南方。用普通话念一首唐诗，很多地方不押韵了。古代中国发声有平、上、去、入四声，而普通话里入声已经没有，只有平、上、去三声了，而南方不但有四声，还有六声、八声。如用吴语、闽南语念唐诗都押韵，这就说明唐代语言元素更多是保持在南方。这是因为历史上一次次的移民，比如唐朝的移民到了南方某地以后就不迁移了，从而就较重地保持了唐朝的口音，而北方不但胡人入主中原，人口还多次流动，口音就变了。

方言岛是什么意思？即周围的地方讲同一种方言，而偏偏只有这个地方与众不同，讲另一种语言，就如海洋上的一个岛一样。南方有很多这样的现象。如在明朝的时候，从明太祖朱元璋开始，就在全国范围内设立卫所，把军队从一个地方招募过来，让他们驻在这个地方。他从老家江淮一带招了一批人到贵州、广东或广西。这些军队在这里驻扎，周围用围墙围起来形成一个营、一个团、一个堡、一个卫。这些人如果死了需要补充，他也不在当地招而是到江淮老家去招。这样，他的兵源永远是江淮老家的。在那里，军人与当地居民不通婚、不来往，所以围墙小范围里就讲一种与周围不同的方言，到现在几百年了，这种语言还没有改变。

又比如杭州，杭州应该在吴方言地区内，但杭州城里的话明显带有北方音，带有儿化音。什么道理呢？我们从移民的研究中可以找到答案，因为北宋末年，康王赵构为建立南宋，带了文武百官从开封迁到了杭州，以后就长期住在杭州。从皇帝到贵族、大臣、富人，他们到了这个地方，尽管不是多数，但地位却处在社会上层，他们的方言成为时尚。我们可以想象，当时杭州城里的本地人，为了给他们服务，得到好感，表示忠诚，就学习他们的话，所以就形成吴方言地区越来越多的人学习北方话、河南话的局面。这种情况说明，移民在方言传播中起了很大的作用。

第五种是传播宗教和民间信仰。如佛教、道教、伊斯兰教也是随着人口的迁移、随着移民传播的。此外，还有很多不属于宗教的民间信仰，如一些地方的神，也往往随着移民的传播而传播。

最明显的例子是妈祖。妈祖原来是福建一些地方的神，据说是一个总兵的女儿，她在海里面可以保佑航海的平安。在国内，她随着福建人的迁移而传播。比如，上海以前有一个庙，不叫妈祖，而叫天后宫，其实就是妈祖。天津也有这样的一个庙，在浙江当然就更有了，都是随着福建人而迁移的。福建人迁移到台湾后，又把妈祖带到了台湾。我到台湾发现还有两个庙，都争说自己是第一个在台湾上岸的，这说明台湾人已经非常重视这样的一种信仰。这是福建移民把他们的信仰带到台湾的。

这种例子还有很多，比如江西的移民。江西崇拜许真君，许真君传说能治蛟。古人迷信，以为山里的洪水，是蛟龙出来了。江西的移民到哪里，就把许真君的庙建到哪里。有的只把名字改一下，如在贵州称万寿宫，江西移民多了就有万寿宫，这是他们的信仰。四川人信仰二郎神，四川移民多的地方就有二郎神的庙。新疆天山有个关帝庙。新疆本地主要是维吾尔人、哈萨克人、蒙古人，怎么会有关帝庙呢？原来这里有满族的驻军。因为努尔哈赤很喜欢看《三国演义》，据说他行军打仗很多谋略都是从《三国演义》上学来的，他崇拜关羽。满族人喜欢关公，清朝的皇帝都崇拜关公，所以满族军队驻扎到哪里，就要把关帝庙建到哪里。西面建到天山里面，北面建到蒙古高原，在乌兰巴托也有。所以移民对宗教、民间信仰都有传播。

第六种是传播农业生产技术和农产品。中国以前的农产品、农业生产的成果、新品种的栽培推广也跟移民有关。比如说，来自美洲的新食物，如土玉米、番薯（红薯）、土豆（洋芋）、花生这些，大多是从沿海地区传来的，以后又扩展到内地，就是随着移民一步步地扩展的。特别在清朝的时候，移民从平原地区迁移到山区，从东部迁移到中部、西部，在这个过程中，移民就把他们所熟悉的作物带到迁移地。四川很多地方都是山区、丘陵，移民带进了玉米、番薯，随之就进行了山地的开发。因为当地农民比较保守，不是亲眼看到外来作物的好处，是不会接受的，移民把这些作物带过去，并起到了一种示范作用，就促进了这些新作物的推广。

移民无论对制度文化、精神文化，还是物质文明都起着很大的作用。

1.3.3 上海是中国近代最典型的移民城市

上海本身就是移民的产物。

现在所说的上海，主要是指 1843 年上海设立租界以后发展起来的，而不是指有 700 多年历史的原来的上海县城，更不是指原来海边的小村落。1843年，上海刚刚开埠的时候，整个县连乡下在内只有 50 余万人。原来租界开的地方是上海县城外面黄浦江和苏州河相交的一大片农田，居民寥寥无几。但是上海开埠以后，人口很快就增加到 200 万。到解放初的时候，上海已号称 600万人。这些人口，要靠本地自然增长是不可能的，都是靠外地移民的迁入。

上海公共租界主要有过 3 个，分别是英租界、法租界，后来美国人又设立一个美租界。美租界设立不久就和英租界合并，称之为公共租界。所以大多数年代只有两个租界。

我们把上海本地籍的人和非上海籍的人，即当时登记为上海籍的与外地籍的人做个比较。从1885年开始到1935年，上海籍的始终占少数。解放初，上海70%以上的人都是移民或者是移民的后代。即使在上海租界的外面，即英租界、法租界、美租界的外面，当初的华界，包括上海原来的县城、闸北等地方，外地籍的人比上海籍的人还要多。整个上海应该算是一个移民城市。

这些外地人是哪里来的呢？在租界里面，最多的是浙江人，其次是江苏人，接下是广东人，然后是安徽人，还有湖北、山东、福建等地的人。在江苏、浙江两省移民中，最多的又是来自江苏南部与浙江北部。一方面，这两个地方离上海近，有的甚至已在1958年后划归上海。比如，老一辈革命家陈云，是青浦人，当时说他籍贯江苏。1958年以后，青浦划归上海，成了上海人。这一特点有什么重要意义呢？

从公元10世纪以后，长江三角洲的江苏南部和浙江北部，一直是中国经济发达的地区，后来也成了文化最发达的地区。来自这些地方的移民，一般来讲，文化素质比较高。由于经济发达，从明朝开始这一带就形成了比较发达的商品经济，手工业也很发达，这些人比较容易接受资本主义生产方式，这些移民到了上海，在新的生产方式下如鱼得水。另外，这一带的富人比较多，他们到上海后又把他们的财产变成发展的资本，进而构成上海移民的主要经济基础。而且，由于这一带历来是地少人多，农民的劳动强度大，也养成了他们吃苦耐劳的习惯。这些人到了城市以后，就成了素质比较高的劳动者。这是非常重要的，这个特点是中国其他城市往往不具备的。

我们可以比较，广东离上海比较远，为什么广东移民在租界的比较多呢？广东的开放比上海早，是清朝最早开放的。鸦片战争以前最早的港口，都是在广州城外，广州最早有十三行，有洋行，有专门跟洋人打交道的人，产生了中国最早的买办、翻译，以及今天讲的外事劳务人员。刚刚开埠的上海没有这些人，都是从广东招进的。

上海最早的"康摆渡"（comprador，买办）大多是广东人，翻译也大多是广东人，甚至洋行里打字的都是广东人。以后，苏州人、宁波人、上海本地人逐渐取代广东人。

广东人在涉外、新兴的产业继续保持优势。如上海的百货业中，四大公司（永安、先施、新兴、大新）都是广东人开的。所以广东的移民在上海占有重要的地位。安徽比较近，而且比较穷，输出很多劳动力，徽商那时已风光不再。还有湖北人，在上海的机器厂或者铁路上做事的不少。为什么？因为张之洞原来在湖北办洋务，工厂、铁路比上海办得早。上海的江南造船厂、铁路等产业吸引了不少湖北人，铁路上就有"湖北帮"。山东人长得人高马大，比较忠厚老实，文化程度不高，警察是他们到上海后的主要职业。

上海的移民，一方面主要来自于经济文化比较发达的地方，一般素质比较高，另外，它也是多元的。多元非常重要，那就是各种文化相互之间碰撞影响。如广东人的主要作用是跟外国人打交道，经营新兴的百货业、西药房、食品店等。而安徽人比较传统，经营茶叶店、纸墨店、当铺、中药店等等，并且大多在华界。

上海的另一个特点就是外国的移民相当多。上海刚开放的时候，只有26个外国人，以后不断地增加，最多的时候是1941年，太平洋战争的前夕，登记的外国侨民有15万，到1949年全国解放的时候，还剩下2.8万人，最后一个侨民是在上世纪80年代去世的。这些侨民对上海的发展起了非常大的作用。

为什么要强调侨民呢？他们不是来来往往的外国人，而是已经登记为当地的常住人口，其中绝大多数人终老在上海。这些外国人当然也有素质差的，流氓、罪犯都有，但他们要生存、要发展、要竞争，也在优胜劣汰。应该承认，移民中间多数人素质高，对上海的发展有特殊的贡献。当然，上海也给了他们很多的发展机会。

如犹太人哈同曾经别出心裁，把上海的南京路路面用外国进口的木材全部铺上，像地板一样。中国原来的马路都是土路，至多铺上石板，当时使用马车、手推车、三轮车，驶在木板上很舒适。南京路和哈同很快就成为大家关注的对象。在铺路、花钱的同时，哈同已把路两边的地皮买下来了，价格非常便宜。不久，南京路两旁地价、房价飞涨，哈同发了一大笔财。犹太人精明节俭也是出名的。据说哈同每天中午给太太打一个电话，告诉她是否回家吃饭。但打电话要几分钱，他舍不得付，怎么办呢？他就跟太太约好，如果太太听到连响 3 次铃声然后停了，又响 3 下，表示他中午不回家吃饭，如果只响 3 下就表示他回家吃饭。这一批外国人在上海致富的同时，对上海的发展也起了很大的作用。

早期的革命家要学俄语，不必到苏联去，而是先在上海学，因为上海有大批白俄。十月革命胜利以后，沙皇贵族、知识分子等上层成员多被革命赶了出来，当时苏俄政府采取的政策不是利用改造他们，而是把他们驱逐出境。他们跑到中国来，一些到哈尔滨，一些到上海。上海集中了一大批俄罗斯的移民，其中优秀的艺术家不少。上海有很多艺术，如舞蹈、绘画、音乐，都是由白俄传播的。

"二战"爆发以前，希特勒开始迫害犹太人，犹太人到世界各地流浪，到其他地方定居经常被赶出来。但是上海对他们是开放的，所以大批犹太人迁到了上海。最近，上海接待了一批犹太人，他们有的是当年的难民或者是后代，他们到上海寻找原来生活过的地方，来感谢上海人对他们的照顾。在中国出生的犹太人中，有的已经是以色列的国家领导人，有的是西方大财团的老板。在租界里面的英国人、法国人，还有美国人，这批侨民对上海的发展起到相当大的作用，这也是一批非常重要的移民。

上海的移民有一个特点，就是有进有出。1929 至 1936 年这几年间，基本上是迁进来的多，迁出去的少。1935 年，迁进与迁出差不多。并不是所有的人到了上海，就再也不走了，有的人觉得生活不适应、发展不成功就走。原来在上海的人，觉得到外地有发展机会，也会迁出去，人口是处在流动的过程之中。不像我们现在，往往是只进不出。现在上海人口越来越膨胀。

总之，上海作为一个近代的移民城市，第一，主要人口是移民，本地人口是少数。第二，移民是多元的，来自各个方面，而且相对优秀。移民素质，是指总体的移民素质，而非仅仅看他的文化素质，假如一个地方需要一个以体力为主的劳动者，而那个劳动者又能吃苦耐劳，奉公守法，责任心强，这个移民的素质就是高的。从这个方面看，上海历史上吸收的移民，无论是做老板的浙江人，做警察的山东人，还是做翻译的广东人，或者是做苦力的码头工，他们的素质都是比较优秀的，而且也只有这样的人才能长期地定居下来，否则，吃不消就回去了。所以，当时有卷着铺盖、光着脚进入上海滩的人，后来，有的人成为大富翁，有的人冻死在马路边，有的人跳进黄浦江。包括外国人也一样。上海被称为冒险家的乐园，有的成功了，有的失败了。上海就是这样一个移民的城市，它反映了竞争的过程，体现了适者生存、优胜劣汰的生存规则。正因为这样，上海才能得到不断的发展。

1.3.4 广州的移民文化渊源

如果我们说上海的移民历史从 1843 年开始，那么广州可以追溯到 2000 多年前。早期岭南地区被称做百越。"百"不是指一百个，而是指很多。其实，它是由很多个民族结合在一起的，它的文化基础应该是本地。这些年来，广东很多考古发现证实，广东的文化有几千年的历史。但这些文化并没有延续到今天，今天的文化基本都是外来的。

还有一个概念是南越文化，南越文化已经是中原文化对本地影响以后的产物，它的上层制度比较多地反映中原文化的概念，但是它的基础还是本地文化，甚至南越王赵佗也受本地影响，光着脚盘腿坐在地上。应该看到，在南越时期，也就是公元前 3 世纪末开始，中原文化集中在上层，集中在行政中心、城市和交通线，而其他大部分地方，还是原来的百越文化。

中原文化通过人口的南迁，一次又一次向南传播，产生了持续的影响。特别是政治上归属于中央政权以后，主流文化就是中国的儒家文化，是中央集权制度。人口的迁移像海里的波浪，开始是高的，一直推到很远的地方，最后就没有了。那么，从中原来的移民像波浪那样一次次、一层层向南推进到岭南已经是余波，人数比较少，影响也比较小。

况且，历史上南迁的道路并不畅通。比如说，东汉时候才刚刚修通翻过南岭的道路，即使通路以后，北方迁过来的人，也主要还是走海路。一路出长江口、钱塘江口，沿着海岸南下，经过福建是不停留的，因为在当时人的眼里，福建还不是自己要去的地方。人们迁过来，有的人到广州，有的甚至到了越南。从陆路上迁移，比较多的是公元 8 世纪中叶安史之乱期间，移民主要还是到江西、湖南，进入广东的不多。对广东移民影响大的历史时期还是南宋、元朝，人口逐步南迁。现在珠江三角洲都有珠玑巷的传说，都说自己的祖先来自南雄的珠玑巷，这就反映了这一次的移民规模比较大，持续时间也比较长。

在迁移过程中间，移民对广东一带的地域文化有特别重要的影响。两广地区与中原之间有南岭，南岭尽管不是真正的一座大山，但也是一个阻碍，使移民往往在岭北一带定居下来。中国移民也好，外国移民也好，都有一种随遇而安的特点，没有太明确的目的地。今天很多农民到城里打工，也是随遇而安，能找到满意的工作，不一定非要到哪里去不可，除非受到某种影响。以前历史上的移民从北面过来，到了长江流域就安顿了，就不走了。长江流域如果去的人很多，迁到了江西，有了土地，已经安顿下来，再来广东干什么？

还有南海，也是一个影响。为什么迁到越南去，因为顺着海洋的潮流、顺着风就过去了。古代海上航行没有动力，是靠风，靠洋流，身不由己。唐朝的鉴真和尚想到日本去，结果船出海后遭遇风暴，把他吹到海南岛，这完全是风力和洋流的作用，所以南海的阻碍也是一个主要原因。

珠江上游人口不多，也不是中原文化区域，来自珠江上游的移民几乎没有。珠江三角洲不是自古以来就是这样，很多地方原来只是海上的礁石区，冲积平原还没有形成，这样的自然环境也造成很大影响。为什么广州这一带历史上不能容纳很多人呢？因为珠江三角洲还没有形成足够的土地。以前，华南师大的曾昭璇教授做过研究，讲珠江三角洲的形成与珠玑巷的移民有关，这些自然环境，决定了广东本地文化的表现与影响比较顽强。当然，还有气候和方言各方面的原因。这是自然方面的原因。

从人文环境方面来讲，它也不太有利于外来的移民。广东的土著始终处于多数，很少有外来移民超过本地人的。土著与移民，在特殊情况下，移民才能胜过土著。清朝的时候，发生过一次土客之间的大冲突，延续了十多年，死了不少人。客家人数量比较多了，就与土著人发生争斗。明末清初一段时间，本地受到比较大的破坏，人口稀少，客家人就大规模地从山区南迁。开始移民人数不多，与土著相安无事。到清朝中期，移民有了一定的数量，就发生了土客大争斗。清朝政府没有办法，将他们平息以后，把客家人集中，并继续要他们迁移，有的客家人便迁到海南岛，还有些客家人就迁到台湾。客家人到了台湾以后又不如闽南人多，定居不如闽南人早，闽南人都分布在沿海平原，客家人往往处于半山区。

广东有的方言比较稳定，在移民少量进入的情况下，一般对本地方言影响不大，只能由移民学本地话。对外来移民而言，这也是一种障碍。上海因为移民多，甚至形成了新的方言。所谓"上海话"虽然保持了吴语的基本特点，但与原来上海县城里和郊外的话都不同，吸收了大量新词汇，来自移民较多的方言，如苏州话、宁波话、苏北话，甚至英语、法语。我不了解广东话怎么样，在上海方言中，解放初的时候，还包含很多英文，这些英文变成上海话了。比如说你到一个单位去，要检查你的证件，叫你把 pass 拿出来。passport 本来叫护照，但上海话 pass 变成证件。上世纪 50 年代后期、60 年代初，资本家接受社会主义改造，想参加工会，相互见面时往往会问："侬红派司拿到吗？"原来工会会员证是红颜色的，所以称为红 pass。又比如说，上海人把斜屋顶上开的窗叫老虎窗。老虎怎么爬到屋顶上去呢？其实，它来源于英文的 roof，"roof-window"，上海人把它称为老虎窗，它前面的音 roof，多数上海人不懂什么叫 roof，就变成上海话"老虎"，后来就变成为老虎窗了。到现在，上海人还是用老虎窗这个词。

南方原来移民比较少，等到移民比较多的时候，移民与土著双方都要借助家族势力来制衡对方，或者保持土客宗族间的平衡，因此岭南人宗族观念和宗族的势力比较强。这一点和上海又不同，因为上海原来就是属于江浙平原地区，长期人多地少，人口流动比较频繁，宗族观念本来就不强，一到上海就基本没有了。到今天为止，在海外的移民中，广东、闽南的宗族观念比较强。这样的人文环境及自然环境就决定了移民的特点及文化特点。

1.3.5 珠玑巷的传说与现实

南雄珠玑巷移民是中国众多移民源之一，但应该承认众多移民源中洪洞大槐树、麻城孝感乡与南雄珠玑巷是最重要的，所产生的移民后裔之多、之重要，对区域开发、文化传播、人口繁衍影响之大，非其他移民源可及。

在中国历史上，南迁是移民的主流。正是南迁，才使华夏文化扩大到长江流域、珠江流域和海外，才使中国南方的疆域得到扩大和巩固，才使中国南方形成以华夏（汉族）为主、多民族融合共存的局面。而珠玑巷移民是南迁移民中源流最明确、聚居最集中、人数最多、对近代和当代中国影响最大的一支。

岭南的开发和岭南文化的形成虽然可以追溯到更早的历史时期，但对宋元以来的岭南，珠玑巷移民具有重要的决定性的意义。

珠玑巷是岭南移民的源头，但真正意义上的区域开发和文化传播，还需要更多的中转站，良溪就是迄今为止所发现的最重要的一处。此后的开发，就是依靠这些由源头到中转站，再分散到各地的移民群体完成的。华夏文明的传播，也是依靠这些移民实现的。在此过程中，南下移民成功地与当地土著人相融合，华夏文化与当地土著文化成功地结合，形成新的本土文化。这种文化既保持了中国传统文化的主体，又注入了本土文化的生命力；既适应了本地的自然地理环境，又为进一步的开发奠定了基础。

由于从中转站开始的移民与其后裔关系更加密切、更加直接，因而留下了更确切可信的记载。正是后珠玑巷移民史料的大量存在并得到发掘，珠玑巷移民的史实变得更为丰富，其意义也得到更深刻的认识。

要正确地理解珠玑巷与后珠玑巷移民的史实，要区分文化认同、血缘认同与历史事实的关系，不必拘泥于具体的对应关系。一方面，岭南具有悠久的本土文明，如近年来发现的早期文化遗址就是最好的证据，南越文化的遗址也证明早在公元前1世纪就达到相当高的水平。但另一方面，应该承认今天岭南的主流文化的主体还是来自以黄河流域为代表的华夏文化和中国的传统文化。

正确处理土著文化与外来文化的关系，既充分肯定南来主流文化的作用，也应重视本土长期传承的文化，包括近代海外文化的影响。良溪成为重要的移民中转站，并不排斥其他中转站。中转站的广泛存在，正是珠玑巷移民伟大意义的表现，也是后珠玑巷移民具有广泛基础的证实。

岭南文化无疑是中华文明的一部分，其主体与中华文明是完全一致的。但岭南文化具有鲜明的地区特色和巨大的生命力，这既是包括珠玑巷、后珠玑巷移民的伟大贡献，是移民成功地完成开发的过程中适应自然环境的产物，也是土著人口所创造的文化得到吸收融合的结果，并受到外来文化的影响。正因为如此，岭南文化比其他传统文化具有更加开放的精神和更强的开拓能力，这是弥足珍贵的。

珠玑巷移民出于这样一个传说，一位胡妃受奸相贾似道迫害，祸延她的家乡，于是南雄珠玑巷的人纷纷南迁。按照这一传说，广东一带大多数世家大族都是来自南雄的珠玑巷。这个传说可信吗？难道南雄城里人都住在珠玑巷，其他地方就没有居民，或者都不南迁吗？仔细看相关的记载，也有不少破绽。但是大家都说来自珠玑巷，这反映了一种观念，实际上是文化上的认同，这种现象在全国其他地区都有。

一个北方人，你问他是哪里来的？他就说是山西洪洞大槐树。安徽安庆一带的人都说是江西瓦屑坝迁来的。苏北人哪里来？苏州阊门外。移民迁出来以后，要有依靠，说大家都来自同一个地方，而这个地方又被描述为世家大族所在。比如四川人，你问他哪里来的，都说湖北麻城孝感乡，怎么可能都来自一个乡呢？好像讲我们是炎黄子孙，难道都是炎帝和黄帝的子孙，他身边的大臣、部族就没有子孙？这也是一种文化认同。

1.3.6 近代的广州（岭南）文化

近代的广州，有几件事情值得我们注意。

①第一个对外开放的窗口广东是直接对外开放的口岸，但这个口岸又受到清朝政府严格的控制。

与外国人做生意，绝对不准进广州城，都是在指定的地方。根据当时的规定，跟洋人打交道只是官方，尽管它对外开放，但是多数情况下都是物资上的交流，而不是外来文化的影响。当时广州的主流文化瞧不起洋人，更瞧不起同洋人打交道的中国人。清朝政府又对他们严格防范，英国人总想打破这个界限。乾隆的时候，英国想派使者到北京见皇帝，一直没有成功，最后以恭贺乾隆八十大寿的名义才获得批准。直到鸦片战争，这种局面都没有被打破。

②两次鸦片战争与反入城。

尽管根据《中英南京条约》的规定，广州不得不对外开放，实际上英国人还是没有办法走进广州。因为民众反对，两广总督也不敢答应。这里面当然反映了一种爱国主义。一般的民众没有考虑那么深，更多的是爱乡。英国人到上海发展非常顺利，至多只有些经济纠纷。而在广州举步维艰，后来上海超过广州，成为中国最大的开放城市。一方面，它的经济条件比较好，处在中国南北的中间，有一个长江三角洲和长江流域，一个很大的腹地，另一方面，跟两地民风的不同有很大的关系。

③夏威夷和渣打银行。

当时广东人对外国银行的态度是：打不过洋人，也没办法，但是在文化上给你点颜色看看。早期在翻译英文的时候，广州有办法把洋人贬讥一下。如美国的夏威夷岛，就是华夏威振外夷。有一次，我跟渣打银行的老板聊天，我说你们的名称实在不敢恭维，又是渣又是打。他说，当时中国人骗了我们。我说，大概是你们先骗了中国人。反正洋人当时不知道，就一直用到现在。这反映了什么心态呢？一方面，不得不承认外国的势力强，加上政府压下来，只能服从。另一个方面，千方百计地找些花样出口气。上海的情况就完全不同，上海人很快地认同了西方文化，其原因是上海移民来源广，移民对外来文化容易接受。

④移民来源与文化反差。

从近代广东的发展来看，它的移民来源跟上海还不能比较，而且它的文化的反差特别大。1967 年，我第一次到广州，在广州火车站就看到一个很奇特的现象。当时大概是从香港过来的一对夫妇，男的穿着西服，打着领带，挑一副担子，旁边跟着个女的，是小脚，前面牵个孩子，手里抱着一个孩子。你看：穿着西服，系着领带，拿着扁担，挑着担子。这表明，从外在形式上他很快接受了西方的东西，但是他的生活方式在基本观念上没有变。香港处在英国的治理之下，在政治上不得不接受西方的统治，但深层次的文化却形成了很大的反差，这个反差很难融合。

⑤民国初期的特殊地位。

一方面，广州很早就接触了英文，另一方面，原来的观念受传统文化的影响非常大。在推翻清朝国民革命的过程中，广东曾经起了很大的作用，孙中山所依靠的海外华侨很多都是广东人。孙中山南下护法以后，广东很长一段时期是南方革命的根据地，以后是北伐战争的基地，这样一种特殊的地位决定了广东在全国影响很大，政治上有其特殊地位。

⑥港澳的影响。

全国解放以后，由于特殊的形势，其他地方都封闭了，只有香港、澳门始终是开放的港口。20 世纪 40 年代末 50 年代初，大批上海人迁到香港。80 年代，上海电视台的第一批直播节目中就有一次是专门讨论"8"与"发"，可见广东话影响之大。当时在北京，要是能说一口带广东口音的普通话，人家肯定对你刮目相看，连出租车都给你方便。这个影响已经不是广州本身。改革开放初期，广州文化，或叫岭南文化，在全国产生了前所未有的影响。这影响不是真正的广州本地文化，更确切地说应该是港澳文化。

从历史到今天，文化的发展因素除了本地自然地理条件以外，还有移民的因素，即移民在当地所占的比例、所起的作用，以及对当地文化的影响。相比较而言，广州历史上接收的移民比较少，比较单一，外来的移民往往很难在这里发挥作用。在近代，尽管有种种的情况，但基本上还是以本土文化为基础。唯一的例外，那就是解放以后的香港，更多的则是政治上的。改革开放之初，突然间产生巨大的影响，比如港澳、深圳对华南、对珠三角甚至对全国的影响。但是，一旦这种情况发生变化，比如中央的政策改变了，或者中央把特区的政策扩大到其他地方了，香港的作用就会相对降低。

1.4 移民的前景与隐忧

任何地区真正要发展，一定要把握好现有的文化、本地的文化。

比如东莞，东莞现在外来人口占的比例比较大，展望未来的时候，必须清醒地看到，这个优势背后存在的问题。因为，上海、长江三角洲开放得比较晚，但却有后发的优势，早期简单的来料加工、三来一补，这个阶段往往就跳过去了。苏州一带现在引进的绝大多数是比较先进的产品，而珠三角很多地方却很难摆脱改革初期所留下的影响。

深圳开始的移民是简单化的。一方面，深圳有外地的精英，包括专家学者、技术骨干以及有中央背景、高干背景的人；另一方面，大量的人都是从事简单劳动。移民的来源虽然很广，但较多的受到政策、政治的影响，不像上海租界的初期，相对来讲处于一种比较公正、自由竞争的状况。

珠三角大多数城市很难说随着移民的迁入形成了新的移民文化，只能说是移民文化的影响使本土原来的文化有所削弱，新的文化并没有形成，主要原因恐怕还是早期的移民素质不是很高，这些移民在文化上所起的作用还没有得到充分的发挥。其次是，改革开放初期比较注重经济上的发展。本地文化中的消极因素还在顽强地发展，并且随着一部分人经济实力的提高得到加强，如地域观念、宗族观念、传统观念中的消极因素。

比如，上海的人口已经连续十多年负增长，已经达到发达国家的水平。上海为此调整了政策，取消了对不生孩子的夫妻的奖励，夫妇双方是独生子女的可以生第二胎，两胎之间不需要三年间隔。但人口数量还是下降，这是观念在起作用。而珠三角的一些城市据说人口增长率还相当高，有钱的人巴不得多生几个孩子，"你要罚就罚吧，反正我有钱"。这样一来，文化的反差就反映出来了。

还有挥霍性的消费。我看到一个材料，珠三角地区的挥霍性消费很厉害。消费是好的，不是坏的，但不能是挥霍性的。文化的提高并没有与经济的发展同步，移民逐步地被本地的文化所同化，移民的创造力显示不出来，还造成人口整体素质的下降。

早期的移民虽然是多元的，却很分散，缺少自己文化，处于弱势，尽管人多，慢慢地就被本土文化所同化。在东莞移民逐步地被同化，这也是不以人的意志为转移的。外来人口不断地迁入，但这里的人口容量终究有限，从合理发展角度来讲，不少地方已经超过。在各种人力资源都饱和的情况下，移民往往没有办法发挥他们的专长，或者说专长发挥得不够。过去移民有进有出，现在也不是完全没有进出，但是比较多地反映在一般的员工，而不是中层和上层人士的流动。只进不出往往使一些城市人口膨胀，尤其是土著不肯离开，或者稍微安定的移民也不肯离开。

土著文化中的优秀部分没有保留住。比如，广东原来一些很有特色的文化，包括物质方面和精神方面的，广东音乐原来很有魅力，但是这几年没有创造出更多好的新的音乐作品来体现广东的特色。广东一些民间的艺术在全国甚至在本地都没有很好的流传。文化如果缺乏必要的保守，它不是更新而是流失。如果等东莞人几乎成了移民的后代时，那本土文化靠谁来传承？本土文化中的优秀部分不能传承，文化就要灭亡。

作为移民城市，怎么样注重开放性和多元性。一方面，在发展过程中，逐步形成新的主体文化，这个主体文化应该是多元的，同时也该是开放性的，这样它才能不断地更新，不断地发展。这些年，广东比较重视地方文化。另一方面，也有一些东西在淡化。岭南文化出现比较晚，它不是原来的百越，也不是本土文化的延续，而主要是传播中原的文化。在这种情况下，作为一个有较高移民比例的新兴城市，一方面要发掘本地文化中优秀的部分，使之得到传承，更重要的是在这个基础上，在经济发展的同时，不断提高人的素质，使它真正形成一种与移民和经济发展相适应的文化。

上海的开放是在帝国主义的枪炮下被迫开放的，在相当长一段时期里，上海文化的发展是自然而然的，在这种情况下，它也能够使自己的文化发展成为一种比较先进的文化。

一个地方在移民比较多的情况下，它要发展，就要考虑如何充分发挥移民的作用。在上海也碰到这个问题。上海有很多高素质的人才，他们抱怨政策不太落实，得不到同样的"国民待遇"。他们提出今后的目标是要树立"新上海人"形象，这个"新上海人"不仅是出生在上海或已经在上海生活了几十年的上海人，也包括新来的移民在内。我想土著也好，移民也好，要给大家建立一个公正平等的竞争平台。因此，在政策的制定、方向的引导上要注重这一点，这是非常重要的，既不能抑制外来人，也不能给土著人多少压力。

在文化上，我认为文化只有先进与落后之分，但没有优劣。每一种文化都有它存在的价值，要经得起检验与竞争。本土文化如何发扬和保护，这个问题如果处理不好，就会发生中国历史上土客之争的例子。解放以后，曾经在广州反对地方主义，伤害了很多人。一个地方要发展，真正发挥大家的作用非常重要。

在政策上，地方政府要起引导作用，比如现在很多早期开放的城市都处在一个转型时期。深圳从原来的加工型、劳动密集型转化到高技术型，这就是一个崭新的走向。上海曾一度把自己的纺织全部转移了，现在看来转移得早就主动，转移得慢就不行。

再一个就是协调多方的关系。香港过去的繁荣，与它曾经接纳来自大陆高素质人才有关。有个笑话：香港回归前夕，高官坐了一席开个会，大家相互看了看以后，说我们现在既不讲英文，也不讲广东话，干脆都讲上海话算了。为什么？董建华、范徐丽泰、陈方安生、吴光正、杨铁梁等人都在上海生活过，都是解放前后从上海去香港的。20 世纪 50 年代，台湾的党政军高官、企业家、专家学者，基本上都是从大陆去的。一个地方能够真正吸收高素质人才并使他们在这里发挥作用，那多好啊！

上海人把很多问题，从交通拥挤到小偷增加，到环境脏、乱、差，都归咎于外来移民。但是，不要忘记你们的父母、你们的祖父母就是这样来的。在发展的过程中，外来人口的确给城市带来了问题。但是没有这些外来人行不行？这是一个两难的问题。东莞是这样，上海、北京也是这样，过年的时候，外来民工都走了，保姆回家过年了，很多人就觉得生活困难得不得了，说明这里已经离不开这些人。

为什么会出现这些问题？一方面，我们要承认确实有一些外来人素质差，而且中间也有犯罪分子、流氓，这也是事实。但是另一个方面，这个城市有没有善待这些外来人口，特别是城市在发展的同时，有没有让他们分享到改革开放带来的好处，这也是城市是否发展的重要因素。现在各城市都有这样的情况，外来人员碰到了困难得不到帮助，改革成果享受不到，于是便产生了一种仇视情绪，甚至个别的还发展到反社会。现在的犯罪分子中，有的人是以犯罪为目的，也有人是捣蛋，或发泄不满。

现在，我们对外来人善待了吗？举个例子，1985 年，我们到美国去，当时到美国的中国人不多，但是当地的人，包括宗教团体、社会有关组织马上有人来做工作，有的劝你信教，教你英文，帮你就业……移民跟本地人就有一种缓冲。

早期的中国共产党人也到工人中、到外来人口中去教他们识字，教他们本地话，帮他们解决困难。外来人口进入城市后，一方面，要加强管理和教育，特别是要加强治安；另一方面，要创造一种公平竞争的环境，优胜劣汰。要善待他们，千万不能歧视外来人，把所有的问题都归咎于他们。一个城市在外来移民身上多花一点钱，实际上就会减少犯罪，增强未来的发展动力。深圳现在外来人口不交税，都来念书怎么办？一方面要请中央政府采取措施，把他们义务教育的钱转过来，另一方面，为了自己的发展，这些钱还是应该花的。

美国加州有过辩论，对非法移民的子女要不要让他们免费入学，辩论的结果还是要。其中一种说法，儿童都能进学校，上街犯罪的人就少了。当地人要有一个宽阔的胸怀，把移民、外来人口看成是自己的兄弟姐妹。

1.5 以上海的高度"看"深圳

深圳和上海是不同时代的不同典型的城市。深圳，珠三角的明珠；上海，长三角的龙头。这是两个在全国具有举足轻重地位的城市，深圳也曾一度和上海在暗暗较劲一比高下。翻开两座城市的发展史，对外开放都是两个城市腾飞的起点。跨过遥远的时空，珠江和黄浦江在改革开放三十周年的旋律中产生了阵阵共鸣、声声回响。

上海和深圳其实具有很多的相似点。这两个城市代表了两个不同的时代，上海主要是1843年开埠以后的上海，这个上海代表了当时清朝的旧中国，它在外力的作用下被迫开放，但结果发展成为当时世界前列、亚洲第一的大城市。深圳是改革开放时代的经济特区，代表了中国的主动开放。

从规模和基础来讲，深圳和上海也很相似。上海是在一个县城的外面、农田里面发展起来的；而深圳是在宝安县城外面的海滩上发展起来的。最后的结果，深圳发展为人口达到千万的大城市，并且在中国以及全世界都有了一定的影响力。

还有两点深圳和上海也非常相似，具有可比性。第一是开放，开放给两个城市带来了完全崭新的姿态。19世纪40年代的上海，中国还处于专制、封建的统治之下，上海被迫开放带来的制度是代表资本主义、代表工业化、代表大都市的制度。20世纪70年代，当时中国还处于计划经济时代，深圳的开放代表了市场经济、代表了和国际接轨、代表了和香港互惠互利。所以，这两个城市都是超越了当时中国总体的制度，所不同的是一个是主动开放的，一个是外界强迫的。因此，这两个城市能够发展、能够成功，这一条应该说是根本的。当初上海如果没有租界带来这些制度，它绝对不可能成为后来的上海。深圳，如果没有中央给的政策建立特区，它也不可取得这么快的发展，取得这么大的成就。

第二是移民。这两个城市现在的主体，或者说它核心的地方，原来都是农村，是海滩，是从无到有的。上海开埠一百年以后，它的移民和移民人口的后裔要占到差不多80%，深圳这个比例可能更高，这两个城市都是以移民为主构成的城市。应该讲，没有移民也不可能有这两个城市以后的发展，发展主要不是依靠原来的居民而是通过外来的移民。

将深圳和上海放在一起比较，应该如何评价深圳呢？如果要比较自然地理条件，当初上海的条件更好。上海处在江海交汇之处和1.8万公里海岸线的南北之中，长江的流域面积、流域人口，以及经济比重在中国都是最大最高的。更为重要的是，上海开埠的时候，中国的航运主要是依靠水运，长江、黄浦江以及苏州河都能把长三角重要的能源、物资顺流而下送到上海，通过上海这个港口出口到世界，也可以通过上海连通到中国其他沿海城市，这是其他城市基本是没有的。对比之下，深圳虽有海港，但没有像上海那么宽阔的腹地。

从人文地理条件上看，深圳比上海当初则有很大的优势。深圳当初开放是因为它靠近香港，香港是改革开放最开始时最为重要的一个窗口，也是当时境外重要的资金、技术、货物的来源，选择深圳的一个理由就是靠近香港，上海当时并没有这样的优势。但这个条件到以后可能又会成为深圳的制约因素。上海当初发展起来，成为长江三角洲最大的、全国最大的城市，处于无人竞争的地位，而深圳从一开始依靠香港，到了现在不再是简单的相互依靠的关系，也有相互竞争的关系；同时，附近还有广州及其他珠三角城市的竞争，远没有上海那种压倒性的优势。

移民方面，从数量来讲，深圳并不差；从速度来讲，上海开埠以后百年从几十万人发展到几百万人，深圳人口发展的速度比上海要快的多。但是，上海移民具备的特点深圳并不一定具备。

第一，上海的移民主要来自于中国政治经济文化最发达的江苏南部、浙江北部地区，这个地方一千年来都是中国经济文化最发达的地方，也是最具有商品意识、竞争意识的地方。而深圳没有这个优势。

第二，上海的移民是自由移民，优胜劣汰，有进有出，完全是自然淘汰的过程，而深圳并不是完全的自由移民，有的是做生意、有的是投资、有的是办公司，开始的时候不少都是政策性移民。另一面，深圳也不是谁想移民深圳就可以去的。

第三，上海的移民是多元的，来源很广，这和深圳倒是差不多。但上海的移民中有相当的外国移民，最多的时候有15万侨民。上海以后很多重要产业、大量资金就是依靠这些外国移民，他们已经把上海作为第二故乡了；深圳尽管也吸引了不少境外的人，但是外国移民并不是很多，有也主要是流动人口，并没有多少人在深圳定居。还有的是跨境的，香港人也只是把深圳当成购物、置业的场所，并没有多少人从香港移民深圳，或者从外国移居深圳。这一点也是深圳的劣势。

另外上海的产业基点很高，而深圳一开始是以政策性的贸易、来料加工、散件组装、"三来一补"为主。深圳的繁荣，在一定程度上是依靠一开始价格的"双轨制"，依靠批文，依靠信息的不对称。而上海处在一个自由竞争的环境，中国大量的现代化事业都是从上海开始的。比如，股票、期货、保险、金融、银行、证券，还有包括民用电、供水、煤气、电报，这些都是比较早的，而且都跟紧国外最新的发展，有的甚至还是同步的。深圳这方面就不同，等到深圳意识到这一点，比如想用高技术、高科技来代替一般的制造业，或者出国转销等，已经受到了多方面的制约。

深圳还有一个重大的缺陷就是，上海在发展过程中是经济和文化教育、文学艺术等同步发展的，而深圳没有。上海在成为全国发达的工商城市的同时，也是全国艺术文化的中心之一，全国的报纸、出版、电影产业都集中在上海。上海当时有几十所大学，有一流的学者。现在深圳有一定规模的就是深圳大学，深圳的社科院规模很小，院长和所有人在一起不过二三十人。实际上，深圳的智库在全国的影响还不够大。深圳曾经引进一些人，但并没有像开始的设想一样把一流的人才引进过来。

深圳今后的努力方向还是两个，一个是通过改革来取得政策上或体制上的优势；第二是要通过移民引进一流的人才，而且应该尽量对应更多的地区，不一定为我所有，为我所用就可以了，促进人才的流动。自然环境是无法改变的，深圳的发展主要还是要靠人文条件。

1.6 "闯关东"的来历和贡献

1644年清兵入关后，满族人口几乎全部从东北迁入关内，原来人数相对集中的辽东也变得人口稀少。直到顺治十八年（1661年），辽东一带还是"有土无人"，"自沈阳至卜奎（今齐齐哈尔），中间数百里无居民"。

为了限制蒙古人内迁和汉民外迁，划分游牧地和农业区，清朝于顺治年间沿明朝辽东边墙旧址筑了约900里长的"柳条边"，称为"盛京边墙"，又称"柳墙"、"柳城"、"条子边"。俗称"老边"。所谓"柳条边"，就是以柳条扎成的篱笆。"老边"南起今辽宁凤城南，东北经新宾东折，西北至开原北，又折而西南至山海关北接长城。康熙年间又加筑了自开原东北至今吉林北边的边墙，称为"新边"。边墙设20座边门，每门常驻数十名官兵，稽查出入，禁止边内居民越过篱笆打猎、采人参、放牧。

关东长白山地区盛产人参，采参与贩运获利丰厚，关内出关买卖人参的人日渐增加。顺治十一年规定，凡出入山海关者都须凭印票，禁止挟带人参入关。但对出关于柳条边之内垦殖依然允许。至康熙七年（1668年），关外之地都被列为封禁。康熙十六年派大臣探求鸭绿江源头，寻访长白山清朝发祥圣地。根据大臣的回报，康熙帝认为长白山与清朝的龙脉相连，因而将长白山周围地区都列为封禁范围。

尽管有封禁的规定，但遇有灾害，关内百姓往往强闯或偷渡出关。由于柳条边长逾千里，常驻官兵人数有限，难以阻拦。另一方面，为减少关内灾民的压力，清政府不止一次变通规定，允许灾民出关，或者采取默许态度。但在多数情况下，出关是被禁止的，非法的，因此只能"闯"。

"闯关东"的另一层意思，是迁往关外前途未卜，风险很大。关东气候寒冷，人烟稀少，大多数地方还是无人区，能挖到人参，采到东珠，固然能发财致富，也可能历尽千辛万苦却一无所获，甚至冻馁而死。加上没有设立行政机构，得不到保护和救援，盗匪横行，所以随时都有危险。闯出关的人可能得以维持温饱，就此安顿，再接来家属。也可能占上大片土地山林，或者带上白花花的银子衣锦荣归，来年带更多乡亲闯关东。但同样可能当了"胡子"，或者沦为奴仆，甚至客死异乡。由于内地、特别是山东早已人满为患，农民无地可耕，加上天灾人祸频繁，官府地主压榨，穷人流民只能以"闯关东"为唯一出路。

早在康熙年间，清朝与俄国签订《尼布楚条约》，划定了两国在东北地区的边界。但俄国势力不断向东扩张，大批俄国移民来到远东，到19世纪前期已越过外兴安岭，侵入中国黑龙江以北、乌苏里江以东的领土内。而清朝却一再重申并加强"封禁"，使黑龙江和吉林两个将军辖区内人烟稀少，兵力不足，保留着大片无人区。如黑龙江以北几十万平方公里内只有"江东六十四屯"，居民不足一万。《尼布楚条约》规定两国边界最东段乌第河以南一块是"待议地区",并没有划定归属,但俄国势力进入后,不经过任何谈判就占据了这一地区。库页岛一向是中国领土,但清朝只接受当地土人的朝贡,从来不加经营管理,更没有想到从内陆向岛上移民。

乾隆年间,俄国和日本都侵入该岛开矿、捕鱼、建教堂,争夺了几十年,作为这块领土的主人清朝却一无所知。1850年(道光三十年)俄国单方面宣布库页岛是俄国领土,清朝还不闻不问,以致在1860年的《中俄北京条约》中规定岛上土人不再向清朝纳贡,实际上承认了俄国对该岛的吞并。1858年的《中俄瑷珲条约》和1860年的《中俄北京条约》使中国丧失了黑龙江以北和乌苏里江以东的领土,实际上在条约签订以前,俄国人已造成占有这些领土的既成事实。但已经有中国人定居的地方,俄国还不敢立即侵占,如条约规定,在黑龙江以东北的"江东六十四屯"仍归原来居民居住,由中国政府管辖。以后俄国才以武力驱逐中国居民的手段强占。

面对俄国的步步进逼,对东北招民垦荒、移民实边的建议终于为清政府采纳。1860年下令开放今哈尔滨以北的呼兰河平原,次年又开放吉林西北草原,从此开始了大规模移民。"闯关东"不仅不再非法,而且经常得到政府的鼓励和资助,移民获得土地和定居也比较顺利。甲午战争后,俄国加紧了对东北的渗透,1897年在东北修建中东铁路,并实施移民计划。《辛丑条约》签订后,清朝每年要支付大量赔款,财政困难。由于移民放垦既能充实边疆,又能增加政府财政收入,光绪三十年(1904年),清政府全面开放东北各边荒地。

成千上万的移民从山东半岛渡海,或从山海关等地出关,由南而北,由西而东,移民把很多荒原开垦成农田,建起一个个居民点和城镇,修通了连接各处的道路,又伐木开矿,建起矿山、林场、工厂。随着人口的增加和经济的发展,新的县、厅、州、府不断设立,到光绪三十年(1904年),东北的人口估计已有1700万,光绪三十三年正式设置辽宁、吉林、黑龙江三省。这标志着,在短短的四十多年内,陆续迁入的上千万移民使东北人口达到了与内地各省大致相当的水平。

俄国从来没有停止过对东北的觊觎和控制,日本始终将东北作为侵略中国的首要目标,两国都制订并实施过向东北移民的计划。但扎根在祖国东北大地、继承了中国五千年文明、与内地血肉相连的移民和他们的后代粉碎了侵略者的梦想。"九一八"事变后，尽管日本侵略军基本占领了东北，但面对三千万中国人，不得不采取扶植傀儡政权的办法。与此同时，日本加紧实施"拓植满蒙"的移民计划，准备在10年内使日本移民达到"满洲国"总人口的十分之一。正是当年历尽千辛万苦，百折不挠勇闯关东的移民和他们勤劳勇敢的子孙开发捍卫白山黑水，保全了祖国的东北边疆，祖国和人民将永远铭记他们的伟大贡献。

1.7 移民史研究视角下的绥远地区移民

1997年，我与吴松弟、曹树基合著的《中国移民史》出版时，学生问我："你们已经出了《中国移民简史》，现在又出了六卷本的《中国移民史》，今后我们还能写什么呢？"我告诉他，且不要说我们的书中还有不少疏漏，有很多也需要不断纠正的错误，就算它是一部合格的移民史，也只是出了一部通史，还需要有中国移民的断代史、区域史、专门史。就是通史，也应该不止一部啊！以中国移民历史的年代之久、范围之广、数量之大、形式之多、影响之巨、贡献之伟，应该研究而尚未研究的专题不知有多少，还怕没有内容可写吗？

此后我指导的博士生中，有好几位选择移民史为研究方向。考虑到博士研究生时间有限，一般都以某一区域或某一阶段为研究范围。他们的研究都相当深入细致，他们的成果足以弥补《中国移民史》的不足。已经出版的有安介生博士的《山西移民史》、葛庆华博士的《近代苏浙皖交界地区人口迁移研究》和张根福博士的《抗战期间浙江省的人口迁移》，都是在他们博士学位论文的基础上撰写成书的。即将出版的王卫东博士的《融会与建构——1648～1937年绥远地区移民与社会变迁研究》也是其中之一。

中国移民史的研究领域尽管极其广阔，但博士论文作为一项阶段性成果，还是要选择恰当，方能取得预期的效果。当然，最重要的着眼点应是学术价值及对本学科发展的意义，但也得兼顾个人的基础和兴趣、现存史料的多寡、实地考察的条件——毕竟是要在二三年内完成并通过答辩的。介生选择了山西，根福选择了浙江，自然是因为都是他们的家乡，既有桑梓之情，也便于调查考察。介生钟情于古代，特别是北朝史、民族史，所以确定为前期。根福有近现代史的基础，故集中于抗战期间。大学毕业前一直生活在山东的庆华将研究区域放在苏浙皖交界地区，多少受到我的影响，因为在研究移民史和人口史的过程中，我发现这一地区在太平天国农民起义后的移民有一些以往所没有的特点。加上我自幼生活在该区域的边缘，我的个人经历和见闻多少能给他一些帮助。至于卫东选择绥远地区，又以清初至抗日战争前为研究阶段，我更看重于这一选题的意义。

中原对绥远地区（民国绥远省辖境，大致相当今内蒙古自治区阴山以南至河套一带）的移民，可以追溯到先秦时期。早在公元前4世纪末，赵武灵王就将大批人口迁往那里，并设置政区。秦、汉以来，多数中原王朝在此设有政区，移民不绝。即使在此地分属不同政权的明时期，在蒙古俺答汗的招纳下，依然有大批汉人迁入土默特川垦殖和定居。但自清初至1937年，绥远地区与内地同属一个政权、长城内外合为一，延续近300年，这是中国史上从未有过的，而且绥远地区的移民还有其他一些前所未有的特点。

绥远移民的高峰及主体出现在清末和民国前期，即清光绪初开始的70余年间。此期间，中国的人口总数已经突破4亿，最终逼近5亿，绥远移民的主要输出地山西等省都已承受着巨大的人口压力。这些移民不仅出于自发，而且得到政府的政策支持和法律保障，比较顺利地完成了承垦、升科和定居的过程，当地也迅速建立起以农业人口为主的行政区，并最终建省。绥远地区的民族构成由蒙古族为主变为汉族为主，产业构成由以牧为主变为以农为主，宗教信仰由以藏传佛教为主变为兼有佛教、道教、天主教，并形成了一个新的晋绥文化区。

还应该看到，当初的绥远移民面临的矛盾也是空前的。俄国对内外蒙古垂涎已久，在一手策动外蒙古"独立"后，对内蒙古并未置之度外，自然不希望有利于中国抵制分裂的内地移民源源而来。日本帝国主义一直将分化甚至占有内蒙古放在与"满洲"同样重要的地位，侵占东北后进而染指内蒙。

正因为如此，作者并不满足于对移民从迁出到定居的过程的重建，也不局限于对移民来源和数量的考证，尽管要完成这样的重建和考证也非易事，但作者进而将视野扩大到移民对绥远地区经济和社会结构的变迁、语言文字和风俗习惯的变迁，而以移民与当地民众的融合、移民文化促成新文化的形成为归结，绥远省的建立就是这次移民取得圆满成功的标志。

2. 文化掠影

2.1 文化遗产是什么

在中国申报的开平碉楼等两处被确定为世界文化遗产的同时，也传出了故宫等六处已有世界文化遗产受到"黄牌警告"的消息。但据《国际先驱导报》报道，这不过是世遗大会的例行公事，"过去一段时间，一些国外专家的确就故宫、天坛等六处遗产的保护情况提出了不同意见，本次大会需要这些遗产管理单位提交报告，由专家'检查和关注'"。

尽管故宫等六处世界文化遗产与"濒危"相距甚远，也不必担心会被"摘牌"，但并不等于我们可以高枕无忧。例如"五一"黄金周中，故宫游客达到近12万，是正常接待量的2.3倍。据我所知，中国大多数正式开放的世遗单位几乎都已面临同样的困境。这次被专家检查和关注的问题是是否存在"过度维修"的现象，"过度维修"也具有普遍性。在世遗申报越来越热的同时，我们还是必须明白"世界文化遗产"究竟应该是什么？

在一些官员的眼中，申请世遗成功就是政绩，就是自己上升的台阶，他们往往会不顾自身条件申报。至于申报成功后应该做什么，是否有条件这样做，根本就没有考虑过。往往在申报时舍得大把花钱，什么条件都能承诺，真的申报成功了，反而不当一回事了，因为政绩已有，升官已成，接着得创造其他新政绩了。

还有些官员将世遗当摇钱树，挂牌后的第一件事就是如何"做大"，而不是如何保护。即使在保护上花点钱，目的也是为了增加旅游资源，而不是如何让遗产延年益寿。或者马上将门票涨价，名义上说是为了"限制游客"，实际却在大力促销，例如通过团体折扣或送高额回扣来吸引更多的游客。

还有些人明知申报的项目离世遗标准距离极大，根本没有可能，但申报本身就是目的，反正是花纳税人的钱。又是出国考察，又是制定规划，趁机大搞拆迁，"前期工程"、"配套工程"一个个上马，可赚的都赚了，能捞的也捞了。还有些专家唯利是图，昧着良心论证官员们决策的正确性，以专家的身份蒙骗上级政府和民众。

其实，申报世遗并没有绝对标准，除了遗产本身的条件外，还得考虑保护的可能和实际能力。已经评上的被"摘牌"，主要原因就是保护不力，或者因此而造成遗产的濒危。像上面提到的那些现象，与世遗创办的宗旨完全背道而驰，就是申报成功，被"摘牌"也只是时间问题。像这样的申报，本身就是对世遗的进一步破坏。有些人经常提到，中国这样历史悠久、文化灿烂的国家被确定的世界文化遗产太少，还不如一些小国。世界上多数国家申报世遗没有中国那么"热心"，倒不是人家不重视，或者不保护，而是量力而行。知道不够条件的固然不滥报，就是条件差不多了，也先考虑有没有更好的保护条件，能不能落实保护的经费，或者是不是能对环境保护设置更高的标准。

听说某地的官员一直反对将本地划入"三江并流"世遗区，因为他知道这会影响当地的水电开发。尽管这种做法应该受到批评，但比起那些边申报边破坏、对保护持阳奉阴违态度的官员，他毕竟还明白，一旦成为世遗，环保标准会提高，本来可以筑的坝就不能筑了。

世界文化遗产是人类共同的文化遗产，任何时候，保护是第一位的，即使要花很多钱。而且能列入世遗名单的毕竟是极少数，大量没有列入的遗产同样应该保护。如果政府真的没有钱，当地又不能筹到钱，还不如不申报，把申报的花费留着作保护之用，至少能让遗产少一些折腾，少一点开发性破坏。

2.2 文物保护和发掘

2.2.1 文化遗产保护的对策

据报道，随着南水北调中线工程的推动，丹江口水库大坝加高到顶，留给水库淹没地区用于文物保护和考古发掘的时间只剩三年，但文物保护工作已完成的任务不到总量的三分之一。与此同时，库区的盗掘十分猖獗，盗墓分子使用的工具甚至比考古人员的发掘工具还要先进。

记得在三峡工程兴建的过程中，也曾遇到这样的难题，不过那时的盗掘风似乎还没有那么猖獗。但据参与抢救性发掘的专家相告，由于"种种原因"，根本来不及作全面发掘，不少地下文物就此永沉水底。丹江口水库扩大后的淹没区和中线工程所经区域是中国早期文明最发达的地区之一，并长期延续，地下文物的数量和质量不在三峡地区之下，听任它们在世界上消失，实在对不起列祖列宗和子孙后代，也对不起全人类。

时间虽然紧迫，是否就束手无策，只能听之任之呢？我看未必。

首先，应该坚决取缔和打击盗掘行为，依法严惩。很难想像，要是没有势力集团的默许、怂恿和包庇，盗掘活动会发展到如此猖獗的地步。事至如今，中央政府应明确各级地方政府的职责，限期根治。现在往往非要闹出惊天动地的事来，才能引起重视，非要靠某一领导的批示才能解决问题。果真如此，主管领导也该亲自管一下了。政府集中着如此强大的力量，难道还对付不了一批盗墓贼？

其次，应该最大限度地动员和集中力量，采取一些特殊政策，一定要在水淹前完成发掘和保护。

埃及在建造阿斯旺高坝水库时，深知依靠本国的人力、物力，绝不可能完成受淹区域的文物发掘和保护，因此及时通过联合国教科文组织向全世界求援，邀请各国考古学家和文物保护专家到埃及参加或承包发掘和保护，还破例同意外国考古学家可以将发掘到的文物带回国内。结果，不少重要的发现都是由外国考古队完成的，像菲莱岛和阿布辛拜勒神庙的迁移和重建都得到外国的援助。而绝大多数外国考古队都将出土文物留在埃及。

三峡地区在抢救性发掘时也曾在全国范围内组织力量，现在至少可以采取这样的政策：再次面向全国发动参加发掘和保护的机构与个人，并可实行更加灵活、优惠的办法，鼓励和吸引有能力的机构和个人投入。例如，允许发掘者拥有出土文物的保管权，允许将可以移动的文物带回当地保护或展览。不具备考古和保护资质的机构和个人，可以定向全额或部分资助发掘项目，按比例分享成果。

一些发达地区花巨资建成的博物馆往往没有什么文物可展，有的成了变相的娱乐场所或商品展销处。如果允许他们参与发掘，或提供资助经费，以后将部分出土文物带回本地，既充实了那些博物馆，也会使出土文物得到更好的保护，发挥更大的作用。这样的政策也可以向个人开放，只要具备保护文物的条件，也可以通过提供定向资助以获得可能出土的部分文物的保管权。用这种办法，至少可以解决经费严重不足的难题。由此出土的每一件文物，都在国家掌握之中，无论它们在哪里被保护，无论是在机构还是个人手中，都是安全的，至少不会再受盗掘者的破坏或盗运出国。

2.2.2 世界文化遗产的标准

世界文化遗产究竟应该有怎样的标准呢？1972 年 11 月 16 日在法国巴黎召开的联合国教科文组织第十七次会议上通过的《世界遗产公约》，这是今天中国与世界其他国家申报世界文化遗产依据评定的标准。另外还有一个，就是它以后通过了一个补充文件《执行遗产公约的操作准则》。

具体来讲，作为世界文化遗产主要包含以下几个方面。

第一，它代表一种独特的艺术成就，一种创造性的天才杰作。

第二，能在一定的时期内或世界某一个文化区域内，对建筑艺术、纪念物艺术、城镇规划或景观设计方面的发展产生过大影响。

第三，能为一种已消逝的文明或文化传统提供一种独特的，至少是特殊的见证。至少是特殊的，当然独特更好，往往世界上独一无二的东西，它被评上的可能性最高、比例最大。

第四，可作为一种建筑或建筑群或景观的杰出范例，展示出人类历史上一个或者几个重要阶段。因为它是遗产，不一定跟今天有什么关系，但一定是人类历史上一个或者是几个重要阶段的代表。

还有，它可以作为传统的人类居住地或者使用地的杰出范例，代表一种或者几种文化，尤其在不可逆转之变化的影响下变得容易损坏，也就是有的是处于濒危状态，再不保护就不行了，这种当然具有优先性。水可以变成蒸汽、蒸汽可以变成水，这是可以逆转的，但是一个建筑物或者一个景观，变化是不可逆转的，只能延缓或者是用某种方法取代。

最后一项是特殊的，与具特殊普遍意义的事件或现行或传统或思想或信仰或文学艺术作品有直接或实质的联系，只有在某些特殊情况下或该项标准与其他标准一起作用时，此款才能成为列入《世界遗产名录》的理由。近年来，纳粹屠杀犹太人的集中营纳入了世界文化遗产，主要是特殊意义事件，当然还要与前面几项联系起来，至少要符合前面几项。现在有人提出南京大屠杀遗址能不能申遗，应该全面衡量。

文化特别是遗产，不是具体物化的东西，有些很难拿具体的标准来进行衡量。有人问我某一个遗址跟另一文化遗迹如何比较，我说，没有办法比较，因为同样一个事物，不同的人出于不同的价值观念、兴趣趋向、审美观点，结果就不相同。所以肯定会有争议，很难取得完全一致的理解。世界文化遗产，六大洲里我大概到了一百个左右，当然南极洲现在还没有世界文化遗产。

在苏丹的北部，与埃及接界的地方，那里有一大片的遗址。我是 2003 年 4 月到 5 月间去的，当时我是参加中央电视台与凤凰卫视《走进非洲》节目，担任北线的主持人，包括北非和东非。当时是从埃及的纳赛尔水库，也就是阿斯旺高坝，坐船到瓦迪哈勒法，然后坐汽车，在沙漠里整整七天时间。我们大多数的活动，都没有离开这片非常大的遗址。这片遗址的文化非常有代表性，而且急需要保护。有代表性的是大片的金字塔，但是这片金字塔不像埃及的大金字塔，这里的金字塔都比较小，有的金字塔已经坍塌。古代留下的神庙基本上只剩下遗址，可以看到两根柱子。我们走到里面去，外面的墙也是保护性的，周围都是荒芜人烟的沙漠。这里的流沙造成了很大的侵蚀。

稍微经过修复的金字塔，外墙上都有很精美的雕刻，有一些埃及金字塔所没有的特点。另外还有很多神庙，这些神庙的规模虽然没有埃及的那么大，但是也有它的特色。有的神庙的外面，排列着一排公羊的雕塑。另外有古代的城市和建筑物的遗址，经过考古学家发掘，发现是很密集的古代建筑，时间一般是在三千年到四千年前，甚至更早。有的建筑全部是泥土建构，而不是用石料，现在残留的高度大概相当于一个八层到十层高的房子，可见当初是很辉煌的建筑。古代的建筑离不开周围的自然条件，埃及盛产花岗石，运输时顺着尼罗河而下又方便。但这里在埃及的更上游，周围根本没有石料，所以完全是土的建筑，很有自己的特色。

在沙漠的深处我们还可以看到非常有名的神庙，它整个立面上多是非常精美的浮雕，显示当时的历史。有一位女王的像，上面有一头雄鹰，周围有很多人供奉着，大量的人被她征服，代表着她曾经征服很多地方。

希腊和罗马的文化进入尼罗河三角洲之后，向尼罗河上游扩展，当初曾经有一个通道，通过撒哈拉沙漠进入非洲的中部和南部，这里就处于通道的上段。那里有个凉亭，它的原始状态是非常辉煌的。从一百多年前的照片上看，它还是非常完好，但是现在，据一位意大利的导游跟我们讲，两年前看到的正梁还完好，现在已经塌了。我们在场的时候，风打在石头上，就看到有石头掉下来，形成一个白点。也许我们下一次去文物就没有了。晚上我们宿营的帐篷里气温是摄氏12度，但是在白天温度超过了42度，文物本身受自然环境的损坏也是非常大的。

许多立柱曾经是雍容华贵的，现在已经破损了，但这是自然造成的，不是人为的。还有公羊雕塑，已经在风化了，有三头羊都已经有了不同程度的残缺，基本上都不是人为的。原来的雕刻，如果表面都没有被风化、被破坏，是非常精美的，上面还有文字。雕刻的内容都是历史上的实际情况，每一幅图象都可以讲出一段历史、一段故事。那里还发现了大片的古墓，古墓里都有壁画，时间都在三千年以上，表达出他们的信仰，反映出他们的日常生活。导游说刚发现时颜色比现在还要鲜艳，这里不止遭受过一次洪水的侵袭，所以它们的前途的确很令人担忧。

现在这个地方有德国以及其他国家的文物专家在进行保护。这一带生存环境比较差，除了几个大的遗址周围有临时性的建筑外，几乎没有居民，但是牧民有时候来放羊，羊群就在遗址周围，也不能说没有一点人为破坏。特别是现在成了世界文化遗产，游客会越来越多，并深入其中。怎样使这些遗址得到很好的保护，是一个非常紧迫的问题。苏丹是世界上最穷的国家之一，它的首都喀土穆，博物馆非常简陋，但是里面的展品却都是价值连城的。

很多这一类的世界文化遗产，以及即将成为世界文化遗产的遗址，都处于濒危的状态中。它们被损坏的过程是自然环境侵蚀的结果，人类现在还没有办法控制。要完全控制的话，现在只能把整座墓或者神庙搬到博物馆，然后搭一个大篷、建一座大屋放在里面，这是不得已的办法。但是最好的办法，还是留在原地。这样的遗址你怎么样使它为人类今天所使用，包括适度的让旅游者参观、让专家去考察，这里又涉及到怎么处理保护和利用的关系，这是很重要的问题。

再有就是拉里贝拉凿岩教堂。大概有十九米高，三层楼，1600多平方米，这个建筑包括现在人走下去的台阶，以及旁边人要走进去的门，其实是整块的火山岩凿出来的。包括上面的门窗，都是整块的岩石雕塑出来的。我们早上跟当地人一起看他们祈祷，一群教徒围着转，中间隐隐约约是一个十字架，其实也是一座山，往下塑了一个十字架形的教堂，上面是这样，往下就是那样的。其实山体本来是一个整体，往里挖空，变成这样一个三层楼的教堂。

全世界大概很难找到第二个在火山岩上凿出的教堂，而且每座教堂之间往往用地道联系起来，就像迷宫。也像是城堡，有道路通进去，上面有通气孔，下面还有供水、排水的地方，整个教堂体系就像是庞大的工事。有半地下的、有纯地下的，中间有通道联系起来，有的是完全隐蔽的，有的是露天的，人可以自由来往，整个教堂就是很好的防卫体系。

拉里贝拉凿岩教堂，到底是怎么产生的？首先是当时的国王笃信基督教，大概是在公元12世纪末到13世纪初的时候，花很大的精力凿岩做出这样的教堂，有了虔诚的信仰才会这样做。但是如果这个人不是国王，就没有办法集中那么多的人力、物力。国王是集权的，他的意志就成为国家的意志，动员五千名工匠，连续干了三十年才建成的。即使他是国王，如果只是像春秋战国时期那些小国的国王也是不行的；这么多的工匠，需要吃喝，需要工具，还需要供养他们。秦始皇的陵墓也一样，如果全国人口不是达到一定的数量，再穷凶极恶的皇帝也不能集中这么多的人干这么长的时间，这是物质上的条件。

他为什么要造这样的教堂？教堂应该高大宏伟，应该是吸引信众的，为什么要造成像是工事一样？因为伊斯兰教在阿拉伯半岛发展之后，开始向周边扩张，到公元12世纪的时候，已经从北非往南，到了今天的埃塞俄比亚这一带，而且大有继续扩张的趋势。处在埃塞俄比亚北部的这些基督教徒，朝圣的路已经断了，像是孤岛一样被周围的伊斯兰教包围了，而且跟基督教的主要信仰群隔绝了。在古代宗教往往具有很大的排他性，都要消灭异教徒，国王动用那么大的人力、物力，就是为了维持基督教在这一带的生存。不仅是这个教堂，沿途的其他教堂，也都造的像是城堡一样，不是在山顶上，就是在地底下，有的甚至需要绳子爬上去。当时这些教堂都是兼有防卫功能的，它要保护自己。在长期孤立的据点保存自己的宗教信仰。

为什么不用木头或者石块造呢？因为那里是海拔两千六百米多米的高原，缺乏木材以及其他的建筑材料，偏偏这里有相当完整的火山岩。有些地方有火山岩，却是很破碎的，根本建不了。要凿成1600多立方米的建筑物，没有很好的材质，可能开了一半就破掉了。如果全部是花岗岩，有再大的力气也不行。如果没有很好的自然条件，要凿成这么大体积的建筑是不可能的，偏偏这里有，又给发现了。这是一个人类的奇迹，也表示一种宗教的狂热，代表了某一种特殊的文化。如果这些条件里缺少一条，就不会产生这样的奇迹。

这样的文化遗产的特点是什么呢？就是独一无二，世界上找不到第二个，或者虽有同类的，达不到它这样的规模。还有一个很重要的条件，就是说建好以后，经过时间的洗礼，保存下来了。这个国家衰落了，湮没在一片灌木中间，一直到近代才被重新发现，所以它保存下来了。如果不是这样，也许伊斯兰教扩张到那里，就被毁掉了，或者派上其他的用场，或者被破坏掉。

今天人们有了世界文化遗产保护的意识，教堂得到了很好的保护，而且当地人继续把它当做宗教圣地。如果当地人口改变了，其他移民进入，也许会改做他用。

2.2.3 文化遗产独一无二

世界上独一无二的，能够代表某一种信仰、某一段历史、某一种文化的文化遗产，是很难找到的，缺一个因素都不行。如开平的碉楼，怎么形成的？它也有很多其他地方没有的，或者其他地方只有一个因素，它却有多个因素。

首先它是侨乡，华侨人数多、比例高，在世界各国的分布比较广。但是太广了、太散了也不行。因为相对集中也很重要，容易形成一种风气，相互影响。中国早期的华侨都是靠勤劳致富的，他们是节俭聚财。那些最早的华侨，有几个带着钱出去的呢？都是到外面做苦力，在加拿大、美国修铁路，或者是出去淘金，在种植园当劳工。其中一部分人，不仅在国内，在当地也算是富裕的。华侨对财富是集中聚财，而不是散财，比较节俭，一直到现在中国的移民都是这样。

我到美国去，有一些朋友现在买了豪宅，有的甚至半座山都买了下来。美国人跟我说：怎么他们这么厉害。其实很简单，美国人在沙滩上喝啤酒的时候他们还在餐馆里洗盘子，平时又舍不得花钱。

另外，华侨都希望风风光光地回来，光宗耀祖，要买地，造房子。有的华侨在当地生活很艰苦，但是回来往往要超出自己正常的能力建房、买地，显示自己在海外的成功，光耀门楣。华侨普遍希望子孙满堂、多子多福，一些比较富裕的华侨，即使在海外成家了，在家乡还有元配太太，有的甚至还有小老婆。他们建的房往往远远超过自己的实际需要，不仅是在开平，其他地方也是如此。比如在徽州，徽商在本地建的房子标准都比较高，面积相当大，即使他们不回来。在鼓浪屿，很多房子里住的都是看房子的人，或者看房人的后代，真正的主人可能几代都没有回来。这也是中国华侨的特色。

这一点也许各地都有的，但是还有第三条。华侨的心态是矛盾的，一方面要光宗耀祖，另一方面又怕露富。藏钱可以不露，建房就树大招风。如果当地政府保护他们，他们还可以放心。但是政府没有这个能力，盗匪横行，房子造得像防卫工事一样是不得已的：窗开得很小，墙很厚，生活可能不是很方便，往往一座楼就是一个碉堡。因为这一带的华侨在外面发财的神话到处传播，甚至吸引了外来的盗匪抢劫。当时广东流传一些故事，强盗怎么抢劫，有的碉楼怎么坚守下来，所以以后造的碉楼越来越坚固高大。这个特色不是所有的侨乡都有的。

还有当地的自然条件。广东这一带天气炎热，经常发洪水，还有台风，建筑物要适应这样的特点。天下的公共建筑往往没有地方特色，公共建筑是政府拿钱的，或者是大家集资的，公共建筑不是表示一定的等级制度，就是反映一定的信仰，可以不惜工本。而民居是不能复制的，民居一定要适合当地特点，老百姓自己掏钱建的房子，就一定会适合当地的情况。前些年北方的建筑也像南方一样，建非常大的阳台，最后把阳台都用玻璃封起来，因为风沙大、天气也冷。

那么为什么碉楼会东西合璧？早期的华侨，大多数人没有什么文化，也没有什么主见，看到认为好的就拿过来。在外国看到一个房子，就把图纸拿过来，或者请人仿造。如果这里出去的人都是秀才、举人，甚至念过小学，也许回来就不会造出这样不东不西、不中不洋的建筑。华侨里有一点文化的人回来造的建筑，肯定是当地的大户人家什么房子就模仿什么房子。反过来，如果文化程度比较高，也可能把外国的建筑整体拿过来。鼓浪屿这个地方也是华侨比较多的地方，造的房子就是纯粹的西式的。开平碉楼的建筑就是考虑自己怎么住的舒服，感到满意，同时要考虑到防卫等等，我们说得好是中西合璧，说的不好就是不中不洋、不伦不类。

一旦形成风气之后，大家争奇斗艳。有一些建筑从功能来说并不最好，也不一定人人欣赏它，有些并不是很协调，但是他们的主人认为怎么好就这么做，他们用的又是自己的钱。他们也不是什么文化人，也不怕谁来批评。他们造这样的房子，本来是希望将来叶落归根，或者是子孙繁衍，但是他们很多人没有回来，或者又出去了。这些侨产如果是本地人的，社会主义改造时都改造掉了。

侨产一般碰不得，当地的华侨比例非常高，这类建筑集中，有的在当地还有亲人照顾他们的利益。当地的经济不发达，长期停滞，如果是发达地区，这块地被别人看中了，早给拆迁，或者被改造了。为什么全国那么多侨乡，就留下这一处？单独拿一个因素出来，可能任何一个地方都有。比如说贫富差距、盗匪横行，福建的土楼也是为了保护家族的安全，造土楼的人也有缅甸华侨等。但建筑材料方面，碉楼用的水泥大多是进口的，当时广东进口很方便，福建的山区就没有这个条件，想做未必做的到。福建的宗族观念很强，土楼不是为一个小家庭，而是为一个宗族造的。

在中国，往往是大多数文化遗产是被偶然保存下来的。比如说山西的常家大院，据说解放之后被公家征用了，最大的一部分是一个社会福利院，因为有主人了，别人家进不去，也破坏不了。为什么有地方的县衙门保留的非常好，因为解放之后做了公安局。我的故乡南浔镇有一所名人住宅，解放之后以后被外贸公司买下来作茶叶仓库，就被保留下来了。文化革命期间外贸还得做，谁都不敢动，建筑内部没有受损害。

开平的碉楼保留下来，也是有本身的原因。现在新发现不少古迹遗址，不受当地人重视，或者是在偏远地区，反倒保留下来了。一种文化遗产能够成为世界的，主要是因为很难在世界其他的地方，或者中国其他地方找到类似的。即使将来有个别的，但是没有那么集中，所以造成它的条件，既有人文的也有自然的，既有历史的也有现实的。

2.2.4 文化遗产保存的现实问题

开平碉楼成了世界文化遗产，是不是今后就没有问题了呢？有很多问题都需要解决，其中之一是房子的产权问题。这些房子都是私人的，目前当地采取的办法是委托管理，找到主人让他写委托书，交出来让当地政府管理，不收他钱，由政府投资进行维修。都可以用这个办法吗？房子是私有的，但是土地是公家的，这个关系长期怎么处理？

上海有一个古建筑书隐楼，是历史优秀建筑，是从明朝传下来的。但这是私人财产，大家呼吁要修，政府就麻烦了。既然是私人资产，又不肯卖给政府，政府怎么拿钱出来呢？是拨款，还是借给他？法国、德国经常把一些城堡一法郎、一欧元（以前一马克）卖掉，但有条件，就是买主承诺要按规定维修保养。修的钱贵得不得了，政府修不起，主动卖给私人，条件就是修。一旦你没有能力继续维护了，要无偿的交给政府。产权很明确，是公产，可以变成私产，进行保护。我国这样的问题还没有解决，现在委托的办法，将来会遇到很多问题。已经成为世界文化遗产，或者已经列为国家重点保护文物，或者省市的重点保护文物保护单位，产权问题是一定要解决的。

有的国家是这样，一旦列为重要的文化遗产，必须收归国有，这是有法可依的，或者个人必须将维修保管权交给政府。我国到目前为止没有这样的法律。地方官员很辛苦，有的跑国外几次，与主人协商，总算取得了托管权。但是长远来说在法律上并没有解决，特别是我国土地不能私有。外国如果房子是私有的，土地也是私有的，动不了。但是我国土地是国有的，现在根据《物权法》是要收税的。比如说上海外滩有很多建筑，解放之后有一部分接管了，有一部分还是私人的。很简单，收非常高的税，私人交不起来，国家就接收。如果同一个世界文化遗产里，公家的建筑和私人的建筑都有，在中国会有很复杂的问题。

还有资金的问题。开平相对来说比较富裕，很穷的地方怎么办？像这样的房子维修的钱都很贵，今后世界文化遗产的保护资金完全由政府提供的，还是靠民间的；或者是业主，或者是业主拿一部分，成立一个什么机构来解决这个问题，或者是国际援助。这个问题也是中国所有的世界文化遗产都面临的问题，有一些遗产的管理人员说我愿意做好保护，但是钱呢？

破坏或者改变遗产的性质的事也不少。张家界的电梯是所谓中国最大的电梯，当时很多人反对，但主张建的理由也就是可以吸引更多游客，赚钱，解决遗产的保护资金。现在碉楼的保护资金都是地方政府筹集的，但是长远呢？业主是不是应该也拿出一部分来？或者民间有什么渠道？这是一个现实问题。现在大家都说政府应该投入、但是政府的钱还不是纳税人的？一个国家在发展过程中，不同的阶段能够用在文化上的钱总是有一定比例的。一个地方政府用于保护文化遗产的钱，跟用于医保、教育和社会保障的钱需要平衡，说不惜一切代价，是不现实的。

讲到具体的问题，如怎么维修？碉楼的建筑材料，有一些当时是从外国进口的，现在外国早就不生产了。要仿制，仿制到什么程度，怎么符合遗产保护的要求。《威尼斯宪章》是联合国教科文组织通过的，对古建筑、古遗址要求保持原状。

怎么保持原状呢？比如说一座残墙为了保持不倒塌，可以在旁边砌上墙进行保护，但是要有明显的区别。杭州胡雪岩的故居的维修就是做到新旧看不出来，对胡雪岩故居这类一百多年的建筑，可以采取这样的办法，但是一旦列入世界文化遗产的建筑就不能那样做。比如说原来用的水泥是外国生产的，虽然水泥原料的成分大致相同，但是不同地方、不同时间生产的总是有一点不同。又比如说木构件、金属构件、玻璃等等，这些东西怎么解决？如果是仿制，谁来控制它们的标准？这也是很多世界文化遗产所遇到的问题。

故宫也在维修，国内国外不少专家认为达不到要求。古建筑维修的要求很高，现在有的仿古建筑或新修的古建筑刚完工，用的砖就泛碱发白了。按照以前的建筑方法，烧好的砖都要放很多年才能用。以前有钱人造房子，生石灰熟了要放很多年，木材、砖都不能马上用。开平碉楼使用的建筑材料，虽然不是最高级的，但是来自不同的地方、不同的年代，要整旧如故很不容易。

2.2.5 久远文化的保存方法

文化遗产的作用是帮助大家恢复对历史、对过去文化的记忆。我们的记忆有两种，一种是硬记忆，比如当时的照片，当时记下来的文字，今天的录音、录像，可以说是硬记忆，尽可能忠实地记录下当时的情形。像碉楼这样一种民间的建筑，它的硬记录是有限的，更多是软记录，口耳相传。但是软记录里就有很多夸张、虚假、误解、以讹传讹的成分。比如说一个富裕的家庭可以造出很多故事，叙述当年是怎么致富的；一个碉楼也有很多故事，有悲剧也有喜剧。乔家大院里很多的故事，在土改或文革时肯定是地主阶级怎样残酷剥削农民，现在又变成了温馨的记忆，才子、佳人的传奇等等。碉楼将来会产生什么记忆呢？很多文化遗产的记忆是残缺的，无论是故宫、长城，还是红色景点……

　　碉楼与很多民间文化一样，本身的硬记录是有限的，大量靠软记录，而软记录很容易被当代文化所侵蚀，所改变，容易被政治意识形态或者商业利益所改变。

　　现在很多有关徽商、晋商的故事都是胡编乱造的，说他们都是先儒后商，其实他们都是先商后儒，发了财再捐个官、弄个一个学位，再请人修家谱，写传记。还有找徽商、晋商的后代，让他们说自己的祖先如何儒商，如何诚信。他们知道什么呢？有的商人在外面靠奸诈致富，回去一定会对家里人说吗？有人称碉楼证明了岭南文化的先进，其实，碉楼至多是岭南文化里非常小的一支，甚至是非正宗的，并没有代表性，怎么能用它来证明岭南文化是先进的呢？

　　对已经损坏或废弃的碉楼要不要恢复，怎样恢复？中国人的传统是整旧如新，但是这样做不就是破坏文物吗？整旧如旧，又是假古董。真正的好，就是整旧如故，经过岁月，这个碉楼经过一百年，最好的维修就是让它保持一百年后的样子，而不是通过整旧恢复到一百年之前。既不要超前的，也不要恢复到旧的，但是要达到这样的整旧，要求是非常高的。

　　我在埃及的帝王谷里看到整修壁画。发现起壳了，拿一根针管插进去，一边吸里面的空气，一边进行维修。他们都是经过反复实验才动手，所做的都是延缓它的衰老或者推迟它的毁灭。整旧如故，不仅要找到合适的材料，而且要采取非常恰当的施工方法。要大家接受这样的观念也不是容易的，甚至学者中也有不同意见。杭州重建雷峰塔时，有人认为雷峰塔应该是刚刚建成时的辉煌样子，有人认为应该是雷峰塔倒掉时的残塔，实际上建成的塔比当初还好。

　　"黄金周"故宫里人满为患，已经超过了接待游客的极限，但不开放怎么办？全国各地的游客到了那里，一二十万人聚在天安门广场，进不了故宫，会是什么情况？这也是很大的矛盾。

　　有人认为世界文化遗产属于全人类，参观是公民权利，为什么不能进去？为什么只对少数人开放？这是规模控制在什么程度的问题，还有什么地方应该开，哪些地方应该进行控制。国内的确有些文化遗产没有开放，变成了办公室或禁区。我与联合国教科文组织的专家一起考察越南顺化旧皇宫，发现对游客还是管得很紧的，但管理人员自己将摩托车开进走廊，停在殿内，我提出了批评。这就是管理、开放和保护的矛盾。

还有利益分享的问题。有的碉楼业主提出旅游收入要二八分成。旅游会有收入，与业主有什么关系，怎么处理？我们到徽州一些古村去，当地居民一般都比较热情。因为他们能从旅游收入分成。在村口买了票，到哪一家参观，小票就给哪家，每年年底根据拿到多少小票跟政府分成，所以接待客人越多收益越大。这样做促使业主做好保护，以便吸引游客。如果过度的商业化就不好，有些古村每幢房子都像是小卖部，你不买东西主人的脸色就不大好看。

完全通过利益分享来解决也不行，还是要有必要的法律和政策来限制，全世界都有这样的问题。西班牙一些文化遗产的古城小镇，政府通过改善民居的条件来维持原有风貌。1990 年，我到那里，所有民居都由政府免费装了电缆电视，保证建筑外部的整洁，当时电缆电视还是比较贵的。

要严格标准，也要量力而行。在相当一段时间内，世界文化遗产是要投入的，有些地方政府完全不知道，以为一旦成了世界文化遗产，外国大笔的钱就来了，联合国就来援助了。不是这样的，教科文组织是有一点基金，但是主要是救助濒危的，并且是本国没有能力救助的。中国现在经济实力超过德国，外汇存底这么多，国际上还希望中国多提供些援助呢！有些遗产就像是家里的古董，越老越值钱，只要你货真价实，机会会越来越多，而不是越来越少。

保护第一，要全面的认识。文化遗产并不意味着先进，也不一定就是优秀，更不是我们今天模仿的对象，只能代表过去，所以一定要全面的认识。我们现在为了突出遗产，很多解释已经远远脱离实际。

比如说故宫，只讲怎么伟大、怎么了不得，但是它是民脂民膏，当初建造的时候并没有对国家带来什么好处。太和殿一根那么大的楠木，要从云南、四川运过去。为了运那些木材，先要修路，然后地上放上小的圆木滚过去，或者冬天在地上浇水结冰将木头拉过去。大运河沿线造就了一批繁华的城镇，形成畸形的消费，但是运河边上，特别是山东，民生凋敝。因为山东是缺水的，运河到山东段要抬升起来，用船闸逐级上升，然后一级级降下去，需要大量的水。当时为了保证漕运，朝廷规定漕运的船没有过去，当地的农民一点水也不能用，这也是运河最终被废弃的原因。

将碉楼夸张为先进文化,多么了不得,这是不符合事实的。碉楼也不是岭南文化的全部代表,只是其中的一支,特殊的一支。对世界文化遗产要全面地认识,比如说向游客如何介绍,研究人员应该全面认识,特别是有一些世界文化遗产属于某种宗教信仰,或有某些政治含义,应该恰如其分地定位。不要因为是文化遗产,是重点文物,就认为完全是优秀的。我们保护的文物里,包括落后的、反动的、迷信的也要给予保护。因为这也是历史的一部分。阿姆斯特丹有一个酷刑博物馆,里面保留着各种残酷的刑具,有照片,有实物,如一个布满铁钉的椅子。这证明中世纪的欧洲同样黑暗、残酷,这些也是遗产。那你怎么解释呢?保留这些刑具来为了仿造,为了继承吗?

对文化遗产只能抽象地继承,而不是具体的还原、复原,我们要吸取其中某些积极的因素。中国文化与世界其他文化之间没有什么本质的区别,都是当时的社会、当时的环境的产物。绝对不可能全面继承,再优秀的都不可能,只能是抽象的继承。在保护的前提下,在抽象继承的前提下,适当发挥它们的价值,这也是需要的。

我从南极考察回来,有人问我,南极应该不应该让人去?我说应该,去了之后才知道它对人类的价值,但是要控制。世界文化遗产要尽可能让多一点人知道,才能得到更多的重视。但是知道有多种方式,不一定身临其境,可以看仿真的展览,或者是录像。开放要以可以承受为底线,世界文化遗产非常重要,对我们国家、民族、某个地区都是如此。但是另外一个方面,我们要恰如其分地发挥它们的作用。能够列入世界文化遗产名录的总是极少数,不能列入的是大多数,它们同样重要,没有理由不珍惜,更没有理由抛弃或破坏。每一个地点都有自己的遗产,就像每一个人都有自己珍爱的东西一样。

2.3 积极探索,慎言"改写"

据多家媒体报道,浙江省考古所 2007 年 11 月 29 日发布重大考古成果:在距今 5300—4000 年的良渚遗址区内发现一座面积 290 万平方米的古城,其年代不晚于良渚文化晚期,建筑具体的年代,有待进一步考古确定。考古学家指出:这是长江中下游地区首次发现的良渚文化时期的城址,也是目前所发现的同时代中国最大的城址；当时"良渚"势力占据了半个中国，新发现的城相当于良渚的首都。有专家认为中国朝代的断代应从此改写：由现在认为的最早朝代为夏、商、周改为良渚。

有如此重大的考古发现，自然令人振奋。正如著名考古学家、北京大学严文明教授所言："这次良渚古城的发现，将改变良渚文化'文明曙光'的原有认识，标志良渚文化时期已进入成熟的史前文明发展阶段。"（《东方早报》11月30日C3版报道）值得注意的是，严教授还是将良渚古城列为"史前文明"，尽管已经"成熟"。

众所周知，历史并不是一切存在的事实，而是人们有意识的记录。在没有文字或最低限度的信息的前提下，自然无法进行记录，后人更无法复原，并非以往的一切都可以称之为历史。尽管有了这次重大发现，即使目前公布的内容完全正确，也只是良渚文化的少部分片断，本身还有很多问题没有解决，要写良渚文化的历史还有困难，怎么能就此改写中国的历史呢？

这座古城的存在时间只能定在5300到4000年前，还无法断定具体的建筑年代。这阶段是1300年，超过已知的中国任何一个古都的持续年代。但如果只是其中某一阶段，作用和影响就会有很大差别。如果这座古城存在到4000年前，即公元前20世纪，那就会与夏朝有百来年的历史并存，它们间又是什么关系？又如，当时的"良渚"形成国家了吗？称得上是一个"朝代"吗？再如，即使同类文化的分布范围很广，又怎样证明它们之间存在着统治与被统治的关系？凭什么说"良渚"势力占据了半个中国？

再说，商朝、周朝的存在是有文字和实物证实的，夏朝的存在也有后人的记载和考古发现可以证明，至少现在用的名称是当时他们自己用过的，或是得到相互承认的。"良渚"却是用的现代地名，迄今为止连这一文化的主人自称什么、被称为什么也不知道，难道就称为"良渚朝"吗？

在上世纪后期，随着各地考古发现的增加，所反映的文明程度的提高，有考古学家指出，中国的古代文化就像满天星斗，辉映灿烂，这是完全正确的。有的考古学家进而指出，中国的文化发源地不止一个，这也符合事实。但在黄河流域以外发现一处古代文化遗址，就声称黄河流域是中华民族文化摇篮的历史应该改写，却失之偏颇。

说黄河流域是中华民族的文化摇篮，并不排斥其他地方也存在着中华民族的文明发源地，只是肯定它最重要、最主要的地位。特别是到目前为止，我们还不能在黄河流域以外，找到持续到今天的古代文明，而各地的文化主体都是在以往二三千年间从黄河流域传来的。像良渚文化，即使有了这次的重大发现，也还没有改变它以后中断并消失的事实。已经发现良渚文化遗址的区域内的文化，难道不是从黄河流域传播来的吗？

每个中国人都希望中华文明史能够写得更长，更丰富，追溯得更远，但其前提是积极探索和有意义的发现。至于改写，只能等有了充分的证据，水到渠成。目前为时尚早，还是谨慎些为好。

2.4 光绪死因的确定：历史介于科学与人文之间

多年前得知法国的历史学家用科学手段查清了拿破仑的死因——通过对拿破仑头发的分析，发现其中砷的含量异常高，因此他显然是死于砷中毒。并进而推断出，拿破仑是被人在食物或药物中投入少量的砷，在体内积累到致死的量后中毒死亡的。

现在，中国学者用同样的手段查清了光绪皇帝的死因——光绪的头发和覆盖于其尸体胃部的衣物残片中的砷含量异常之高，证明他也是死于砷中毒。精细的分析还证明光绪体内的砷并非慢慢积累，而是突然增加的，因而并非含砷药物慢性中毒，而是被故意投入含砷毒物急性中毒所致。

这无疑是历史学或历史研究具有科学性的有力证据。历史事实是客观存在的，不以人们的意志为转移，也不因人们的承认与否、认识程度高低而改变，并有可能用科学的手段得出可以检验的结论。由此我们也可以断言，随着科学技术的进步，能够用于发现、检验或重构历史事实的手段将会越来越多，越来越精确，越来越具有说服力。

不过，由于历史事实，包括历史人物，都存在于过去，是无法完全重现的，保留至今的有效信息毕竟有限，任何科学技术手段的运用都有其局限。例如，要是光绪皇帝的头发没有保存下来，或者虽然保存下来了却无法认定，含砷量的分析就无法进行，或者不可能将检验结果与光绪联系起来。又如，如果没有找到覆盖于其尸体胃部的衣物残片，就难以断定他的胃中积聚了大量砷。对那些死后实行火化的人，对那些尸骨无存或连骨灰也不保留的人，再精确的分析方法也无济于事。

还有很多疑问是科学技术手段无能为力的。光绪死于砷中毒是一回事，谁下的毒是另一回事。当然，早就有人怀疑甚至断定光绪死于慈禧之手，但除非发现新的证据，这个百年疑案显然还难以盖棺定论。慈禧固然是重点怀疑对象，但在未被证实之前，不能排除其他可能。光绪被毒死既可能是精心策划的结果，也可能是偶然所致；即使慈禧的可能性最大，难道能排除其他人？实际上古今中外存在的历史疑案很多，长期被认为已定的铁案因为新证据的出现而被推翻的也不少，在可以预见的未来，不可能都通过科学技术得到完全的解决。

何况历史学和历史研究还有人文的一面——同样的历史事实，完全可以产生不同的叙述、记录和重构结果，并存在不同的评价，甚至可以完全相反。例如，即使最终能断定光绪确系慈禧毒杀，有人会痛斥她阴险毒辣，有人会赞扬她老谋深算；有人认为她扼杀了进步势力，有人评价她为实施君主立宪扫清障碍；有人说她敲响了帝国的丧钟，有人称她为清室鞠躬尽瘁。人们当然可以批驳自己认为是错误荒谬的论点，但要像检验光绪头发中的砷含量那样得出独一无二并且可以检验的结论，却是万万不能的。

周振鹤教授曾撰文称历史介于科学与人文之间，旨哉斯言！

2.5 为什么只有"四大美女"

西施、王昭君、貂蝉、杨贵妃被称为中国古代的四大美女，难道中国从春秋战国至今二千几百年间真的只有这四位美女吗？当然不是。公元初的西汉就有六千万人口，盛唐的人口更多，以二三十年为一代的话，至今累计存在过的人口数以十亿计。如果其中有一半是女性，这么多人中间岂会只有四位美人？

不要忘记，在摄影技术产生之前，人的相貌和身段是无法准确记录下来的。能将人像画得惟妙惟肖的画家毕竟极少，有幸被他们画的女人又有多少？据说王昭君被选入宫后，皇帝曾经让画师将后宫宫女一一画像，以供选择。偏偏画师因为没有得到王昭君的好处，故意将她画丑了。要是王昭君以后没有应征和亲的机会，就只能老死后宫，天下又有谁会知道她竟是位绝代佳人？

即使有被画像的机会，还得看画师的技艺。中国传统的画像讲究传神，不像西洋人物画那样写实。而且人像画几乎不能复制，美女像又不会向公众展示，能看到美女像的人大概屈指可数。

要看到真的美女就更难了。西施时代对妇女的约束还不那么严格，但一旦她被送入王宫，就没有多少人能见到她了。其他三位美人大致也是如此，而且古代华夏（汉族）妇女，特别是有身份的女性，一般都用服饰包得严严实实，除了身边最亲近的人外，根本欣赏不到她的形体之美。《孔雀东南飞》中赞扬美女时用了一句"指如削葱根"，大概只有十根手指是暴露在外，可以描述的。

历史上真正见过这四大美女的人寥寥无几，更无法将这几位美女作一比较，连用画像比较的条件也没有。这些美女都是靠文人描绘而成，又通过文学作品扩大到民间，才广泛流传。她们的美名能够流传下来，也是因为她们都有一个或真或假的凄婉哀艳的故事。

西施可谓女性特工的鼻祖，为了国家利益暂别情人和家园，靠倾城美貌和高超手段打入敌人心脏，执行复国大计，不仅不辱使命，最终还如愿以偿，与范蠡逍遥江湖。

王昭君自愿远赴漠北，使汉朝与匈奴的和好得以维持。当了一任"阏氏"（匈奴单于夫人）后，丈夫呼韩邪单于去世，又得根据匈奴习俗，当儿子辈的继任单于的"阏氏"，终身无法返回故国。

在《三国演义》中，貂婵也负有特殊使命，是王允灭董卓大局中一枚重要的棋子。

杨贵妃本是寿王的妃子，因被公公唐明皇看中，先被安排出家当女道士，再由公公接入宫内，成为集三千宠爱于一身的贵妃。以后又被当作导致安禄山叛乱的祸水，被最心爱的人赐死。

没有这些史实或故事，长得再美的女人也不可能侪身"美女"之列，更难成"大美女"。如果不幸与昏君暴君有关，少不了留下妲己、褒姒那样的恶名。

2.6 上海年景的变迁

尽管自 1843 年开埠以来，上海迅速发展成为中国以至远东最大的开放城市，深染西风，但对中国最重要的传统节日——春节，却并未因外来文化或外来移民而受影响。即使是在英租界（后来与美租界合并为公共租界）和法租界中，即使是直接依附于洋人的买办、巨商、高级职员家庭，春节还是他们最重大的节日。变化大多发生在物质方面：花园洋房、西式公寓、新式弄堂等的出现，石库门取代了老式住宅，煤气灯、洋油灯（煤油灯）、气灯、电灯取代了蜡烛和油灯，煤气灶、电气灶、煤球炉取代了柴灶，留声机、无线电（收音机）、电影、马戏、舞厅、跑马厅、大世界（综合游乐场）、新式戏院、音乐厅、溜冰场、弹子房等充实了节日娱乐。但尽管如此，除了少数已经皈依天主教、基督教的中国人和迁入上海不久的外国人外，绝大多数上海家庭仍将过年当成头等大事。

一般人家过年的习俗与江南及本地土著并无二致，都是以腊月初八吃腊八粥揭开序幕，陆续置办年货，到送灶神后就要安排"掸烟尘"（大扫除）、祭祖（年祭、祭年香），除夕晚上合家团聚吃年夜饭，守岁，年初一拜年，初二开始走亲访友，请客吃饭，初五早上接财神，余波一直持续到正月十五的闹元宵。善男信女和祈求菩萨赐福的人还会在初一去寺庙等开门烧头香，上海市区寺庙不多，红庙、城隍庙、静安寺、玉佛寺等在这一天真是香火兴旺。

不过由于多数人经济上并不宽裕，一般都得靠平时省吃俭用，才能风光过年。主妇要使全家焕然一新，备全祭祖、年夜饭和请客的祭品和食品，各种场合馈赠的礼品和派发的压岁钱、利市钱、赏钱，要又省钱又不失体面实非易事，有些衣帽饰物往往只是以旧翻新。习惯上，年前要结清旧账、欠债，主人得事先筹措，有时不得不通过典当、借高利贷、"合会"（一种民间集资办法，一般愿出高息者使用首次集资），才能渡过"年关"，甚至只能离家躲避债主。为了图吉利，祈好运，辟邪气，凡为过年准备的食品菜肴都有特别的名称和含义，黄豆芽以其形似而称为如意菜，花生称为长生果，整个酱蛋叫做元宝蛋，本地的塔棵菜取其谐音"脱苦"，而主妇必备烤夫（一种豆制品）则寓意"靠夫"。年糕自然表示年年高，甘蔗象征节节高，汤团、圆子意味着团团圆圆。米粉中渗入老南瓜而呈金黄色，再捏成元宝状，使人产生黄金万两的梦想。

民国初年推行公历，废除农历新年，不过这项政策对上海的过年习俗几乎没有什么影响。但上海毕竟已是大都会，有些习俗已逐渐改变，包括过年。例如，水电、公交、邮电、铁路、航运、医院、警察、娱乐、服务等行业，必须连续生产的部门，涉外机构或国际性企业等，这些行业或机构的部分员工无法按传统休假，过年习惯不得不有所变通。一些家庭使用了配备煤气灶的新式厨房，还有很多人家住房狭窄，连放煤球炉的地方都困难，不再供奉灶神，也不再举行送灶神的仪式。由于住房实在太小，祭祖只能从简或取消。另一方面，丰富的娱乐设施使过年增加了大量娱乐活动，突破了原来的规矩。总而言之，过年的传统习俗在逐渐淡化和变异，一些长期沿用的禁忌也变得不太严格。

作为一座移民城市，上海有大量尚未完全定居的新移民、单身移民、候鸟型移民，或者是包括外来人口的小家庭，他们的宗族观念依然很强，这些人一般都要返回故乡过年。也有一些已经失业、年终被解雇或者无法继续生存的人趁岁末离开上海，返回故乡或另谋出路。上海的外来移民以江浙两省最为集中，沪杭、沪宁两条铁路线，往返于宁波、苏北的轮船，杭嘉湖的内河小轮船，通往苏南、浙西的长途汽车，都络绎不绝，人满为患，一般都要忙到大年三十晚上才能停歇。到1927年后，首都南京的达官贵人大多会搭乘"京沪特快"到上海过年。

解放初，过年的变化不大，但党政部门、国营机构、公立学校学习老解放区革命风尚，并逐渐影响社会。"抗美援朝"、"三反五反"、"镇反肃反"、思想改造等持续不断的政治运动，也使资本家、富人和原来的上层人物的侈靡生活方式随之收敛。送灶、祭祖、烧头香、接财神等属"封建迷信"而受抵制，春节期间的文娱活动却因配合政治运动和革命宣传而兴旺。

1958年开始的"大跃进"不仅使在职员工因"一天等于20年"、"赶英超美"、"大炼钢铁"、"大办农业"而少有休息，也将大批家庭主妇与"闲散人员"投入新办的街道工厂和生产组，连中小学生也忙于收集"废铜烂铁"，灭"四害"，放各种"卫星"，加上一度办"城市人民公社"、"大办食堂"等，有些地方连年夜饭都改为在食堂集体聚餐。由于提倡"过革命化春节"，传统活动不复存在，从除夕起不准倒垃圾，年初一不能动刀剪之类的禁忌一扫而光，只有一些老人还在家中悄悄遵守。

1960 年起的"三年自然灾害"造成物质生活极度艰难，多数人平时食不果腹，春节期间的供应多少有所增加，"过年"就成为长久的期待。但通过各种票证供应每家每户的品种和份额都极其有限，往往一顿年夜饭就差不多吃光，所以除了至亲好友，一般不再相互请客吃饭。由于添置衣服鞋帽都需要用布票、棉花票或工业券（购货券），过年穿新衣成了奢望。

此后，"阶级斗争"越来越突出，"破旧立新"、"移风易俗"成为过春节的主题，"封建迷信"早已绝迹，传统戏曲和民间娱乐也被革命化所扫荡，代之以现代题材和政治宣传。在郊区农村，有的"树新风"措施让农民叫苦不迭，如规定请客时不能用盘子，只能用碗，使主人不得不多放菜肴食品。要求社员在春节时下田生产、积肥、挑河泥，往往不讲实效，不顾农时。

1967 年，国务院通知停止春节放假。没有"抓革命，促生产"任务的党政机关和学校大多在年初一召开批斗大会，或抓紧"夺权"，或组织"小分队"上街宣传。除了还能增加些供应外，节庆活动荡然无存。遵照毛主席"人民大众开心之日，就是反革命分子难受之时"的教导，一些"黑五类"（地富反坏右）和审查对象被监禁隔离，一部分被勒令不许外出，节后还要交出"认罪书"或作详细汇报。上山下乡运动开始后，节后还要动员甚至强制回来过年的知青返回农村。

改革开放以来，传统的过年方式陆续恢复，除了送灶神、祭祖鲜有所见外，其他都空前热闹。如除夕夜的爆竹鞭炮越放越多，越放越响，越放越长，接财神更有过之无不及。"恭喜发财"的祝福随处可见，随时可闻。去寺庙撞钟、烧香的人数增加。压岁钱、红包、礼品水涨船高，品种增多。随着家庭电话、手机和网络的普及，电话、短信、电子邮件拜年成为时尚。彩电的普及使观赏央视春晚成为大多数家庭除夕夜的主要活动。大批农民工和新移民返乡仿佛当年上海的回乡过年高潮，"黄金周"的设立使外出旅游和外来游客成为春节新景。在餐馆吃年夜饭已需要提前预定，稍有档次的餐馆都要几次"翻台面"（同一餐桌先后接待几批顾客）。独生子女组成的小家庭如何过年，与哪一方父母团聚成了新的难题。但传统的"年味"并没有因为富足热闹而加深，相反，相当一部分人，包括以往最盼过年的孩子，对过年已经毫无企盼，甚至躲避在城市过年。任何一个节日或节庆活动，都需要有精神和物质的基础，也离不开这两方面的祈盼。

2.7 看"影响世界的十本书"的不同回答

我与书结缘已经半世纪有余了。以前也有人问我：你认为哪本书对中国影响最大，或者对世界、对人类影响最大，我都不敢回答，因为我觉得这样的问题很难有一个标准答案，而对全局（如中国、世界）了解不多的人是没有资格回答的。

这次看到三位国际著名的图书馆的馆长对"影响世界的十本书"的回答，尽管我的看法并没有改变，却感到这类问题的答案在一定程度上反映出了一些书历史性的深远影响。

俄罗斯国立图书馆（以下简称俄馆）馆长其实并未回答，他的答案是他"最喜爱的作品"，全部是文学作品，显然这是他的专业。他倒是有自知之明的，没有硬举一本自己不熟悉或没有兴趣的书。

埃及亚历山大图书馆（以下简称亚馆）和澳大利亚国家图书馆（以下简称澳馆）两位馆长的答案，有一半是相同的，即《圣经》、《可兰经》、《自然哲学的数学原理》、《物种起源》、《莎士比亚剧作》，包括宗教、自然科学与文学三个领域。而在相互不同的五本书中，也不出宗教、哲学、自然科学、政治学的范围，说明两人的基本观念是相近的。比较大的差异是，亚馆长有联合国1948年《世界人权宣言》，而澳馆长有唯一的中国书《周易》。

除了《世界人权宣言》问世不足一个世纪，其他的书都已有数百上千年历史。书的影响固然是通过读者起作用的，但并不取决于一时一地的读者多少。只有持续不断的、一代又一代读者的积累，才能真正影响历史。历史上依靠强大的政治权力和经济实力强制推广的书，完全可以形成巨大的数量，但对拥有者究竟能有多大影响？在历史的长河中不过是昙花一现，以后甚至踪迹全无。

在19世纪以前，东方和西方基本处于隔离状态，两种文明大体是独立发展的。而当世界逐渐融合为一个整体时，西方文化的强势地位久盛不衰。相比之下，西方的书在东方读者中的影响，远比东方的书在西方读者中的影响要大得多。能够阅读英语的中国人，远比能够阅读中文的西方人要多得多，所以中文书的影响往往与翻译有关。正因为如此，中国只有一种《周易》入选就毫不奇怪。等到世界文化真正融为一体时，评估一本书的世界性影响时才能比较公正。

作为图书馆长，我们能够做的无非是扩大书在读者中的影响。毕竟历史是人创造的，读过书的人与没有读过书的人是不同的。

第三章

地理环境评说

1. 从古至今的都市

1.1 中国迁都：历史与现实，需要与可能

近年来，不时有人提出中国是否应该迁都，迁到哪里这样的话题，有的还有很具体的理由和规划。最近又有商务部研究院研究员梅新育博士在英国《金融时报》中文网撰文，"认为中国应认真考虑迁都，建议将首都迁往长江中下游华东某中小城市"。

兹事体大，不妨先看看历史，在中国历史上，有哪几次迁都，成败如何，对当时和此后的历史产生过什么影响。

在中国历史的早期，无论是传说中的黄帝，还是夏朝、商朝，迁移是生存和发展的经常性措施，也是对付天灾人祸的有效手段，所以迁移和迁都相当频繁。其中见于明确的记载、影响最大的一次迁都应为商朝的盘庚迁殷。大约在公元前18世纪，商朝的都城从奄（今山东曲阜）迁到了殷（今河南安阳殷墟一带）。

关于盘庚迁都的原因，史学家作过种种推测，不外乎躲避黄河水患、土地肥力减少、通过迁都"去奢行俭"保持一种比较节俭的生活方式、或者是作为游牧民族的残余的习惯性措施。从迁都后盘庚发表的训词看，迁都之举曾引起贵族们的反对和恐慌，经过盘庚强有力的劝告和镇压才在新都安定下来。但此后的二百多年间，商朝的首都再未迁移，以往那种不时迁都的历史从此结束。

公元前880年，周朝的首都由镐京（今西安市一带）迁至洛邑（今洛阳市）。这是因为镐京一度被犬戎攻陷，都城受到很大破坏，而且由于周天子势力衰落，此后也难抗御犬戎的入侵，只能东迁至相对安全的地方。这类因在军事上处于弱势，不得不以迁都寻求一时安全的办法以后还多次出现。如战国时楚国的都城由郢（今湖北荆州江陵）迁至陈（今河南淮阳），又迁至寿春（今安徽寿县）；面对蒙古军队的入侵，金朝的首都由燕京（今北京）迁往开封（今开封），末年又迁至蔡州（今河南汝南）。更严重的是，因国土沦丧，原有的都城已为敌方所占，要继续存在，自然只能迁都。如东晋建立时，西晋的首都洛阳已非晋朝所有，只能迁都于建康（今南京）。南宋建立时，北宋的首都

开封也已被敌方控制，只能以杭州为"行在所"（临时首都），一直"临时"了一百多年。

另一种情况，是权臣或军阀为了进一步掌握政权，迫使皇帝将首都迁至自己易于控制的地点。如东汉末年，董卓强迫汉献帝由洛阳迁往长安，以后又迁至曹操控制的许（今河南许昌）。北魏末年，高欢逼朝廷由洛阳迁至邺（今河北临漳西南）。唐朝末年，朱温迫唐昭宗由长安东迁洛阳。这类迁都，完全是夺取政权的先声，不惜以破坏摧毁原有首都为手段，造成巨大损失。

在和平时期的迁都则主要考虑国家的安定和某一方面发展的需要。如秦国的首都从平阳（今陕西宝鸡东）迁至雍（今凤翔），又迁至栎阳（今西安市临潼区北），最后迁至咸阳（今咸阳市西北），适应了东向扩张发展的战略。汉高祖刘邦已定都洛阳，听了张良和娄敬的建议后，立即迁都关中，并新建长安城作为首都。光武帝汉秀恢复汉朝（东汉）后，为了就近得到粮食和物资的供应，便于得到自己的政治基础南阳地区的支持，定都于洛阳，而不是恢复西汉的首都长安。北魏孝文帝为了从根本上实行汉化，将首都从平城（今山西大同）南迁至洛阳，使政治中心深入华夏文化的中心，将鲜卑人的主体置于汉族的汪洋大海之中。明成祖朱棣在拥兵南下篡夺政权后，将首都从南京迁至北京，虽然有巩固自己根据地的考虑，但更主要的还是为了对抗蒙古的威胁——将首都置于接近边疆的险地，使国家不得不保证前线的军事实力。而清朝由沈阳迁都北京，完全是顺应了由边疆区域性政权向全国性政权的转变。

由于古代没有机械交通工具，运输相当困难，而首都又不可能完全服从经济布局，粮食和物资的运输始终是一大难题。由于主要的粮食产区在关东和东南地区，为了便于运输，首都的位置不得不逐渐东移，由长安至洛阳，至开封。元朝定都北京后，打通南北大运河，维护运河漕运，就成了朝廷的头等大事。此后明、清两代能在北京建都，都离不开大运河输送粮食的作用。

不顾地理条件和实际可能，盲目定都或迁都，不仅劳民伤财，最终也会以失败而告终。朱元璋由南方起兵，以应天府（今南京）为根据地，全国统一后，南京自然而然成了全国首都。朱元璋深知南京在全国的位置过于偏南，一直在寻找合适的地点。他曾考虑过西安，但西安和关中残破贫穷；他考察过开封，又见连接东南的河道水浅沙淤，无法满足漕运之需。最后他决定在故乡凤阳建中都，规模比南京城还大。但在新都即将建成时，朱元璋又下令停建，浪费了大量人力物力。

回顾历史，不难发现，成功的迁都要适应形势发展的需要，趋利避害，充分利用有利的地理环境，为国家提供上百年、数百年的安定。即便如此，迁都也是一项浩大的工程，只有国力强盛时才能应付自如。而且也可能引发政治分歧，甚至形成反抗或动乱。北魏孝文帝的南迁计划一开始只得到个别大臣的支持，只能以"南伐"为名造成既成事实，才勉强为大臣所接受。反对势力企图发动政变，连他的儿子也因公然逃出新都而被处死。而失败的迁都往往造成不可弥补的损失，甚至越迁越弱，越迁越乱，以至覆灭。

那么中国是否到了应该主动迁都的时候？北京是否到了非迁出不可的地步呢？

首先我们应该明白，在现代化条件下考虑首都的合适位置，不同于传统的"天下之中"。北京尽管不处于地理上的中心，但通过发达的交通运输和信息传输手段，距离的远近已影响不大。何况全国的资源、人口、城市、产业等基本要素的分布，也是严重不均衡的，自然形成的中心或重心与地理中心或重心并不一致。从国家安全的角度考虑，北京也是优劣兼具，至少不比"长江中下游华东某中小城市"差。

就自然环境而言，有人担心沙尘暴会愈演愈烈，环境污染和缺水现象会越来越严重。不过，据各项统计数字全面评估，北京及其周围的自然环境并未出现明显的不利变化。如沙尘暴并非近年来的产物，也不存在愈演愈烈的规律。环境污染和缺水主要是人为原因，是产业分布不合理，不注意环保和节约用水的结果。通过工厂外迁，污染源治理，调水节水等措施，自然环境可以得到相应改善。

的确，近年来北京人口数量迅速膨胀、交通堵塞、房价高攀、古都风貌近于消失。但究其原因，有些是中国现代化和城市化过程中的通病，并非首都特有；有的则与高度集权的体制有关。例如，政府虽一再精简，实际上机构还是越来越庞大，事权越来越集中，不仅本身的人员越来越多，还使来首都办事的人也越来越多。大量本来可以通过信息传输解决的问题，非得有大批人员、多次来往才能解决，光各地、各单位的"驻京办"就有很多人，动用很多资源。

如果这样的体制和事权不改变，首都迁到哪里，哪里就会成为新的"北京"。而如果按这样的体制和规模迁都，新都的建设和旧都的搬迁都会需要太高的成本。

在体制改革、精简事权的同时，不妨适当分散首都的功能，将有些本来应该在首都举行的会议和活动分散到地方上举行，本来应该设立在首都的机构或设施建在合适的外地。如现在的全运会轮流在各省市开，既减轻了北京的压力，也促进了各地体育设施的建设和体育的发展。这类活动还应再增加。又如，可以将拟议中的"中华文化标志城"建成"文化副都"，行使一部分首都的文化功能。再如，有些中央或全国性机构可以临时或长期设在外地，如管理少数民族的部门不妨设在少数民族聚居地区，或轮流到少数民族聚居区办公，以促进地区发展。

采取这些措施，至少可以使北京的规模得到控制，并逐渐有所缩小，各种设施条件得到一定程度的改善，维持数十年时间。到那时国力更强盛，再为一个比较小规模的首都选择最合适的地点，就比较从容了。

1.2 南北分界标志：意义和现实

最近，江苏淮安市决定建造一座中国南北分界线的标志性建筑。消息传出，立即引起轩然大波，据报道，网上的反对意见占压倒性多数。但淮安市不为所动，已按原计划动工兴建。而此前，安徽蚌埠市已在淮河边建了一座南北标志，河南信阳市也已有建造的计划。

反对意见中有一种观点——不认同将设在淮安的南北分界标志，认为中国南北分界的标志并非古今不变，不宜固定在一个地点。地理标志的意义是很重要的。

地理标志有两大类：一是自然地理标志，一是人文地理标志。当然，也有兼具自然和人文两方面意义的标志。

自然地理标志是自然环境客观存在的显示，一般较少发生变化，或变化相当缓慢。即使在特殊情况下发生的剧烈或频繁的变化，与人文地理标志相比，也还算不上什么。例如一个标明海拔高度的制高点、分水岭、江河源头、某种地貌的典型区域或地点、海平面高程标志、回归线标志、具体的经纬度标志、南北极、磁极点等。但这类标志又有两种情况：

一是纯粹天然的，如海拔高度、分水岭、某种地貌的典型区域或地点、南北极、磁极点等，都是客观事实，并无争议。除非它们本身发生变化，或者人类原来对它们的认识有偏差，否则就不会改变。

另一类虽然也是客观存在，却取决于人类如何确定它们的坐标体系。例如经度，就是由本初子午线（零度经线）决定的。康熙皇帝让西方传教士测绘成的中国地图，是以通过北京的经线为本初子午线。而法国国王下令测绘的地图，却是以巴黎为零度经线的位置为标准的。要没有"日不落"的大英帝国的存在，现在世界通用的零度经线就不会在英国格林尼治天文台通过，东经、西经若干度的界线和标志就会毫无意义。

正因为如此，即使东西南北这样看来毫无争议的方位，其实也离不开具体的地理坐标，因为这些坐标并不一定是纯粹的自然地理因素。例如中东、远东，原来是英国人的概念，都是以伦敦为基点确定的。如果以北京为基点，所谓"中东"就得称为"中西"。如果以南北极为坐标，南北方位还能固定。但如果以某一地点为基点，南北方位也是相对的。

所以，很多地理标志都是以人文景观为坐标或参照物的，或者是兼顾人文地理和自然地理的。如中国人习惯中的西部、西北、西南，并不是以真正的地理中心为坐标。如果以中国真正的地理中心兰州为坐标，西安应该属东部。近来通用的"西部"更是一个政策概念，由于内蒙古自治区都列入西部，这个西部一直延伸到与东北接壤的东部。而山西却因未列入西部，又够不上发达的"东部"，而被戏称为"不是东西"。

就自然地理而言，淮河、秦岭、白龙江一线的确是中国南北的一条重要分界线。但就人文地理而言，却并不固定。秦汉以来，随着南方经济的进步，南北界线逐渐南移。东晋十六国和南北朝时期，南北分裂的界线或为黄河，或为淮河，或南至长江。元朝将处于秦岭以南的汉中盆地划归陕西管辖，延续至今。明初设置了京师（后改为南京、南直隶，相当今江苏、安徽、上海），将淮河中下游与长江下游划为同一政区。在统一时期，淮河作为人文地理区域的界线并不明显。应该承认，淮河、秦岭、白龙江一线的确也是中国历史人文地理的一条南北分界线。不过,由于行政区划早已打破了这条界线,两边人口的流动越来越频繁,交通越来越便利,就现实状况而言,两边的差异越来越小。

是否重要的地理界线都要树立标志呢? 未必。有些界线在地表并无踪迹可现,如回归线、经度、纬度;或者看不出具体数据,如海拔高程;或者非专业人士不知道,如某些特殊的地貌,那就需要树立标志,便于公众了解;或者作为地理坐标。但有的界线本身就存在,像淮河、秦岭、白龙江,就地理而言,就完全没有必要画蛇添足。

可见淮安要建的标志性建筑其实是一个旅游设施,是为了吸引游客。所以不必从地理角度讨论该不该建,也不必担心它会引起南北之争,只要从旅游本身来评估——是否有利于形成优美景观? 是否会破坏环境? 是否能吸引游客?至于是否该建? 会不会劳民伤财? 相信淮安民众有足够的判断力,也相信淮安当局会尊重民意,顾及民利,作出正确的决定。信阳和其他沿淮城市也会如此。

1.3 更改地名之忧

中国古代最爱更改地名的要数王莽,在他当政期间,几乎把全国能改的地名统统改了,以符合他"托古改制"的梦想。例如首都长安被改名常安,河南郡改称保忠信乡,雒(洛)阳改名义阳,无锡改名有锡。将全国的地名改一次已经够麻烦了,王莽却乐此不疲,差不多每年都改,有的郡名前后改了五次,最终又改回了原来的名称。不仅老百姓记不住,就是地方官也弄不明白,公文中都要加注新旧地名对照。《汉书·王莽传》中还保留着一个样本:

> 制诏陈留大尹、太尉:其以益岁以南付新平。新平,故淮阳。以雍丘以东付陈定。陈定,故梁郡。以封丘以东付治亭。治亭,故东郡。以陈留以西付祈隧。祈隧,故荥阳。(诏书命令陈留大尹和太尉:将益岁以南的地方划给新平。新平即原来淮阳。将雍丘以东的地方划给陈定。陈定即原来梁郡。将封丘以东的地方划给治亭。治亭即原来东郡。将陈留以西的地方划给祈隧。祈隧即原来荥阳。)

这段公文的正文共 53 个字,其中注地名占了 20 个字。这些地名都只注了一次，即只注了现地名之前一次的更改。如果要将以往三五次的地名都注上，那注文肯定会超过正文。

当然，由于各种原因，地名不可能一直不变。我们所知的最早的地名大多已不复存在，即使用字不变，其含义（如所指地点、范围等）也已不同。有的改名的确必要，有的实属无事生非。但这些改变都是局部的、分散的，像王莽那样全面、频繁、反复地改地名是绝无仅有的。

"史无前例的无产阶级文化大革命"中也出现过全国普遍改地名的"革命行动"。此事起源于"红卫兵小将"的"破四旧"，当时《人民日报》和中央人民广播电台报道，北京红卫兵将苏联驻华大使馆所在的"扬威路"改名"反修路"，将大批"封资修"的商店招牌砸烂烧毁，贴上"东方红"、"井冈山"、"反帝"、"造反"、"立新"等新名称。消息传出，各地纷纷响应，上海一天之间"旧貌变新颜"。来不及拆下或一时砸不了的路标招牌，一律用红纸写上新名字加以覆盖。

我工作的"古田中学"这个名称也成为红卫兵的冲击对象，质问我们为什么用"古"字作为校名？为什么校牌还不砸掉？我赶紧从《毛泽东选集》第一卷上抄下有关"古田会议"的内容贴在门前，才使他们明白这本来就是与伟大领袖有关的革命地名。由于变起仓促，"东方红"等名字到处都是，有的马路同时被改成多个新的革命名称，有的想改又不敢改（像"复旦大学"等名称都曾由毛主席题写）。几天后逐渐稳定，明显不合时宜的都又被改了过来，如"和平电影院"被改名"战斗"，"广慈医院"改名"瑞金"。文革结束，"和平电影院"的名称又被恢复，"瑞金"则沿用至今。

有些地名的确应该改，建国后都陆续改了。如迪化、绥远等名称都含有对当地少数民族的蔑视，并宣扬汉族的优越感，采用当地少数民族的原名乌鲁木齐、呼和浩特更能体现民族平等。将镇南关改名睦南关，安东改名丹东，自然有利于睦邻友好。把一些生僻难认的地名改为通用文字也无不可，在全国范围内消除县级以上政区的同名更是必要。少数民族地区有些地名在采用汉字译名时往往只注意读音，不顾及意义，如西藏的穷结县。后来改为琼结县，给人的印象就好多了。

但这一二十年来一些改名大多并无必要，甚至莫名其妙，有的还反复改了几次。

一是盲目复古。文化大革命结束后，不少地方恢复了此前的名称。有的名称显得陈旧，或含义不甚妥当，不过可以理解当地人的心情。但此后有的地方一味复古，非要采用最早的地名，以显示本地的历史悠久，却不顾这个地名与今天行政区划间的明显差异，实际影响了对当地历史的正确理解。

二是为了争夺历史上的名人、名山、名水、名物，抢先改名，形成既成事实，甚至以假乱真。上级政府不认真核实，或出于地方利益或特殊利益，居然予以批准，客观上加剧了地方之间的利益之争，破坏了地名管理的严肃性和权威性。

三是为了开发旅游，将辖境内某一著名旅游点的名称取代整个行政区域，造成矛盾和混乱，徒添麻烦。如外地游客想游黄山，购买了到黄山的火车票、汽车票，到达后却发现都是在"黄山市"政府的驻地屯溪。但在当地要去"黄山"（指屯溪），却往往被送到了真正的黄山。

四是撤区建市、撤县建市时，非要同时改名，有的称某州市，有的是当地人也不熟悉的、不知从哪里找来的名称。像当初桃仙市出现时，很多人不知道它是哪个省的，其实就是从元朝起就沿续下来的沔阳。

五是随意改变国家的命名原则。如从镇江至扬州的长江大桥，按规定应称为"镇扬大桥"，实际却被命名为润扬大桥，采用了镇江历史上用过的名称——润州。扬州人或许高兴了，学习中国地理的人、查阅这一带地图的人，又如何知道其中的奥妙呢？如果今后其他大桥命名时也各行其是，国家的规定还要不要呢？

不过这样改来改去，对拉动"内需"，特别是促进地方经济都有贡献。且不说要办成"改市"这件事要花多少钱，光是一个县名一改，哪怕是动一个字，多少公章需要重刻？多少信笺信封、公文袋、档案袋、登记表、介绍信需要重印？多少机构、单位的牌子需要重制？多少人的证件需要更换或重制？

对我这个专业也有好处。先师季龙（谭其骧）先生曾以一篇《新莽职方考》（考证王莽时的行政区划）著名。要是地名一直不改，今后如何能写新的《职方考》？

1.4 撤市（县）建区的另一面

大概 9 年前，广东番禺市组织了一个研讨会。是因为当时该市风闻广州市有意撤市设区，即将番禺这个县级市改为广州市直属的番禺区，而该市意在抵制，正通过各种途径，动用各种手段，其中就包括召开"专家研讨会"，希望专家们从理论和实际各方面找到反对的理由，进而研究具体措施。

我的专业是历史地理，自然首先从历史地理的角度考虑。番禺县设于秦始皇时代，当时就是南海郡的治所，距今已有 2200 多年，直到撤县建市，一直是一个县级行政区。就历史而言，番禺的确比广州还早，因为广州的名称出现于公元 264 年（三国吴永安七年），先后作为州、路、府、市的名称。所以有人在会上说："先有番禺，再有广州，现在儿子要吃掉老子了。"

不过，尽管现实是历史的延续，今天的地理是历史地理发展的结果，但起主要作用的还是现实，特别是像行政区划这样的制度。广州市有这样的计划，主要的出发点自然是现实的需要。

根据《中华人民共和国宪法》，番禺由县改市后，在法律地位上还是归广东省管辖的，广州市只是"代管"。既然是"代管"，番禺县级市就不完全是广州市的下辖单位，至少还能争取一定自主权的筹码。但一旦改为区，那就百分之百成了广州市的下辖政区，辖境成了广州市辖区的一部分，与广州的其他辖区没有任何区别。

广州市这样做的依据也是《宪法》："直辖市和较大的市分为区、县。"广州市自然属于"较大的市"，可以有下辖的区。但广州市能将原来属于省管辖、自己只是"代管"的县级市改为自己直接管辖的区，说明所谓"代管"的"代"已经名存实亡，省政府只能接受既成事实。广州市当时的发展遇到的最大困难，是辖境面积太小，不仅远不如京、津、沪、渝这四个直辖市，就是比其他主要的省会城市也显得不足。经过此前 20 余年的开发，建设用地早已使用殆尽。更何况广州一直有意问鼎直辖市，没有一定的市辖面积，就缺了一项最基本的条件。

尽管参加研讨会的人都认为保留番禺县级市有利，或者以为在两可之间，仅一位供职于广州市某单位的人明确表示不便发表意见,但会议的结论充其量只是番禺方面的自娱自乐和文人的自说自话。到 2000 年,广州市就撤销了番禺市和花都市,设立番禺区和花都区,使广州市的城区面积一下子扩大了 2275 平方千米,几乎是原城区面积的两倍。

这样的城市扩张办法并非只有广州在用。2001 年,江苏苏州市撤销吴县市设立吴中区和相城区,面积扩大 1227 平方千米。杭州市撤销萧山市和余杭市设立萧山区和余杭区,城区面积扩大了 2385 平方千米,跃居长三角城市前列。山东济南市撤销长清县设立长清区。到 2003 年,福建厦门市所辖 1569 平方千米内已全部设区,使厦门由一个海岛城市发展为海湾城市。发达城区的浙江杭州市、宁波市、绍兴市、金华市、温州市,江苏的南京市、无锡市、扬州市、淮安市都先后变更行政区划,扩大城市辖区,就是其他省会城市和省辖市也已经或准备这样做。

为什么大中城市都热衷于采用这种方法呢?在现行的行政体制下,好处是显而易见的。首先是解决了城市用地的不足,而且新增土地离中心城区较近,甚至紧邻城区,基础设施可以共享,新建成本低,开发速度快,有利于聚集人气,发展第三产业。但这种扩张方式也就是城市"摊大饼"发展模式,而且愈演愈烈。特别是新扩区域往往会成为中心城市制造、化工等产业转移地点,或者被确定为新的建设基地,资源和能源的消耗剧增,生态环境日益恶化。

以浙江萧山为例。在 1988 年设市前,是一个贫穷落后的农业县。建市后正逢改革开放,经济飞速发展,很快跻身于全国百强,又稳坐十强席次。在前年进行的全国千强镇龙虎榜中,萧山所属 22 镇全部入选。但萧山的主要产业是化工、制造,本来就存在耗能高、污染重的先天不足。撤市设区后,萧山区东部的化工产业区不断扩大,在钱塘江南岸已经形成一片绵延上百公里的化工园区。2004 年,萧山区严重的污染状况被多家电视新闻媒体曝光,有关部门重拳出击治理污染问题。对于污染严重的企业曾经命令停工、整顿并建立污水处理厂,同时还对区内所有的工业企业规划战略转移。但是,对于污染的治理往往是"上有政策,下有对策"。而且先污染后治理的模式往往很难从根本上解决问题。

在新一轮城市扩张中,萧山区的情况并非个别。但另一方面,中国的城市化过程正在加速，势不可挡，每年都有一批县在改市，又有一批县级市改设为区。在一些欠发达地区，也出现因县级市或县改区而与原来的市合而为一形成的百万人口级"城市"。随之而来的，当然就是中心城区的大规模扩张和产业的重新配置，包括能耗高、污染重企业的转移。

中国城市化的路究竟应该怎样走？撤市（县）建区的模式留给我们更多的是教训。

1.5 中国的城市在哪里

在八届五次全国人大批准设立重庆直辖市后不久，一家通讯社向全世界发布了一条消息：重庆市超过上海市，成为中国人口最多的城市。接着有人补充，新设的重庆市有3000万人口，不仅超过上海市，而且是世界上人口最多的城市。然而稍具地理知识的人不禁为之愕然，因为新设置的重庆市面积达8万多平方公里，辖境包括大巴山、巫山、武陵山、大娄山，大多数地方是山区农村，哪里是什么城市！甚至连该市一位主管官员也说："什么直辖市，直辖农村！"显然，发布这条消息的记者和编辑都没有明白一个最简单的道理，在中国，直辖市是一个省级行政区，只是在它的名称中有"市"这个字，却并不是一座城市。

重庆直辖市范围内的3000多万人口中，大部分生活在城市之外。被用来与重庆市相比的上海市直辖市也是一个省级行政区，尽管上海市的大多数人口生活在城市内，但还有一部分生活在农村，作为城市的上海也并不拥有上海直辖市的全部人口。

20年前，安徽省的徽州地区改设为黄山市。本来黄山是中国一座名山的名称，至此兼了一个行政区的名称，而这个政区又选择了"市"字，这自然使不明就里的人产生了一座城市的联想，而黄山市和黄山难免不被混淆，何况在黄山市下还设有黄山区和黄山风景区！本来，徽州专员公署驻地在屯溪，现在的市政府也是驻于屯溪，历史上屯溪还设过市，现在则设有屯溪区，当地民众称之为老屯溪。这可苦了不知道那么多的外地旅客，明明想到市府所在地的"黄山"，出租司机却送到了黄山风景区的黄山；而兴冲冲在"黄山"下火车的游客，想到真正的黄山还得另外换汽车。整个黄山市面积 9807 平方公里，人口只有 150 多万，其中市府所在的屯溪区只有十多万人，在黄山市的大部分地方，是不会有城市的感觉的。

几年前，我应邀担任中央电视台"十大魅力城市"的评委，在观看各参选"城市"的录像片时发现，原来这些"城市"一部分是县级市，大部分则是由"地改市"而产生的行政区划的"市"，而不是一座城市。录像片中的景观，根本不在同一城市。如浙江湖州市，在展示片中不仅有湖州城里的街景，还有南浔镇的小莲庄、长兴县的竹林等，而这些景点离湖州城都有数十甚至上百里，只是因为都在同一个行政区"湖州市"。即使是县级市，也包括县城外的整个政区。显然，所谓"魅力城市"，实际上是"魅力市级行政区"。幸而这项评选只限于省以下，否则还得加上中央直辖市和省会所在的"市"。

看来，在当今的中国，多数人已经将城市与带"市"的行政区完全混淆了，而这多数人中包括政府官员、主流媒体的记者和编辑、不少专家学者，甚至包括主管各类"市"的官员。

先师谭其骧先生一辈子研究历史地理，对历代行政区划的变迁了如指掌。他曾多次感叹："中国历史上行政区划的通名那么多，为什么用来用去都是'市'？"他举日本为例，东京称都，大阪和京都称府，北海道称道，其他都称县。而'市'只用于真正的城市，无论其大小，而都、府、道、县下都可以设市，名称却不会混淆。他曾建议，将直辖市的名称改掉，如北京可称都，上海和天津（那时还没有设重庆市）可称道，而北京、上海、天津的城市部分才可称市。可惜他的建议至今未被重视。

不过，即使他的建议被采纳，还是无法解决一个更加复杂的问题——在这些大大小小的'市'的内部，究竟哪里是真正的城市。

到 2006 年底，中国大陆共有 283 个"地级市"，而不称市的地方只有 17 个地区、30 个自治州和 3 个盟，主要集中在新疆、西藏、青海和少数民族聚居地区。大多数省已经全省皆'市'，连广西壮族自治区和宁夏回族自治区也已全区皆'市'了。要是'市'等于城市的话，那么这些省到 2006 年底已经百分之百城市化了。可是，有些统计数字却只能使人啼笑皆非：西藏拉萨市面积 31662 平方公里，只有 40 多万人口。其中城关区的人口虽不足 20 万，但面积也有 523 平方公里，显然也不全是城市。但拉萨还算不上全国面积最大的'市'，青海的格尔木市只是县级，人口只有 10 万余，面积却大至 123460 平方公里，比有些省还大，而其中真正的城市占百分之几呢？

一般认为，中国目前的城市化率在 40% 左右，不久前的一项统计数字称上海是中国城市化程度最高的行政区，已超过 80%。但城市化的标准是什么？是指实际长期生活在城市中的人口占当地总人口的百分比，还是指城市或城镇户口占当地总人口的百分比？如果是前者，那就首先得划定城市或城镇的范围，而改革开放以来，随着原有城区的扩张和新城区的出现，已经很难与现行行政区划相一致。一些被称为"城中村"、"城中乡"的地方，无论从景观和内容看都已与城市无异。而处于城市边缘之外的一些地方，尽管已属不同政区，却已与城市连成一片。如果是后者，同样无法反映实际，因为在城市里生活了一二十年，已经成家立业、生儿育女的家庭，可能都还是农村户口，而一辈子保持城市户口的人已经迁入位于乡村中的别墅或"农民房"。

看来要弄清中国的城市在哪里，要弄清一座城市具体的范围有多大，有多少人口，实在并非易事。

1.6 区是城市吗

在中国，作为行政区划的"市"与城市之"市"的混淆固然是个大问题，但另一个行政区划的名称"区"也要当城市的代名词，且大有后来居上之势。

40 年前我在上海市闸北区当中学教师，正值文化大革命学校"停课闹革命"，我奉命"外调"（外出调查），用的是"闸北区革命委员会"的介绍信。当时各地各单位原来的人事干部大多"倒边站"（停止工作），接待的人往往缺乏经验，见我拿的是区一级的介绍信，就拒绝接待，要我另开县一级的介绍信，或到当地县机关去转。我只好向他们解释，这个区是地级，相当以前的地委，比你们县高一级。如果对方是老人事，有经验，就一点不成问题，即使不知道区还有地级，只要一看公章的尺寸就明白了。

之所以会有这样的误解，是因为解放以后各个县下面都设有区，分别管若干个公社（大致相当现在的乡），区委书记或区长的级别一般是科级。而像闸北区这样的地级区只存在于直辖市，无怪乎不在直辖市又缺乏经验的办事人员不知道。

不过更麻烦的是五个民族自治区的各级干部，因为这个区是省级，区下面的各级机构都是省下的平级，但习惯于省、市系列的一般干部往往弄不明白如何对应，免不了产生更大的误解，不得不作一番复杂的解释。

那时中国存在着三种不同级别的区——省级的民族自治区，地级的直辖市辖区和科级的农村区。有时还存在更多级别的区，如县级的"工农区"，地级的"特区"。但其中只有直辖市的辖区属于城市，所以不会将区都当作城市。

改革开放后城市化的第一波是县改市，接着是撤地建市，于是新增加了县级市和地级市，并出现了地级市下面辖县级市的局面。但这种关系是《宪法》中没有规定的，于是称之为代管。例如江苏省的昆山县改为昆山市，苏州地区建为苏州市，在理论上说昆山市还是归江苏省管的，只委托苏州市代管。实际上代管与正式管并无区别，时间一长更与隶属无异。但是原来就归直辖市或省辖市管的县就改不了市，因为在这些市下面只有区的建置，如北京、上海、天津三个直辖市下面既有市区的区，也有郊区的县。这些郊县自然也要城市化，却不能改为市，尽管这些县的城市化程度远远高于一般的县级市，于是只能改为区。

县改区的好处不言而喻，不仅是城市化已得到法律上的承认，而且与其他城区的区能够平起平坐，官员的级别自然都与地级机构对应。到2007年，京、沪、津三个直辖市中，北京只剩下延庆、密云二县，天津只剩下宁河、静海、蓟三县，而上海只剩下崇明一县，看来全面改区已指日可待。像上海市，一旦连接陆地与崇明岛的长江隧桥修通，崇明县肯定会改为崇明区，到时候上海所辖就没有县了，那么上海市的辖境都变成城市了吗？

重庆直辖市设立前，其辖境范围内有地级市和县级市，设市后陆续改为区，加上以后新设的，目前已有15个区，面积26025平方公里，约占总面积的三分之一。要是认为重庆市已有三分之一城市化了，恐怕连重庆人也不会承认。

与此同时，其他县以上的市（副省级市、计划单列市、地级市）也在扩大区的设置，包括将属县改为区，一些原来没有辖区的市也纷纷增设。本来《宪法》的规定是"直辖市和较大的市分为区、县",但哪些市算"较大",《宪法》并未具体规定,也没有看到相应的正式解释。从实际情况分析,除了县级市以外显然都已成为"较大的市"。如果将区都算成城市,那么这些"市区"的面积已经扩得很大,远远超出了城市甚至集镇的范围。而且市的直接管辖范围也随之扩大,因为原来市对下面的县级市还只是"代管",这些县级市还有一定的自主性,而一旦撤市建区,那就完全成了市的下属。在撤市或改县为区的过程中,往往同时更改地名,以至外界不知道这个区在哪里,属于哪个市管。

例如广州市通过将番禺、花都、从化、增城四个市改为市辖区,面积增加到7263平方公里。现在广东省的广州、深圳、珠海、佛山、江门五市的辖境已经全部是区或县级市,加上不设区县的中山市和东莞市,形成连成一片的"市"和"区"。江苏省的苏州、无锡、常州、镇江四市的辖境中也已都是区的代管的县级市,其中像苏州市的吴中区和相城区,是由原吴县改设吴县市后又分置的;无锡市的锡山区和惠山区是由原无锡县改设锡山市后又分置的。

不过这些地方都是中国经济最发达、城市化程度最高的区域,尽管全部称为"市"、"区"还有点名不符实,毕竟还有发展的余地。但有些地方纷纷设区就不知出于什么原因了,如黑龙江的伊春市,下辖的17个县级单位中有15个区和1个代管市,只有1个县。全市区和市的面积达3万多平方公里,而人口只有124万(2003年),平均密度只有每平方公里41人。

所以,如果你以为称为"区"的地方就是城市,那肯定上当,因为有些"区"不仅算不上城市或集镇,连郊区都难沾边,只是深山密林,或者不毛之地。

作为行政区,自然免不了包括各种地形地貌,也可以有不同的人口密度和经济文化水准,但为什么都要改名为"区"呢?

1.7 你是哪里人

你是哪里人?这是中国人常问人或被人问的一个问题。但至少有三种答案:一是指一个人的实际居住地,一是指一个人的出生地,一是指一个人的籍贯或祖籍。

在中国古代，甚至 20 世纪 50 年代，一般只有一个答案，即籍贯。例如，明清时的徽商，绝大多数人并非居住在徽州，也不一定出生在徽州，有的家族在扬州等地已经生活了好几代，但他们的籍贯都还是徽州，一直没有改变。一方面，他们的确与徽州保持着联系，例如每年或隔几年回家乡过年、祭祖、扫墓，即使无法经常回故乡，至少要将自己和直系亲属的名字登记在族谱上，维系着游子与故乡间的纽带，与其说是乡情，还不如说是要建立血缘基础上的宗族关系。

如果再往上追溯，籍贯的重要性就更大了。从魏晋实行"九品中正制"，政治活动与社会风尚越来越讲究门第，形成了地位相差悬殊的高门士族和寒门庶族。高门大族世代显贵，子孙即使是白痴，也能凭门第当官，门当户对地婚配。而寒门子弟即便偶然有机会入仕，或者文治武功显著，也无法改变门第。由于常用的姓各地都有，人数也很多，证明一个人或一个家族是否属于某一高门的唯一途径，是核对他的籍贯，即他的户籍是否登记在这一高门所在的郡县。当然同一郡县的同一姓未必就是一家人，但在大家都改变原籍的前提下，不是同一郡县的人就肯定不是一家人，哪怕姓相同。所以要冒充出自高门的人，首先得冒用该高门的籍贯。籍贯是如此重要，自然倍受重视。

永嘉之乱后南迁的北方大族，绝大多数没有机会返回原籍，子孙就在南方繁衍，但直到二百多年后的南朝后期，其后裔都沿用原来的籍贯。琅邪王氏出了王导这位东晋开国功臣，以至一度有"王与马（司马氏），共天下"的说法。但太原王氏的门第更高，更受世人重视。陈郡谢氏南迁后也是名人辈出，但不管出生或居住在哪里，陈郡的籍贯都未改变。李白出生在今四川江油（郭沫若以为出生于中亚的碎叶），父祖辈举不出什么显贵，但他一直自称"陇西布衣"，因为唐朝皇室认凉武昭王为祖先，籍贯是陇西。果然，李白凭这陇西籍贯与陇西李氏攀上本家，沾上了远支皇族的光。

时间久了，各姓都形成了自己的"郡望"，即本姓最煊赫的发源地，如李氏认陇西，赵氏认天水，郑氏认荥阳，柳氏认河东，崔氏认清河等。由于人口的迁移相对越来越频繁，范围越来越广，又由于改朝换代或重新登记，户籍的登记地会随之而改变，不少家族的籍贯无法保持不变，往往随着一位始迁祖而产生新的籍贯。如徽商家族的郡望基本都在北方，但到了某一位始迁祖南迁到徽州并入籍定居后，其后裔的籍贯成了徽州。

但改变后的籍贯还是相当稳定的，因为政治、经济、社会活动都离不开籍贯。如科举考试必须在籍贯所在地报名，因为录取的名额是按行政区分配的。由于各地的文化水准不一，而名额相对固定，对落后地区、少数民族较多的地区还有照顾，"科举移民"应运而生。但一旦冒用其他籍贯考上，就无法再改回来，否则保不住已经获得的功名，还会被治罪。从清朝末年筹备立宪起，议员的选举往往也是按地方分配名额，候选人必须在籍贯所在地登记。在相关的法律中，对籍贯登记有具体规定。

20世纪五六十年代的全国人大代表选举，部分中央领导还是在原籍参加选举，如朱德在四川，宋庆龄在上海。但到了今天，虽然有些表格中还需要填写籍贯，但籍贯已经没有什么实际意义。民众各行其是，有的严格采用父母的籍贯，世代不变；有的却将出生地当作籍贯，两代人不同。

今天再问你的籍贯在哪里？似乎不存在什么问题，你自己确定就是了，实际上却没有那么简单。

最近，与一位朋友一起核对个人简历，他发现自己的籍贯一项成了浙江宁波，而他以前一直是填写浙江镇海的。那改一下不就行了吗？改不了，原来这类表是电子版，其中籍贯一项内只能选择现行的行政区划名称，而今天浙江省内已经没有镇海这个县级名称了，现有的镇海区不完全等于原镇海县，并且已是宁波市的辖境，只能选原镇海县所属的上一级政区宁波市。

由于历代行政区划的名称和辖境变化频繁，其中两项因素对籍贯影响最大。一是政区的名称，一是政区的隶属关系，而两者往往相互联系。如镇海，清朝时是浙江省宁波府的属县，由于明清以来一般人讲籍贯只举省、县，所以只要说"浙江镇海"就可以了。之所以不列入县与省中间的府一级名称，是为了简单明了，但更主要是由于府一级的变化比较大，而且与县之间未必有隶属关系，而省、县这两级都相当稳定，一二百年甚至数百年间不会改变。所以民国初废宁波府，以后设立专区（行政公署），都不会影响"浙江宁波"的说法。但等到宁波撤区建市，官员和市民都逐渐习惯于只称宁波市了。

还有些政区已经不复存在，有的连名称也改过几次。由于分并撤建频繁，具体改动复杂，除非与当地保持密切联系，一般人已找不到自己原籍所在，也不知道它今天属于哪个政区。长此以往，多数人只知道自己的出生地和户籍所在地，而对本人、本家族籍贯的记忆将完全消失。

政府在进行户籍制度改革时，应规定每人的户籍登记应包括祖籍和出生地两项。对祖籍的登记，应有明确的规定，如长期沿用，或追溯到祖父一代等。籍贯登记应使用原政区名，即该籍贯产生时的行政区划。如与今天的行政区划不同，应括注"今属何地"。当然在设计相关的电子表格时，行政区的选项中应包括那些旧地名。

2. 环境变迁

2.1 从历史地理看环境变迁

历史地理对长时段环境变迁的研究有其独特的优势，可以弥补古地理与现代地理之间的空缺。如对还不存在科学观测记录的历史时期，现代地理往往束手无策，以观测资料或数据为信息来源的其他研究手段也难以进行，而历史地理却能以文献记载为主要依据，得出一些尽管粗略却具有说服力的结论。下面就从历史地理的角度，对西北地区的环境变迁谈一些看法。

近年来，环境变迁的研究越来越受到重视。西北地区的环境变迁更受重视，一方面固然是由于国家将西部开发列为发展重点，另一方面也是因为，已知的历史记载显示：在以往数千年间，当地的环境变迁相对剧烈，影响较大。在"全球变暖"趋势几成定论的前提下，人们往往以西北环境变迁的例子求证以往，规划未来。但如果对过去的环境变迁作出片面的或错误的结论，必然会影响今天的政策和对未来的规划。

比较常见的说法，是认为西北地区本来森林茂密，植被完好，气候适宜，只是由于人类长期的滥垦乱伐，战乱破坏，才造成水土流失，森林消失，植被稀少，所以只要人类作出努力就能恢复西北的自然环境，"重建秀美山川"。

另一种观点则认为，在以往数千年间，西北地区的自然环境并没有太大的变化，黄土高原和黄土覆盖的区域不可能存在茂密的森林，人类活动的确造成了局部地区的生态失衡，但沙漠、戈壁、干旱区早已存在，因此即使人类作出最大努力，也不可能使西北变成"塞上江南"。

值得注意的是，这两种不同结论的产生都离不开历史地理研究，甚至是以同样的史料为依据的。为什么会出现这种情况呢？我认为，除了受到现实因素的影响外，问题出在没有能够充分地扬历史地理研究之长，避历史地理研究之短。

历史地理可以研究长时段的环境变迁，这是中国历史地理的一项"专利"，因为中国可以找到以往二三千年甚至更久远的史料。而世界上大多数国家，包括历史地理学很发达的西方国家都不具备这一基本条件，一般只能依靠最近二三百年至多数百年的史料，进行历史人文地理方面的研究，而难以进行历史自然地理方面的研究。因为二三百年的时间对自然地理的变迁来说，实在太短，往往不足以产生显著的变化。但是我们也要看到，史料毕竟不同于现代的观测资料或数据，存在先天不足：覆盖面不广，不具有连续性，精度不够，主观意识太强。

在经济、文化发达地区，由于现存的史料相对较多、较密集，还有可能通过比较分析加以鉴别，而在西北地区，有些阶段或区域能收集和应用的史料实在太少，甚至只有寥寥数十字。更麻烦的是，这些史料的主观意识极强，精度却相当差。由本地人形成的记录大多缺乏横向比较，眼界有限，客观上起了误导作用。

如十六国时期夏主赫连勃勃曾赞扬统万城一带自然环境为"天下"最佳。但赫连氏到过的"天下"不出今陕西关中至内蒙古南部的范围，他的判断毫无普遍意义可言。何况他肯定当地的环境的目的是为了营建新都，更多着眼于军事和政治形势。外来者的记载也有明显局限，在他们的眼中，西北地区是夷狄、边疆、异域、荒野、战场、他乡，除了个别人有亲身经历外，一般并没有深入实地，大多得之传闻，人云亦云，或者照抄旧说。对涉及儒家经典的内容，如对黄河的发源地和上游河道，只能墨守"导河积石"的概念，用"重源伏流"进行曲解。

正因为如此，对所有的史料都必须用已知的科学原理加以检验，方能肯定其学科价值。当然，已知的科学原理不一定完全正确，科学原理本身也是在发展的，与之不符的史料并不一定就错了，但在没有足够证据推翻现有原理的情况下，这类史料只能存疑，而不能贸然采用。其次，对采用的史料一定要进行定性和定量分析，确定其时间、地点和程度。不能将特殊性当成普遍性，把偶然当作必然。对无法定量或定性的材料只能量力而行，不能望文生义，妄自推测，张冠李戴，勉强凑合。对受史料条件所限，无法填补的空白和无法解释的矛盾，最妥善的办法就是实事求是，把空白和矛盾留待今后或他人。

综合迄今为止的历史地理研究，在以下几个方面，对西北地区的环境变迁应该作更全面的思考：

首先，不应夸大西北地区古代环境的优越性。如果将"西北地区"的范围确定为今新疆、甘肃、青海、宁夏、陕西秦岭以北和内蒙古西部的话，那么在以往二三千年间其总体环境并没有太大的变化，今天视为不利因素的沙漠、戈壁、盐碱地、干旱区、植被稀少的黄土高原早已存在。现存最早的地理和历史记载，如《禹贡》、《史记》、《汉书》等都已有相关的记载。在张骞通西域的公元前1世纪之前，今新疆的居民就已形成"城郭诸国"和"行国"两种生产和生活方式，即一部分人以绿洲的农业生产为基础过着定居生活，另一部分人则以游牧为主过着迁移生活。公元初的绿洲格局基本延续到今天，河西走廊上的水系和绿洲体系大体没有改变。西北地区特别见于记载的森林、谷地、河流、绿洲大多一直存在到近代，但自古代起就有一定的范围，不能随意扩大，或以此代表全局。而且，据新疆的地理学者说，半个多世纪来新疆的地表年径流量没有明显的变化。

应该承认，局部地区的地貌、景观的确发生过比较显著或剧烈的变化，但这些变化大多并非不可逆的，有的具有一定的周期性。在西北发生的自然灾害也是如此，并不存在环境越来越差或自然灾害越来越严重的规律。

例如，在一定的阶段中沙漠会扩大，但在另外的阶段中绿洲也会扩大，沙进人退与沙退人进的现象往往并存。沙尘暴、流沙、连续干旱、暴雪、酷暑、严寒、大风、蝗灾等灾害始终存在，但并不一定越来越严重。在人类活动的影响减少后，局部地区的环境能自动修复。

如东汉后期黄河中游地区人口锐减，由农而牧，而荒，从而使植被得到一定程度的恢复，流入黄河的泥沙减少了，使黄河出现了近800年的安流。又如清末的"陕甘回乱"和清朝的镇压在陕甘造成了一些无人区，不仅使植被得到恢复，长成了大片"梢林"，还使局部环境得到改善，抗战期间开垦的南泥湾就是其中之一。

对人类活动的作用应作全面、客观的评价，不能认为环境的恶化都是人类破坏的结果。但另一方面，人口的增加和人口分布的改变与局部地区的环境变化存在密切的甚至是直接的因果关系。在环境脆弱，或发生不可逆变化的情况下，人为因素会起决定性的作用。

在西北大多数地方原始环境本来就是相当脆弱的，能够提供的生存和发展条件是有限度的。但由于长期以来人口稀少，人口分布变化不大，产业结构稳定，人类活动对土地、草场、森林、水、燃料等资源的需求没有超出可供应、可再生或可循环使用的范围，直到近代，人类活动并未构成对西北地区环境的威胁，当地的环境也没有随着人口的增加而逐渐恶化。但在人口的数量和对资源的需求、对环境的影响突破了平衡临界点后，环境的恶化就同步发生，甚至加速变化，本来可逆的变化也演变为不可逆。

如河西走廊的人口数量，从西汉后期大规模迁入中原农业移民开始，到本世纪初，一直在数十万至一百多万之间波动。西汉后期，居延海一带成为屯垦区，但全部军民及其所产粮食的规模不超过100万人口的需求。尽管对资源的利用存在浪费，生产方式相当粗放，却没有造成环境的恶化，地形、地貌和地理景观变化不大。但在当地人口达到数百万，农业生产的规模达到供应千万人口食粮，工业、服务业和生活用水量大幅度增加时，来自祁连山的水源自然无法满足需求。在上中游河道的水已被全部截留利用的情况下，下游河道和内陆湖沼的干涸就不可避免。地表水越来越少，地下水位越来越低，而开垦、耕种、放牧的面积却越来越大，水的用量越来越多，风沙的侵袭和沙漠的扩大势所必然。

同样，作为罗布泊主要水源的塔里木河被层层拦截，河水被消耗殆尽，流到下游河道的水量还不如蒸发量，罗布泊岂能不干？塔里木河流域的居民自古以来都以胡杨树为建筑材料和燃料，这在楼兰古城和其他古代遗址中可以得到证明。尽管胡杨树生长缓慢，但只要生存环境得到维持，人类的砍伐量又低于新增的积蓄量，正常的更替还能维持。随着人口激增（主要是外来移民）引发的大规模砍伐，加上下游河道干涸造成的区域性干旱，胡杨树的减少以至绝迹也随之出现。近年来政府投入巨资，将塔里木河水重新引入罗布泊，如果能保持下去，罗布泊的恢复指日可待。

西北地区改善环境的目标应该是尽可能恢复原状，该沙漠的还是沙漠，戈壁就是戈壁，有些地方是胡杨林，有些地方只能是沙棘或骆驼刺，宜农则农，宜牧则牧，宜荒则荒，这就是西北的"秀美山川"。本来是"浩浩乎平沙无垠"、"大漠孤烟直，长河落日圆"的地方，难道一定要变成风吹草低见牛羊或水稻丰产的"塞外江南"才行吗？

从历史地理研究获得的成果看，在目前和可以预见的未来，调节人口的数量和布局，改变生产和生活的方式，维持水资源的平衡是最有效的手段，也是切实可行的。而挖肉补疮式的引水工程，不计成本和后果的抗沙方案，不仅劳民伤财，而且只会加剧对环境的破坏。既然可以利用的水资源已接近极限，应该考虑的是如何减少水的用量。节水和调节农业、工业、服务业的规模和方式，改变人口的分布的结构，都能使同样数量的人口和同样的生产规模用水量减少，而不影响生活和生产水平的维持和提高。如人口的居住集约化和城市化，推广节水型作物，缩小农业规模，都是行之有效的手段。如果人口的规模无法控制在合理的范围内，就得考虑有序的外迁，或者由区域外调入必要的资源。谁也不希望绿洲变成沙漠，或者出现第二个"罗布泊"，但如果真的不可避免，就没有必要耗费巨大的人力物力，坚持"人定胜天"、"沙退人进"。

2.2 全球变暖与环境

2.2.1 "全球变暖"说无法自圆其说

时至今日，"全球变暖"似乎已成定论，这不仅有联合国组织的各国数千位科学家宣布的结论，也已获得大多数国家政府的肯定。但从历史地理研究的结果看，对全球继续变暖的趋势是很值得怀疑的，至少目前的结论无法自圆其说。

全世界还没有一个气象观测站能积累200年的连续数据，能有170年左右的才50个点，其中45个集中在西欧。而此前或西欧以外的地区，并没有比中国历史文献记载的更精确的资料。比如中国，最早的气象观测站是上海天文台，开始于1872年，即使观测数据完整并全部保存，也不过135年。

可以这样说，全世界的气象学家对200年前发生过的气候变化，并没有比对中国以往数千年间的气候变化更详细、精确的资料，也没有更高明的结论。如此短的现代观测数据，对十几年至数十年的变化周期或许能起归纳、总结或预测的作用。但对百余年或200年以上的周期，连完整的描述都有困难，凭什么预测呢？以往一个世纪间全球的气温普遍升高固然是事实，但仅仅根据温室气体排放量的增加就断言未来的气温肯定会持续升高，而不会出现其他可能，未免太大胆了！

在 20 世纪后期，中国已故的气象学家竺可桢对中国 7000 年来的气候变迁发表过重要的论著。他的主要论据就是中国历史上的文献资料，包括用现代气象学、地理学、物候学原理复原以往的气候数据所需的大量间接的史料。在竺可桢的基础上，中国当代的气象学家、地理学家、历史地理学家又进行了大量研究，取得了举世瞩目的成就。

在以往的四五千年间，中国的气候发生过多次波动，出现过几次由暖到寒、由寒到暖的变化，这已经成为大家的共识。在商代后期（约公元前 13 世纪前后）黄河流域的年平均气温比现在高得多，已为多重证据所证实。中国历史上的温暖期或寒冷期的年平均气温都超过近代气象观测数据所获得的上限或下限，也就是说，从中国气候变迁史的角度看，最近一百多年间的变化都在"正常"范围之内。现在一些新闻报道往往称某地出现了"有史以来"的最高温或最低温，这是无知和不负责任的，至少应该将"有史以来"改为"有气象观测纪录以来"。但在观测记录时间较长的地方，如上海，真要打破这个记录并不容易。前几年夏季的持续高温似乎证实了全球变暖，但实际上，总体上还没有打破上世纪 30 年代的纪录，更不用说真正的历史纪录。

如果全球变暖真的是由温室气体的排放引起的，那么，且不说在地球上还没有人类或人类活动几乎不造成任何影响时已经出现过无数次冷暖的变化，就是在中国商朝，是什么造成了比今天还高的年平均气温呢？那时根本没有工业，商朝的人口不会超过一千万，难道那时排出的温室气体比人口增加了 130 倍又拥有巨大的工业化规模的当代中国还多吗？

即使将人口数量作为一个考虑的因素，中国以往的气候变化与人口数量的变化也不是同步的。公元初汉朝的人口有六千多万，9 世纪前期的唐朝约八千万，12 世纪初的宋朝达到一亿，17 世纪初的明朝接近两亿，19 世纪中叶清朝人口突破四亿，20 世纪 50 年代超过六亿。如果人类本身、他们从事的农业生产规模和他们饲养的牲畜都会产生温室气体，并且是造成气温升高的主要因素的话，那么中国的年平均气温至少应该是逐渐升高的，何至于出现多次波动？又为何与人口数量的变化没有相应的比例关系？

由于原始资料的局限，历史地理的研究成果也还无法圆满地解释气候和环境长时段变迁的原因和规律，但现在视为定论的"全球变暖"预测和温室气体是全球变暖的罪魁祸首不免失之偏颇。

2.2.2 全面认识"全球变暖"有利减灾防灾

我曾在《南方都市报》接连发表了几篇有关全球变暖的短文，我认为：要是认为全球变暖就是每年暖冬，到处暖冬，就是各地的气温越来越高，那未免将全球变暖看得太简单了。

首先，全球变暖是在一个特定阶段内气候变化的总趋势，但并不意味着每年甚至每月的气温都是在上升的，并不排除在其中短时期内或少数年份会出现气温不升反降的现象。即使都是上升，其幅度也不相同，不会是一种平均的匀速的变化。

其次，即使同样处在气温上升的过程中，在地球各地的表现也并不相同。变暖，是就全球的平均状况而言，在多数地方变暖的同时，少数地方反而变冷，是完全可能的。譬如前几年，中国的黑龙江省出现过有记录以来的最低温，最近美国东北部有些地方的气温降至有记录以来的最低点，近日的降雪量也创造了新记录。在国内多数地区夏季普遍持续高温的同时，一些地方有过罕见的凉夏、早秋、早霜甚至早雪。

在我的文章发表不久，辽宁降下了罕见的大雪，近来各地出现的持续低温、暴雪、冻雨至少证明了即使全球变暖的总趋势不变，气候的剧烈变化也不可避免。这是自然规律，我不过略知皮毛。正如日前国家气象局发言人所说，近期的异常气候"完全在意料之中"。

意料之中的事为什么不能在事先充分地告诉政府主管部门和公众？近年来"全球变暖"充斥于各种媒体，频繁出现在各级官员的言论之中，几乎所有的环境和气候变化都会贴上"全球变暖"的标签，而有关全球变暖的比较全面的解释却很少见到。有的专家在异常气候发生后讲得头头是道，因果关系也讲得很清楚，似乎一切都在预料之中，可是在事先的有关言论中却丝毫不提到这种可能性。

其实只要稍有准备，由异常气候引发的灾害程度和影响就能大大降低，甚至完全可以避免。比如长江流域多数城市，以前每到冬季来临，就会在露天的水管上包扎稻草、旧布或保温材料，所以尽管出现冰点以下气温也不致爆裂。但在连年暖冬后早已没有这项习惯，以至气温刚降至零度以下就措手不及。有的新建的高速公路、机场根本没有配备除雪机械，一场小雪就陷于瘫痪。由于政府不重视防冻御寒物资的储备，灾害发生后的应急措施成了无米之炊。

当然，在现有的技术条件下，中长期天气预报的准确性还是一项世界性的难题，不能指责气象部门和专家没有作出精确预报。但更全面地普及全球变暖的常识，将可能发生的异常气候和灾害告诉政府和公众，还是能够做到的。

2.2.3 都是全球变暖惹的祸吗

2009年以来中国十多个省、市、自治区出现的大范围持续雨雪低温创造了多项记录，有的是数十年或百年一遇，有的是有气象观测记录以来的极点，造成了巨大的经济损失和社会影响。

这次异常气候过程及形成的灾害的根源在哪里呢？几乎众口一词，是全球变暖引起的。由于大多数科学家都认为未来气候变化的总趋势是在变暖，将这一阶段中的异常气候归结于全球变暖当然没有错。但就具体原因而言，就没有那么简单。

例如一位澳大利亚科学家就认为，中国这次雪灾与全球变暖无关，而是拉尼娜现象的结果，几十年就会出现一次，以前也出现过。尽管这一说法尚未得到多数科学家的认可，但他的思路还是值得重视的。因为即使全球变暖的总趋势已成定局，也不等于不存在其他在短期间或局部地区影响气候变化的其他因素。

例如，菲律宾的皮纳图博火山爆发就使当年北半球冬天变得寒冷。厄尔尼诺现象和拉尼娜现象都会引起大范围的异常气候，而这两种现象在全球变暖前就已存在，它们与全球变暖的关系如何目前还不是很清楚。

2008年联合国政府间气候协调委员会的报告得出结论，正式的说法是气候变暖"非常可能"是由人类活动引起的。非正式的解释是"非常可能"相当于90%，那么也还有10%是人类以外的活动引起的，其中主要应该是地球本身的变化。可以肯定，这个比例不是一成不变的，更不是在全球每个角落或一年365天中都是平均分配的。要是地球本身的因素在某一区域或某一段时间内集中释放出来，那就完全可能成为90%，甚至100%。正因为如此，在变暖的过程中会出现剧烈的气候变化，在局部区域或阶段气温出现大幅度的波动和异常气候，甚至反而变冷。

当然，如果人类活动对气候的影响没有那么大，或者变暖不是唯一的可能（至今仍有一部分科学家持此观点，我也赞成），那就更加复杂。实际上，人类对自然变迁的规律还知之不多，有很多现象用现有的科学知识和技术手段还无法作出合理解释。例如，在媒体上一度报道的南极上空臭氧空洞，并不是始终在扩大的，也未必与温室气体的排放量成正比例。在以往几年间，曾经意外出现过大幅度的缩小，其原因谁都说不明白。

中长期的天气预报至今仍是世界性的难题，科学家在预测全球变暖的趋势时，只能出一个幅度很大的估计。尽管会预料到出现异常气候或某方面的剧烈变化，但要预测出现哪种异常气候，发生在什么时候、什么地点，几乎没有可能，更不用说精确预报。就象最近气象局长所说，"当前技术水平难对一周以后的天气作出肯定的预报"。

无论是人类活动，还是地球本身的作用，都不一定直接地、即时地反映在气候变化上，都有一个累积的转换过程。今天在中国出现的冰雪灾害，或许是多少年前、其他地方人类活动的结果，也可能是地球甚至宇宙间某种目前还不为科学家所知的因素所致。这些难题不攻克，就不可能对气候变化作出精确及时的预报。

至于有人怀疑这次冰雪灾害与三峡水库的形成有关，至少目前尚未发现可靠的证据。三峡的蓄水量固然很大，能与厄尔尼诺现象或拉尼娜现象引发温度变化的太平洋海水比吗？能积蓄那么大的能量吗？

为了防范可能出现的类似气候灾害，为了减少可能发生的气候灾害造成的损失，无论是对"全球变暖"，还是地球本身那怕只有百分之几的因素，都必须继续进行深入研究，而不是简单地将"全球变暖"当作包罗万象的答案。

2.3 由自然灾难想到的

2.3.1 同样的冰冻雪灾，不一样的结果

2009 年的冰雪灾害尽管相当严重，有的地方是数十年一遇，甚至是一百年一遇，却并非史无前例。我国大多数地方的气象观测记录不足百年，有些"百年一遇"是一种概率性的估计，并非实际记录。就单项记录而言，如最低

气温、降雪量、积雪厚度、持续时间等，在历史上都曾出现过。从长时段的气候变化来看，都在正常的范围之内。

翻开中国的史籍，"大雨雪"（"雨"是动词，即现代汉语"下大雪"）、"自冬至春不绝"、"积雪盈尺"、"平地深数尺"、"商旅不行"、"樵采断绝"（打柴采集无法进行）、"冻馁死者（冻死或饿死的）以万计"之类的记载屡见不鲜。从《汉书》开始设置的《五行志》、《灾异志》一般都有大雪和雪灾的记录。与那些灾害的生命损失相比，这次雪灾显得微不足道。

但是为什么这次雪灾会造成那么大的社会影响和财产损失呢？

首先是人们的价值观念和参照体系不同了。在专制的等级社会，底层民众的生命贱如蝼蚁，加上因饥寒而死的现象始终存在，人们对这类灾害习以为常。只有危害到社会的上中层时，或灾情特别严重时才会得到记载。而今天，人类平等、珍惜生命已经成为社会的共识，维护每个人的生存权是政府的基本职责。在改革开放后的中国，民众不会再满足于不冻死饿死，不仅要求基本的物质生活，还要有必要的精神生活，如要在春节回家过年，看电视"春晚"，燃放烟花爆竹，走亲访友。

其次，随着工业化、现代化程度的提高，社会对资源、技术和设施的依赖度越来越高，一旦达不到要求或失去，就会造成严重后果。例如，在还没有电力供应的时候，再大的雪灾也影响不了照明、供热、动力。在铁路没有电气化以前，只要轨道和道叉不冻结，蒸汽机车或内燃机车就能通行；而电气化铁路一旦断了电，就全线瘫痪。以往一家电厂供应一片，出了故障或断了线影响有限，修复不难；现在却实行区域联网，或通过国家电网进行全国调度，关键的线路或枢纽中断，就会影响一省或数省，恢复也不容易。在基本没有个人电话的时代，电讯是否畅通只影响公务或紧急联系；而在固话、手机都已普及的情况下，线路不通、基站失效就会影响千家万户的日常生活。

再则，这些年来冬天偏暖，在我国的大部分地区，严寒、大雪、冰冻、持续低温离人们的记忆越来越远，二三十岁的人毫无亲身经验。而2008年12月南方气温普遍偏高，更是人们产生了又一个暖冬的错觉。就是经历过数十年一遇异常气候的人，大多也淡忘了。其实像我们这些六十多岁的人都应该记得，以往江南的冬天曾经滴水成冰，连砚台上的墨水和用过的毛笔都会冻住，挂在屋里的湿毛巾成为一个硬片，尽管脚炉、手炉、热水袋、棉鞋、棉手套都用上，手指、脚趾上冻疮还是免不了。1980年冬天上海还有不少居民因自来水管（包括在朝北的室内的）冻裂而临时断水。

正因为如此，同样的雪灾产生了完全不同的结果。

2.3.2 面对灾害，我们应该怎么办

面对异常气候和由此造成的灾害，我们应该怎么办？

有人认为人类应该反省自己的行为，因为这是人类没有善待自然的结果。从总体上说，这没有错，但要具体分析。

的确，人类应该善待自然，与自然环境和谐相处，尽可能少改变（实际是程度不同的破坏）或影响环境，尽可能少消耗资源，尽可能减少污染或废弃物。无论全球变暖是否是必然趋势，无论引起全球变暖的原因是什么，无论自然界还有多少未解之谜，这样做总是有利无害的。无论如何，人类以往的活动加剧了气候的变化，使异常气候更加频繁和严重。

不过，就不同时期或发展阶段的不同人群而言，无论是道义上的或具体的责任，都是有区别的。人类活动对自然环境变迁的影响是积累起来的，是在全球范围内相互影响的。

例如，发达国家以往产生的温室气体和造成的污染会使今天或明天的环境受害，完全可能波及从未产生过温室气体和保持着原始环境的不发达地区；人均排放温室气体量并不高的中国，必须承受排放量远比中国人均高的其他国家所产生的影响。厄尔尼诺现象和拉尼娜现象的后果并不与某一地区、某一人群以往的行为存在直接关系。营养过度、饮食过量的人必须反省过去的行为，并采取切实措施；而营养不良、难免饥馑的人只需要了解前车之鉴，却不应该就此节食。

何况一味反省并不能感动自然，人类与自然的关系从来就是互动的，要是人类放弃自身的努力，不用说与自然和谐相处，连人类本身都不可能产生。至于因为遭遇冰冻雪灾，就认为"后天"就在眼前，或者认为明年或未来肯定会出现更大的灾害，甚至认为人类已面临万劫不复的局面，如果不是愚昧无知，就是别有用心。即使这次出现的最严重的灾情，都没有超过数十年或百年一遇，至少不是史无前例。很多更严重的灾害出现在完全没有工业化、人口更加稀少的古代，难道那时的温室气体排放量比现在还大？资源消耗比现在还多？环境污染比现在还厉害？

在反省的同时，更应该继续进行科学研究，探索自然的奥秘，了解自然环境演变的规律。例如，对直接引发这次异常气候的拉尼娜现象，对它形成和演变的规律，人类的了解还相当有限，更无法作出准确的预测和预报。在人类还没有能力消除自然灾害或改变异常气候的情况下，能否作出准确预报，结果就大不相同。

从政府主管部门到普通民众，都还缺乏应对异常气候和灾害的经验。即使在现有条件下，这次造成的灾情也并非是完全不可避免的。当第一次灾情出现时，很少有人想到，更严重的灾情还在后面，而是心存侥幸，以为已经万事大吉，没有及时采取必要措施。南方地区大多数政府官员、管理人员既缺乏亲身经验，又没有事先制定或演习过应急措施，只能坐待上级的的指示或外界的救援。

社会组织能力的薄弱、信息发布不及时、组织性和公德心的不足，都加剧了灾情，造成不必要的损失。例如，即使某一大城市或交通枢纽对外的交通全部断绝，如果信息发布及时而准确、指挥得当而果断、民众能充分动员且有效组织、旅客能服从调度又相互照顾，那么无论如何不应该发生伤亡事故，也不至于出现人流盲目往返移动。

2.3.3 灾异与人事

中国自古以农立国，对水旱灾害相当敏感。加上中国东部主要农业区受季风气候影响，大小灾害频繁，成为统治者和民众经常性的威胁。现实的需要使中国古代对天文、气象、物候的记载和研究相当重视，并注意考察人类活动与自然变化的关系，形成了一些独特的观念，其中之一即"天人感应"或"天人合一"。

时下流行的看法都将"天人合一"解释为人类与自然的和谐相处，更多的是反映了时人的愿望，是对传统观念一种积极的、实用主义的解释。尽管原始的"天人合一"观念的确包含了这样的内容，却并不是它的主体。所谓"天人合一"，是指天意决定人事，而天意是通过天象或灾异来显示的。君主是"天子"，由天意确定，也代表天命。君主如有失德，或治理不当，或人事有悖于天意，必定会受到天象的警告或灾异的惩罚。正因为如此，从最古老的史书开始，天象和灾异都是不可或缺的记载。《二十四史》中大多有《五行志》、《天文志》、《灾异志》，但所记内容无不与朝代兴衰、天下治乱、君主贤愚、大臣忠奸相一致。凡国之将兴，天子圣明，大臣贤能，则风调雨顺，紫气东来，吉星高照；反之则灾异频仍，天象错乱。

在这种观念的主导下，一旦出现罕见的天象或异常的气候，如日蚀、太阳黑子、流星、陨石、星宿异位、地震、山崩、水旱灾害等，皇帝就要换上素色服装，不吃荤腥辛辣，不近女色，迁居偏僻清静的场所，反省自己的过失，征求臣民的意见。有的皇帝还会下"罪己诏"，公开承认错误，宣布改弦更张的政策。有的虽没有具体措施，却会请求上天千万不要与天下百姓为难，一切罪责由自己担当。为了通达上天，感动诸神，往往还要在正常的祭祀典礼以外，举办各类的祭祀或祈求仪式。

这样做一般不会错，因为皇帝总有失德之处，政府的举措不会十全十美，臣民们平时不敢说的话，不便提的意见也可趁机上达天听。即使是昏君暴君，在上天的警告面前也不得不有所收敛。在专制集权体制下，只有这样的机会才能给最高统治者一点警戒。何况举办这些活动一般花不了多少人力物力，一旦渡过难关，就能博得万民称颂，名垂史册。万一无效，也是天威莫测，天意难违，君臣都已尽了人事。这对处理人与自然的关系也不无积极作用，因为人能敬畏天命天意，总会格外小心谨慎。

不过"天人合一"也是一把双刃剑，奸臣小人也能利用天象灾异做手脚。因为对天象解释的人，也没有什么标准答案，所以大权在握的人完全可以随心所欲将矛头指向政敌异己，或者趁机按自己的意愿改变政策。正人君子和书呆子往往泥古不化，只知援引古代圣君贤臣的先例，只会侈谈修身进德，不屑采取具体措施，或者不知如何应对灾情。极端的做法就是听天由命，毫无作为，以为只要绝对敬畏，专修人事，灾害不除自灭。如唐玄宗时发生严重蝗灾，一部分大臣的意见竟然是不应消灭，只能听任蝗虫自生自灭，才符合天意，皇帝只要深刻自省，定能得到上天的宽恕。幸而唐玄宗听从宰相姚崇的建议，下令灭蝗，才没有造成更大的灾情。

现在面对异常气候和严重灾情，自然又会想到"天人合一"的观念。我希望在运用和阐述时能实事求是，尊重历史，采取辩证而积极的态度。

2.4 北极可游否

自从俄罗斯用潜艇将一面铝合金的国旗插入北极点四千多米的海底以来，北极和北冰洋再次引起世人的关注。一些科学家预言，随着全球变暖趋势的加剧，北冰洋的冰盖将日渐缩小，甚至会完全消失，北极熊会随之灭绝。这也使一些旅游者想到了"告别之旅"，要赶在冰盖和北极熊消失之前看个究竟。

北极值得去旅游吗？众所周知，北极不像南极。南极是一片一千四百多万平方公里的大陆，称为南极洲，南极点是在大陆中间。北极却是一片大洋——北冰洋，北极点处于大洋间。即使有朝一日北冰洋的冰完全化了，北极点也深藏于四千多米的水下，坐船到那里后既看不到什么，也不会有异样的感觉。在可以预见的未来，除了极少数探险者或科研人员能从冰盖上到达北极点外，其他人只能在飞机上俯瞰北极点，或者乘飞机降落在北极点上面的冰盖。

据有此经历的人告诉我，有几个近北极的国家在夏季提供这项服务，可以预订机票，价格自然很贵，还得看天气是否合适，否则降不到冰面，只能无功而返。对普通游客来说，无疑过于奢侈，意义也不大。随着对北极环境保护的加强，这类飞行必定会受到越来越严格的控制。

如果去北极圈内旅游，并不是什么难事，因为俄罗斯、美国、瑞典、挪威、芬兰、丹麦（格陵兰地区）、加拿大等国家都有一部分领土在北极圈内，还有些国家非常接近北极圈，不仅有居民点，还有规模不小的城市，建有公路、港口、机场、科考站、国家公园。像俄罗斯的摩尔曼斯克，是其北方舰队的基地，一个中等城市。

特别是在夏季，各国有成熟的旅游点和旅游线路供游客选择。其中有些城市已经相当现代化，由于受到暖流的影响，气温不太低，不会有多么寒冷的感觉，生活上也不会有什么不便。当然由于交通和生活成本高，得准备多花不少钱。除了体验"白夜"（黑夜时间很短，甚至完全没有黑夜）外，幸运的话能看到美丽的极光。最吸引人的或许是北极圈内土著居民的生活方式。尽管大多数爱斯基摩人、因纽特人已经过上现代化的生活，但还保留着很多长期形成的传统。

北极圈内和北冰洋的自然风光与南极相似，但也有南极见不到的景观和活动。观赏绵延不绝的冰雪、冰山与大海的交汇、北冰洋特有的动物，在冰雪上徒步跋涉，乘狗拉雪橇，住帐篷木屋，泡温泉，乘船出海，丰富多彩。豪华游轮有在阿拉斯加一带海面巡游的线路，由于冰盖表面的融化不均、昼夜温差、重力作用，在冰盖的边缘会堆积成数十甚至上百米、甚至更高的冰墙，其中一部分会突然崩塌，坠落海中，发出震天动地的声响，掀起滔天巨浪，场面惊心动魄，极为壮观。海上飘浮的冰山也千姿百态，横看成岭侧成峰，不时变幻着色彩和形状。

总的来说，全球变暖是一个比较缓慢的过程，北极圈和北冰洋的景观还会长期存在，有意去那里旅游的人完全不必像当初"告别三峡"那样匆忙。尽管对这类预言有不同看法，但有一点是肯定的，如果人类善待自然，减少二氧化碳和其他温室气体的排放，保护自然环境，那么即使存在这样的趋势，也会相应推迟或减缓。为了使我们的子孙后代能更长久地观赏北极风光，在自然界见到北极熊，去北极的旅游必须有所节制，在旅游过程中尤其要注意减少对自然环境的影响。

2.5 由北极想到南极

最近，俄罗斯用潜艇将国旗插到了 4600 米深的北极点，以此宣示对北极 150 万平方公里海域的主权要求。美国、加拿大等国也纷纷行动，或否认俄国的行动，或表明自己的立场，对北极的争夺看来将越来越激烈。

北极毕竟是一片海洋，南极却是一个有 1400 万平方公里面积的大陆。现在还基本为冰雪覆盖，然而随着气候的变迁、人类科学技术的发展和生产力的提高，南极大陆和那里蕴藏的资源恐怕很难一直独善其身。

从二百多年前南极被发现起，一些国家就纷纷宣布自己的发现权和命名权。它们除了将南极的海豹、企鹅当作掠夺对象外，还宣称南极某一部分是本国的领土，有些地方甚至有几个国家都声称属于本国。只是由于南极的生存条件实在过于严酷，对南极的领土要求心有余而力不足，至今没有哪一个国家能真正行使对这些"领土"的管辖权。所幸自 1961 年生效的《南极条约》规定，南极洲只应用于和平目的，并冻结了各国对南极的领土要求，不允许任何国家提出新的领土要求。1980 年签订的《南极海洋生物资源保护公约》（简称《南极公约》）重申和补充了这些内容，继续冻结各国的领土要求。即使不考虑南极大陆可能埋藏的其他资源，南极的冰山就已被当作未来主要的水源，有的国家已在筹划从南极取冰。

而冻结总是有年限的，一旦到期，或者有人不听条约约束，对南极的争夺就势所难免。到时由谁来解决矛盾呢？世界各国，联合国，还是某些国家？无论如何，《南极条约》和《南极公约》是协商的框架和解决的基础。中国不是《南极条约》的缔约国，因为中国开展南极的科学考察，参与南极活动是比较晚的，直到 1985 年才在乔治王岛建立长城站，1989 年在南极大陆边缘建立中山站。正是这些科考活动使中国能成为《南极条约》的协商国，对南极事务有了一定的发言权。

近年来，中国的科考队员登上了南极的最高点，并由中山站深入南极内陆，为建立新的科考站做准备。但与其他大国相比，我国在南极的活动还是很有限的，美国早已在南极点建立了庞大的科考站，夏季可容纳数千人，各类设施应有尽有，俨然一座南极城。俄国与法国分别在南极的磁极点和最冷点建有科考站。就是一些只有数百万人的小国，也不惜投入巨资，常年保留着科考站和保持科考活动。

《南极条约》规定在南极洲的活动只能以和平为目的，禁止任何军事活动，但不禁止为了科学研究或任何其他和平目的，而使用军事人员或装备。2001 年我在长城站时，就看到附近其他国家的科考站都有海军、空军人员，使用军事运输机、直升机、装甲运输车、军舰等军用设备。他们的解释是，这些人员和设备都是为科研服务的，是和平目的。但中国的科考站中不仅没有一位军人，这类设备也一律不用。政府代表团去慰问时，只能向乌拉圭站租借直升机。不知道现在情况如何？但既然《南极条约》有这样的规定，我们为什么不能充分利用呢？

中国从未对南极提出过领土要求，今后也不会这样做。但为了维护《南极条约》，使南极的未来能造福于全人类，中国应该在南极发挥更大的作用。今天的北极或许就是明天的南极。

2.6 民勤会成为第二个罗布泊吗

甘肃民勤处于腾格里沙漠和巴丹吉林沙漠之间，近年来在流沙的夹击下，这个绿洲已岌岌可危，有些地方已成了一条"绿廊"。如果连"绿廊"也不保，沙漠就会连成一片，并继续吞噬绿洲的其他部分。人们不得不惊呼：民勤要成为第二个罗布泊了。

那么，民勤会不会成为第二个罗布泊呢？不妨先看一下罗布泊是怎样形成的。

早在二千多年前的西汉时期，来往于内地与西域的人，出了玉门关（在今甘肃敦煌西），就会经过"白龙堆"和"蒲昌海"（又名盐泽）。白龙堆是戈壁滩上无数沙丘，蒲昌海（盐泽）就是指罗布泊。罗布泊一直是一个由戈壁沙漠包围的内陆湖。湖区极度干旱，几乎没有降雨，蒸发量却很大。由于塔里木河水量充沛，流域内人口有限，用水量不大，所以流入罗布泊的水有保证，湖水不会干涸。不过随着气候的变迁，特别是干湿的变化，罗布泊的水量会发生很大的波动，湖的面积和形状也会有较大变化，以至一度被当成游移湖。

但到了上世纪后期，罗布泊消失了，大多数水面已不复存在，从卫星遥感照片上只能看到一个干涸的湖盆。是气候变得特别干旱了吗？是罗布泊的水源区降水减少了吗？显然都不是，因为据气象学家和地理学家的观测，新疆的年地表径流量（降水量加上冰雪融化量等）并没有明显的变化。

其实问题还是出在塔里木河——上中游的水被大量拦截，用于生产和生活。不仅用于种棉花，还开发了用水量相当大的水稻田。当流入湖区的水量抵不上蒸发量时，湖面的萎缩以至消失就是时间问题了。

更有甚者，塔里木河下游的胡杨林成了免费燃料的来源，年复一年地被砍伐。日益增加的人口越来越大的需求终于将大自然千万年的积蓄耗尽，塔里木河下游地区丧失了涵养水土的功能。可见罗布泊的消失主要不是天灾，而是人祸。

尽管为时已晚，近年来政府投入巨资，控制塔里木河流域的用水量，使一定数量的河水流入罗布泊，湖面已得到局部恢复。胡杨林的恢复当然没有那么容易，不会立竿见影。但如果对残余胡杨严加保护，随着地下水位升高和土地的湿润，新的胡杨也可能生长并逐渐成林。只要气候条件没有太大的恶化，罗布泊和周围的环境的变化并非完全不可逆转。

由罗布泊看民勤，虽然不能完全排除天灾的因素，但主要也是人祸所致。这不能完全由民勤人负责，整个水源区域都难辞其咎。民勤一直以治沙抗沙闻名，变"沙进人退"为"人进沙退"的事迹曾作为"人定胜天"的典型加以宣传。在如此险恶的生存条件下，民勤曾提供了大批商品粮，称得上是一项奇迹。但与此同时，民勤与同一流域的其他地区的用水量已严重透支，以至湖沼消失，地下水位下降，风沙肆虐。近年来实行的人口外迁，尽管为时稍晚，但亡羊补牢，不失为明智的抉择。

民勤会不会成为第二个罗布泊，首先要看是天灾还是人祸。如果是天灾，或者将要发生的天灾，如气候变暖可能引起当地水源的减少以至枯竭，那就不必也不应"人定胜天"，还是尊重自然规律，早些放弃。但如果主要是人祸所致，就应该采取有力措施，在整个流域范围内合理分配水源，适度配置人口和生产规模，同时要将水资源列入成本，提高水的利用率。具体而言，宜居则居，不宜则迁。宜农则农，宜牧则牧。退耕后还林，还草，还荒，还沙，都应因地制宜。这样的民勤才不会在地图上消失，这样的民勤才有存在的意义。

第四章

直面现实

1. 人物春秋

1.1 钱永健与钱学森

我对国际科学界的人物了解甚少，钱永健的名字是前几天刚听到的。我想，绝大多数中国人大概与我差不多。但第一次听到钱永健的名字——当时报道他很有可能获得今年的诺贝尔化学奖——并且与钱学森连在一起，将他称之为"钱学森堂侄"。

到了今天，诺贝尔化学奖的评选结果正式发布，国内媒体也毫无例外地将他冠以"钱学森堂侄"，有的还要给钱学森加上"中国导弹之父"的头衔。

看了钱永健的经历，方得知钱学森这位堂侄出生于美国纽约，一直在美国生活、求学和工作。钱学森是 1955 年回国的，那时钱永健才 3 岁。而且钱学森回国前已受美方监禁限制，显然不会对这位堂侄有什么影响。回国后，钱学森从事的是绝密的国防科研，加上中美之间的特殊关系，与这位堂侄之间更不会有一般叔侄间的交往。从他们的直接关系来说，中国的"导弹之父"与钱永健的获奖风马牛不相及。

据报道，钱学森与钱永健的父亲是同一位祖父的堂兄弟，并且都毕业于交通大学。在中国旧时的大家族中，这样的亲族关系不知有多少。

强调这样的关系能说明什么呢？无非证明钱氏是一个非同寻常的家族，或说明钱永健具有优良的遗传基因。但真想达到这样的目的，也不能拿钱学森做文章，而应追溯钱永健的父祖、曾祖、先人。这样一来，只能说明钱氏的祖先了不得，不仅钱永健，就是钱学森，也是沾了优秀血统的光。

我实在不明白，面对这样一条严肃的科学新闻，为什么要在"钱学森堂侄"上做文章，并且乐此不疲。

难道钱永健的成就与他获得诺贝尔奖的事实还不足以引起公众的重视吗？

难道钱永健非得与钱学森联系在一起才有价值，才能为中国人所知吗？

1.2 请查一下王益博士的来历

据报道，国家开发银行副行长王益被双规了。结果如何，这是党纪部门的事，百姓只能拭目以待。我关注的则是这位部级官员的另一重身份——经济学博士，虽然博士学历在如今的部级官员中已经相当普遍。

根据报道提供的学历，王益于1984年2月毕业于北京大学历史系，先后获历史学学士和硕士学位。1985年至1992年在中顾委办公厅工作，1992年10月至1995年10月任国务院证券委办公室副主任，1995年11月至1999年2月任中国证监会副主委。在他任证券委办公室副主任期间的1994年9月，成为西南财经大学经济系的博士生。两年后，在他升任证监会副主席一年时，又获得经济学博士学位。

王益虽然原来拥有硕士文凭，具备在职攻读博士学位的基本条件，但他原来的专业是历史。除非他有先见之明，一般来说，总得待他调任证券委办公室后，才会有改学经济的打算。至多经过两年自学就能考上热门的经济系博士研究生，已经很不简单。而在不可能不繁忙的公务中，他又能在两年内修完经济学博士的课程，考试合格，再写成学位论文，或者还要先发表若干篇学术论文，通过答辩，不是天才，也肯定是杰出人才。

王益任职的单位在北京，西南财经大学在成都。从理论上说，要修完一门课程就得定期到成都去听讲并参加考试，学校不可能派人到北京为王益单独上课，或单独命题考试。

王益担任的职位和工作，也不是什么闲职，他哪来那么多的时间？

王益从1978年起就在北京读书和工作，对北京很熟悉，北京并不缺经济学科的博士点，是什么原因使他舍近求远，选择西南财经大学呢？

在正常情况下，在校的博士生也得有三年时间方能拿到学位，在职的研究生往往还需要延长时间，王益却能比正常研究生还快，究竟是他有特异功能，还是校方提供了额外的教辅呢？

还有，王益读博士的钱，是自费，还是公费？如果他真的按规定上课，参加论文撰写和答辩的各个环节，就得每周往返于北京和成都之间，旅费是自己出的，还是花了纳税人的钱呢？

作为一名大学教授，负有指导博士生之责的教师，我深知，要在职获得博士学位，即使原来有良好的基础，也并非易事。而就我见闻所及，那些在高官位置上获得的博士学位，很多都含水分，甚至少不了权力或金钱的介入。但即使疑云重重，却谁也无法弄清真相。即使当事人东窗事发，一般也追究不到这一方面。目前每年新增的五万名博士中，这样的高官博士究竟占多少，还是一个未知数。

如果认真调查王益这项博士帽的来历，也许就会从中发现一些研究生和学位工作中的弊病，从而采取切实的防范和改进措施。

1.3 奉劝李院士反躬自问

曾经见到过报道，某市委常委兼宣传部长家中失窃，却不敢报案。后小偷被抓，巨额赃物暴露了常委家的不义之财，常委因此东窗事发，最终受到法律惩罚。报道发表后，虽有人戏言应给小偷颁奖，却并没有人以为小偷"偷机"不纯，或蓄意陷害领导干部。就是那位常委本人，大概最多自认晦气，绝不敢公然指责小偷别有用心。因为无论如何，常委的贪赃枉法是事实。

可是近日却看到了不同的例子。事涉在国际学术刊物上发表造假、剽窃论文事件的中国工程院院士李连达却指责打假者祝国光"动机不纯"，称"祝国光此次不遗余力地打假，根本原因出在自己一项即将公布的研究成果威胁到了祝国光所服务公司的商业利益，该研究结果表明该公司生产的用于冠心病治疗的某药物的实际疗效与宣传效果不符，于是该公司试图收买李连达不成，便出现了祝国光的举报事件。"（浙江在线2月5日报道）

其实，祝国光动机纯不纯与他揭露的结果毫无关系，事实证明他揭露的内容准确无误。特别是作为当事人之一的李院士，在这种情况下只应反躬自问，完全没有资格指责对方，更不应该将此事与商业利益联系起来。李院士所作所为正暴露了他有背离学术规范、甚至违反社会公德之嫌。

如果相关报道无误，请问李院士：既然你的研究成果还没有正式公布，对方是怎么知道的呢？既然该公司曾经出价一二百万元收买你，是明显的违法行为，为什么不向司法部门或主管部门举报，不公开揭露呢？既然你的研究已经完成，准备什么时候发表呢？将尚未正式发表的研究成果，透露给非学术专业的媒体，用以证明别人的商业利益，这符合科学道德和学术规范吗？现在该公司披露你是另一家生产同类药品的公司的首席科学家，并接受那家公司的经费资助，你作何解释呢？

至于说，在祝国光之前，已有人揭发，浙大已进行调查和处理，祝国光再予以揭露就是别有用心。由此，更说明李院士至今尚未认识到所涉错误的严重性。造假、抄袭的论文是在国际刊物上公开发表的，自然应该公开揭露和纠正。此事所造成的负面影响不止涉及当事人和李院士，也关系到浙大、中国工程院和中国整个学术界。我相信，在调查和处理结束后，浙大肯定也会公开的。难道李院士认为，这样的事可以内部了结吗？要是不公开，李院士会主动公开承认自己"疏于管理"吗？

现在，被李院士指责的那家公司已宣布要追究李院士的法律责任。据报道，中国工程院也将调查此事。如果李院士是清白的，法律将还他以尊严。即便如此，李院士无法推卸他必须承担的学术、管理和道义上的责任。为了维护工程院院士的崇高荣誉，李院士应该引咎辞去在浙大的兼职。如果李院士希望继续进行药品研究，还是不要与同类药品的生产厂商发生任何利益关系为宜。

1.4 中国的教授为什么"申请科研基金很勇敢"

最近，著名数学家丘成桐在中山大学的一次演讲中批评中国的教授"申请科研基金很勇敢"，这的确是事实。两三年前，我也是其中之一。为什么中国的教授会形成这样一种风气呢？

曾几何时，绝大多数中国教授还不知基金为何物。我是在1984年申请去美国哈佛燕京学社当访问学者时，才知道这是由一项基金长期资助的项目。至于自己在中国申请基金，是在1987年申报设立不久的国家社会科学基金。一种行为能成普遍的社会现象，肯定不是少数人所能左右，必定存在着制度或社会方面的原因。

本来，基金的设立应该是为了达到某种目的而对某些人或某些方向的特殊资助，或是对某些特殊人才的锦上添花，或是对某些项目的雪中送炭，而不是为了解决研究部门或高校的日常开支和人员的生活津贴。但在中国，几项主要的基金，如国家自然科学基金、国家社会科学基金以及教育部的"211"、"985"项目，都是在正常的科研与教育经费极少、科研和教学人员工资极低的条件下设立和运行的。近年来科研和教育经费虽有增加，科研和教学人员的待遇虽有提高，但这些提高部分往往都与基金或项目经费联系在一起，这种情况到今天也没有根本性的改变。离开了各种基金和项目经费，研究部门和高校的正常维持都成问题，相关人员除了依然不高的基本工资以外就得不到任何津贴。

记得十多年前，中科院某研究所的朋友告诉我，由于使用办公室必须从自己的经费中付费，他们没有项目的人已经没有立足之地，每次只能提着包在走廊里转一圈就回家，也进不了收费更高的实验室或机房。某高校一度设立"终身教授"，但他们的待遇取决于手里有多少经费，否则就与退休人员没有什么区别。一句话，对科研人员来说，申请不到基金就意味着失业下岗，或者只能依靠单位的怜悯和别人的救济生存。

不仅如此，获得经费的多少和相关基金的等级，已经成为对单位和个人进行评估、晋升最重要的指标。当然获奖更重要，但毕竟数量有限，多数人是得不到的。在任何评估中，经费多少是不可或缺的指标，而国家级与省部级的基金，照例可以获得加权指数。至少获得一项省部级以上的基金，往往是晋升称职的必须条件。即使个人清心寡欲，或者他从事的研究并不需要额外经费，单位也会尽全力促使甚至逼迫他申报。于是地方政府、上级部门、所在单位纷纷出台配套措施——至少按一比一配套，还有名目繁多的优惠。甚至只要参与申请，即使一无所获，也能得到若干经费的鼓励。对基金会人员和评委的公关也双管齐下，单位会全力以赴，比个人还积极主动。

除了在基金设立之初已经功成名就的人以外，现在的院士、博导、教授，有几个不是一项项基金或项目申请下来的？在这样的体制下，单位或个人都欲罢不能，欲退不能。

我曾经因为某项基金在评审中的不公正做法而决定不再申报，但当时我作为所长，还得促使同人努力申报，还得为他们争取。我有一个申请到的项目，由于情况变化，已无法按原计划完成，于是申请退回全部经费，希望予以撤销。但各方面都不希望在统计中出现这一类型，至今尚未得到批准。而我现在之所以能超脱于基金，是因为我已不再担任所长，卸下了统计评估的负担。也因为学校不再每年对我考核，而我手里还有几个大的项目，足以做到退休。要是我还等待晋升，还主管一个科研单位，还在等米下锅，我敢吗？

在这种体制下，本来根本不需要或没有资格申报的人无不加入申报者行列。特别是随着高校教师和地方科研人员的不断扩大，一窝蜂地要办"研究型大学"，争"世界一流"，申报者越来越多，使基金永远处于粥少僧多的状态。加上基金评审本身存在的缺陷和社会普遍的腐败作风，种种怪现象就在所难免。

要使中国的教授勇于献身科研和教学，而不仅仅表现为"申请基金很勇敢"，除了教授本身的自律外，关键还是要在体制上进行改革。首先要大幅度提高国家正常的科研和教育经费，使之与基金保持合理的比例，使基金的功能回归本位，改变"全民申报"的局面。其次在各种评估指标中，要将科研和教学的实际成果放在首位，而不是看有多少项目和多少钱。再者，必须将个人的收入与基金的多少脱钩。改善科研人员和教师的待遇应该通过增加工资和津贴，对优秀的科研人员可以发给奖金，而不能通过科研经费提成。

1.5 专家应摆正自己的位置

不时可以在媒体上见到专家的意见，这既是改革开放以来言路大开的明证，也是专家的意见越来越为公众重视的表现。但近来也经常看到一些专家以特殊的身份发表意见，如某某课题组、某某项目，甚至代表某政府部门或权威人士，以至引起公众的过分关注。

其实，各方面专家的优势在于他们的学术或专业地位，正是从自己研究有素和学术底蕴的领域出发，专家才能对某一方面的问题发表负责任的、独特的见解，贡献于公众，服务于社会。专家意见当然只能代表个人或者一个团队，只要不违反宪法、法律和社会公德，都可以自由发表，也只能由自己负责。

但现在有些专家却不是那样，动辄以某代表、某委员、某顾问、某首席专家、某项目组、某课题组的名义说话，或者有意无意地强调某种特殊关系或特殊身份。无论是出于媒体炒作，还是他们自己故作姿态，本来能对舆论起积极作用的专家意见，却因此而变味，而贬值了。

这些身份未必全是真的，例如有时故意漏了一个"前"，而这个过去时态可能已是一二十年前。有的少用了一个"副"，有的项目组、课题组完全是自封的，或者早已结束。如果这是媒体炒作或误报，又涉及重大或敏感问题，专家本人应该及时纠正。即使是百分之百真的身份，是否就能给自己的意见增加份量呢？这正是某些专家所希望的，甚至巴不得公众将他的意见看成政府的主张或即将实施的法律法规、政策措施。尤其是在某些敏感领域，往往就此引发一场风波，造成一起人为的振荡，使个人或某些利益集团获利。或许有的专家只是为了提高个人的声誉，实际却损害了公众利益，或者影响了政府的公信力和形象。

近年来，在一些重大事件或社会新闻中不乏两院院士的声音，而且他们的声音一般都具有很大分量，得到政府部门和社会各方面的普遍重视。但有时也会发现，某些院士同时拥有"董事长"、"总经理"、"总工程师"的一类身份，有的就属于当事一方，或者代表了当事方的利益。

当然，在这种情况下院士也可以发表意见，表明态度，但必须公开自己的另一重身份，并依照国家法律，遵循社会公德，该回避的时候就回避。例如，在杭州地铁施工塌陷事故发生后，媒体曾报道一位被称为"中国地下工程权威"的工程院院士的意见。但不久就有媒体透露，这位院士还是施工方中铁隧道集团的副总工程师。那么这位院士为什么不在一开始就亮出自己的双重身份，或者以施工方的代表说话呢？如果意识到自己应该回避，为什么不请其他更合适的专家作判断呢？

其实，院士也罢，教授、专家、学术权威也罢，在真理和事实面前的地位都是相同的，在法律面前都是公民。在以自己的知识、经验、见解赢得公众尊重的同时，也应承担更大的责任。

1.6 我对"开学第一课"的忧虑

2008年9月1日18时55分央视财经频道播出"知识守护生命"大型公益节目，此前的8月26日教育部曾发出通知，要求全国2.2亿中小学生都要收看，因而被称为"开学第一课"。

在此前后，主流媒体一片赞扬，并引述教育部相关负责人的说法，称这是将奥林匹克精神与中华民族的抗震救灾精神完美的结合。通过对学生进行"避险自救"知识教育，教学生掌握避灾的常识和技巧，真正"用知识守护生命"；是"中小学弘扬和培育民族精神月"启动活动和开展好安全教育活动的不可或缺的项目，也是全国中小学新学期加强学生安全教育工作必须要上的第一课。有的媒体更盛赞这"第一课"是由"清一色的全明星制作"。

将安全教育列为开学第一课，的确有其必要，何况是在震惊世界的汶川大地震发生之后！"知识守护生命"的命题也完全符合中小学教育的主题，需要不断深化。但对用这样一种方式来上这"第一课"，并且由教育当局组织实施，给予如此高的评价，我不无忧虑。

"开学第一课"应该由谁来上？无疑该由老师，由校长。特别是对新入学的儿童来说，接受知识和正确观念的主要来源应该是老师。家长对学童的教育，大多也是"要听老师的话"。再出色的电视节目都不应该取代对学生的课堂教育，再重要的内容也必须通过老师来传授，否则就不成其学校了——特别是小学低年级。"开学第一课"只能由老师上，而不是明星。当然，参加播出的明星中不乏专家学者，但大多是以名人身份出现的。对具有很强模仿能力、但又缺乏自主性的中小学生来说，无疑也会产生明星们代表知识的误导。某些明星的弱点正在于缺乏知识，甚至缺乏常识。一旦他们成为中小学心目中的"知识型偶像"，后果又会如何？安全教育不是什么高深的学问，教师完全有传授讲解的能力。如果连这样的内容都要特别冠以"知识"，并请全明星出场，那么其他更重要更复杂的教育内容该请谁？目前社会上对明星的过度崇拜已经影响到中小学，如果连"知识"都要让明星来代言，岂不会使更多的中小学生将明星当成自己的偶像？莫非中小学也得请明星当安全教育"形象代言人"？

安全、防灾、避险、救生这些方面的教育和相关知识和技能的掌握，习惯的养成和意识的形成，需要反复的教育和训练，还需要定期演习和检查，不应该也没有必要娱乐化。如果误以为学生和家长一时的欢乐愉快就意味着安全教育的成功，一旦遇险，足以误事。在日本，中小学定期进行防震演练，对教师、学生的要求都是严肃认真，一丝不苟。

我完全理解教育部对中小学生安全教育的责任心和引起家长重视的良苦用心，也非常赞赏明星名人们对社会公益的奉献。但即使这一节目获得百分之百的成功，也只是供中小学和家长们观赏的有教育意义的节目，代替不了教师和学校经常性的教育，切勿夸张其事。

1.7 如获诺奖提名，亦勿过于激动

二十多年前，要有人被"世界名人录"或某项名人录收录，或收到"剑桥传记中心"之类机构的邀请信，通知你被列入某种将要出版的名录，甚至邀请你担任提名人或顾问，一定会成为一条重要新闻。其实这是很正常的现象，一方面是因为中国与外界断绝了那么多年，国门初开，谁也不知道那些"名人录"或"传记中心"有多大的分量，反正都是"国际知名"的。另一方面，被提名的只是凤毛麟角，不是某方面的宗师，就是尘封多年的国宝。甚至还有些在国内长期不受重视的学者，因此而喜登龙门。

但等到像我这样的人也同时接到不止一份此类邀请，头衔也越给越大，选择也越来越灵活，从出钱购样书到证书、奖牌，我才明白，原来"国际惯例"就包括了这样的"名人录"和"传记中心"——的确有人提了你的名，认为你配这个称号，资料又是你自己提供的，出版社当然可以照出不误，主办机构就可以明码标价出售。我在剑桥大学访学时还顺便作过了解，得知这家"剑桥传记中心"与剑桥大学风马牛不相及。但也是登记注册的合法机构，既然设在剑桥，自然可以在自己的名称中冠以剑桥，至于将它当与剑桥大学联系起来，只怪你无知或自作多情。

知道了这些，我对前些年不断传播的某人被提名诺贝尔奖的消息就不当一回事了。去年余英时先生获得的奖项被称为"人文诺贝尔奖"，事先我也收到了推荐书。但我没有填，因为我自问对世界人文学者了解甚少，没有推荐的资格。今年我又收到了，但还是放弃了这或许相当重要的推荐权。主办机构发出的推荐书肯定很多，即使回收率很高，评委们也未必就按推荐的结果决定人选。因为即使每个人都很认真，大多数也不可能具有全球性视野和评判能力。

据我了解，诺贝尔文学奖的提名门槛未必更高。除了由主办者邀请一部分人提名外，专业团体和专业人士还可主动提名，来者不拒。当然，这些提名对评委有多大影响，在最后确定人选时起多大作用，只有他们自己知道。所以，

即使知道自己已被提名，最好还是保持平静和沉默。

　　当然如果本来就是提名者与被提者之间合作的自娱自乐，那就不妨邀请媒体一同狂欢。媒体也可以心安理得，因为这绝不是假新闻，提名者与被提名者都是实实在在的大活人，提名材料也已在规定的时间寄达主办者，或许还收到了对方的回执。

2. 大学之道

2.1 上有所好，下必有甚焉

据报道，浙江某高校为提高学生参加社会实践的宣传力度，专门设立奖金，只要被报纸报道就能得奖。从地方到中央不同等级的报纸明码标价，如当地的《现代金报》每300字可获300元，而《人民日报》每200字可获4000元。虽然报道没有提及字数与奖金的关系，或者这些只是获得的最低指标，但可以肯定，如能在报纸上得到长篇报道，一定会按字数或篇幅另发大笔奖金。而这还是该校评选"十佳团队"的重要指标，也就是说，要是没有报道，评选就可能名落孙山。而一旦得到报道，不仅评佳有望，还可获得数目不菲的奖金。怪不得参加社会实践的学生不仅主动向报社提供新闻稿，还打电话催问，或者亲自向记者、编辑作公关。而该报记者办公室接待的要求报道的学生已不下十次，其他报社、电视台等媒体都有类似情况。

这种做法当然会招来舆论的批评，我也不赞成学校这样做。但根源还在于上有所好——各级政府和主管部门过于看重媒体上的报道，特别是主流媒体、高级别媒体（这是我临时杜撰的词，却符合国情）上出现的文字、照片或影像。有了这些，不仅评奖选优有望，说不定还能加官晋级，自下而上，皆大欢喜。再说，所发奖金（还有津贴、采访费、课题费等不同名目）用的也是公费，何乐而不为？

其实，一种做法形成惯例，成为潮流，都是由上而下的，等影响到大学生，或扩大到社会各方面，往往已近余波。就我的亲身经历而言，这种做法至少在十多年前就有了。

有一次，我与中央某报记者去南方某县采访，书记和各级领导亲自陪同，热情接待，临别时还向我们每人赠送一笔"采访费"。书记容不得我推却，说："某报一个版面，花几十万也不一定上得了，你们来采访报道，真是帮了我们的大忙。今年我们县在省里的地位肯定能提高。"据说，能否得到从中央到省市各级媒体的报道，都是对县级及县以下党政部门考核的重要指标。

连学术研究机构和专家学者也不能免俗。我当研究所所长、研究中心主任期间，每年的考核或每次接受评估时，媒体的报道和评论就是必须收集的内容。而如果不主动提供资料或吸引媒体报道，学术机构和学术活动往往很难引起媒体的兴趣。例如某次会议如要电视台报道，必须有省市常委级的领导出席。而有了这样的报道，主管部门才会重视。就是一本书、一篇论文，要申报奖项时也得附上公开发表的书评。如有权威刊物、中央媒体上发表的肯定性评论，不仅获奖无忧，还有望得大奖。

我在央视作的节目播出后，几乎每天会收到不同的公司寄来的订货单，通知我已备好光盘，只要付款数百元即可寄来。有的还备证明一纸，写明某人某年某月某日某时某分至某时某分在央视某频道某栏目出场。开始我颇不以然——谁会花这笔钱去买自己的录像，还要什么证明？后来才得知，有的高校已规定在央视出场的赏格，最高一级可以相当在权威刊物发表论文或相当获省部级一等奖。要真能如此，区区数百元何足道哉！与其到时口说无凭，还不如预备光盘和证书。

最近还在调查的抗震英雄学生免试进大学一事的主角，据说至少也是沾了报道的光。因为他的"事迹"被别人写了报道，并写得有声有色，而另一位被同学公认够格的学生却只有填得不规范的表格。尽管上报时只要求填写表格，但一篇额外附上的报道（姑且肯定都是事实）却使主角身价倍增。报道的威力由此可见。

看来，只要"上好"不改变，下面的做法只有"甚焉"，肯定会越来越过分。浙江某高校的领导如不这样做，必定会在这场竞争中落后。但他们这样做了，其他学校要胜出，只能别出奇兵，或许会提高价码，或许会全面配套。总之，上有所好，下必有甚焉。要改变风气，还得从源头做起。

2.2 冷眼看排名，冷静找差距

上海交大高等教育研究中心公布了 2008 年"世界大学学术排名 500 强"排行榜，中国内地共有 18 所高校进入 500 强榜单，但无一跻身百强，排名均在 200 名之后。据称，该中心自 2003 年发布第一份排行榜以来，"目前已得到国际社会广泛认可"。

近年来，我们已看到不止一个"世界大学排行榜"，中国的"大学排行榜"就更多了，但同一个大学，在不同榜单上的排名往往相差悬殊，即使在国内也是如此，更不用说在世界了。有人批评这些排行榜是自我炒作，因为发布者所在大学的排名大多比外界心目中的位置更高。还有人更关注这类排名的背景，怀疑学术以外的因素在起作用。我认为不必要、也不应该这样看。

中国的大学当然要了解自己在世界大学的地位，特别是应该了解经过这些年的发展，进步了多少。其实，你不排，人家也在排；不公开排，也在暗中排。所以，有比没有好，有中国自己的比只有外国的好，公布比不公布好，适当多几家更好。不止一家，才好比较，逐渐优胜劣汰，产生中国公认的权威大学排行榜。今天世界上各种各样的排行榜不胜枚举，同类排行榜发布完全不同的结果不足为奇，但得到广泛认可并被运用的也就那么几家。

其实，一个公正权威的排行榜在公布结果的同时，必须公布评选标准、资料或数据的来源。有了这些，我们就不难发现，尽管评选者见仁见智在所难免，但更主要的原因还在于不同排行榜的评选标准。

例如，"大榜"的排名指标包括四个方面。其中，反映教育质量的获诺贝尔奖和菲尔兹奖的校友折合数（占10%）；体现教师质量的获诺贝尔奖和菲尔兹奖的教师折合数（占20%）。（据《新民晚报》8月13日报道，下以同）这30分内地大学都拿不到，或者因杨振宁、李政道出自西南联大，清华能得几分。但一所大学即使现在的教育质量已经非常之高，它的毕业生要得诺奖或菲奖也会在多年以后，所以对目前的排名毫无作用，何况教育质量并不仅反映在校友获这两项奖上。

又如，对人文社会科学的成就而言，在这份排行榜中唯一被采用的指标是社会科学引文索引（SSCI）收录的论文数，与科学引文索引（SCIE）收录的论文数合计为20%，至多只占10%。对综合性大学的学术排名而言，人文社会科学只占几个百分点，自然是难以显示其合理地位的。而且，以SSCI作为评价人文社会科学的唯一指标，即使在西方的大学也未必行得通。

但是，各类排行榜对单项指标的统计数，还是比较客观地显示了国内大学与世界先进大学之间的巨大差距，这是不争的事实。而近年来所取得的成就，只要对比历年的同类同标准排行榜就可以看出。对排行榜不妨冷眼相看，但对中国大学或本单位与先进水平存在的差距必须冷静对待,老老实实承认,切切实实改进,除非你想搞个假排行榜自娱自乐。

2.3 大学的"大气"与必要的管理并行不悖

我经常看到"十年砍柴"的文章,他的看法我大多赞成,但对他的《外校生鸠占鹊巢,大学更应该大气》一文有不同意见。可能是因为我一直在大学工作,不少困难都亲身体验过,所以我认为大学固然应该大气,但必要的管理也是不可少的。

作者认为,"国外许多大学是没有围墙的,其教室、图书馆等教学资源向全社会开放",这多少有些误解。实际上,没有一所大学的教室和图书馆等教学资源是无条件向社会开放的。无论是公立还是私立,都是在保证本校师生正常使用的情况下才向社会开放的,而且内外总是有别的。我曾在加州大学伯克莱分校开会,伯克莱是州立大学,一向以收费低廉、平民化著称。的确,伯克莱大学没有围墙,谁都可以进入校园或校园中的大多数建筑物,但绝非没有限制。例如要在校园内无线上网,必须有学校提供的用户名和密码,而在校园旁的营业性网吧,每小时收费几美元不等。要是所有人都可以无条件使用校园无线网络,这些网吧大概早关门了。

再开放的大学也必须保证注了册、付了学费的学生有座位听课,然后才能满足外来旁听者。当然只要条件许可,学校会尽量满足旁听者的要求,一些名教授的课因旁听人太多,不得不换至更大的教室。不过,在任何情况下,注册付费的学生总是优先的。学校的电脑房也一样,每位师生有自己的密码,有的还根据使用时间或流量收费。

在特殊情况下,学生对学校的管理并不领情,他们出于"大气"会站在校外者的立场上。如哈佛大学曾发生流浪者晚上利用女宿舍旁暖气管的尾气,学校出于安全考虑关闭了暖气管的尾气,引发学生抗议,学校不得不重新开放。可见,大学的"大气"与必要的管理是并行不悖的,哈佛没有大气到请流浪者进宿舍,但连尾气都不让流浪者利用就太小气了,而学生抗议的结果是尾气照放,但加强警卫,以保证女生的安全。

作者对中国以往大学的追忆也过于理想化，实际上，像张中行讲述的梁思成开课的佳话固然不少，但据老一辈告诉我，并非所有的教授都有梁思成那样的风格，也并非所有大学都有北大那样的气度和条件。另一方面，就是现在，北大也有不少教授并不拒绝免费旁听者。我在复旦所开的课都有本校或外校的旁听者，我的原则是先保证正式选课的同学有座位，其余空座随便，座位满了愿意站着的也欢迎。但我们学校的教室余地很少，有一次分给我的教室只够容纳选课的同学，连站的地方都没有，我只能请旁听者谅解。

而且一个不争的事实是，近年来由于办学规模扩大，尽管校舍迅速增加，但各种设施还是满足不了要求。如我现在主管的复旦大学图书馆，经常出现学生排队等开门"抢座位"的情况。在这种情况下，尽管我完全明白大学应该向公众开放的道理，却无能为力。试问，我能要求本校师生向校外人员让座吗？我能将本校师生需要的书优先借给校外的公众吗？

当然，并非每所大学或每个部门都是如此，对一些有条件向公众开放或提供服务的部门或设施，或者在公众中有人比大学生更需要获得帮助时，那完全应该像"十年砍柴"所要求的那样，大学应该"大气"些。我在校园作讲座时，经常发现校外的听众提前占了座，我从不会要求他们给本校师生让座。在这种场合，先到先占的原则应该得到尊重，而不必问身份。

至于人民大学禁止外校学生和培训性质的学生使用教学楼是否必要，我没有调查，不能随便发表意见。但如果人民大学的教学楼真的无法满足本校学生的需要，暂时限制外校学生使用，也是可以理解的。但如果有一定的余地，不妨采取柔性管理，即在优先保证本校学生的前提下，容许其他人使用富余的座位。尽管这样做会增加校方管理上的麻烦，也可能招致部分学生的不满，但从保持大学的"大气"和公共性出发，还是值得的。

2.4 大学该不该有这些"围墙"

《大学的围墙不该越筑越高》（见 2008 年 9 月 22 日《北京青年报》"每日评论"）一文以上海交大拟限制外来"蹭车族"和一些高校限制"蹭饭族"为例，提出"大学本不该像这样把围墙越筑越高"。作为一位学生，作者希望高校加大开放力度，使学生在校期间能更多接触社会，以便今后能从容应对可能面临的种种困难，这样的愿望是值得肯定的。但将大学正常的、必要的管理措施理解为"围墙"，显然是对"没有围墙的大学"的误解，也说明作者不了解国外大学的实际情况。

的确，有些国际著名大学根本没有围墙，有的校园和学校的建筑散处于城镇之间，或者虽有围墙和大门，却"虽设而常开"。但是也不乏筑有围墙，且不能自由出入的名校，像剑桥大学有的学院不仅不能随意进入，参观者还得付费。但是并没有人指责这类学校或学院不开放，更没有人要求它们拆除围墙。可见"没有围墙"未必指实际的墙，也并不意味着大学不该有必要的管理制度，而是看是否真正对社会实行开放，为公众服务，为师生面向社会提供有利条件。

拿作者所举的停车和吃饭两事来说，据我所知，那些被公认的"没有围墙"的世界名校都是有严格管理的。学校在校园内或学校建筑附近都划定供本校师生专用的停车位，教师、学生必须预先申请并付费，领取停车证。但除了少数校、院主管和特殊教师（如诺贝尔奖得主）有固定的位置外，其他都只能见空就停。

记得我1986年去芝加哥大学拜访何炳棣教授，他约我见面的时间很早，还向我解释："这样可以将车停在离办公楼最近的地方，要晚了就得走很长路。"如乱停车，或在临时停车点超时，照样由校警开罚款单，甚至将车拖走。没有停车证的车，即使属于本校师生，也不能使用这些车位。对学生停车往往另有限制。

上海交大徐汇校区紧靠商业中心和高级办公楼，周围停车费很贵，所以一直有人将校园当作免费停车场，而本校教师与来校联系公务的人却往往找不到停车位。这种情况绝不会出现在哈佛或剑桥的校园，因为即使校外人员愿意付停车费，也休想在校内随意停车。

世界名校对吃饭的管理就更全面了。对经校方同意设在校内的餐饮店或摊位，自然对校内外人员一视同仁，校长、教师、学生与外来人员用餐价钱相同。但教师的专用餐厅往往实行会员制，只接待会员或经邀请的客人，有的还得预约登记。而学生公寓内的食堂只供居住者用餐，有的只发固定数量的餐券。由政府或学校补贴的学生食堂只供应学生，如同时接待外来人员，就会采取不同价格。法国巴黎的大学生食堂分散在市内，餐券全市通用。由于享受政府补贴，所以餐券只能凭学生证购买。在法国高等社科院，餐厅实行不同价格，同样一份饭，教授、其他员工按不同的内部价，外来人员按市场价。

控制外来人员在学生食堂用餐，主要还不是为了怕造成食堂拥挤，或增加炊事员的工作量。目前由于食品价格上涨，高校的食堂为了不增加学生负担，都采取补贴。如果让外来人员以同样价格用餐，等于给他们发补贴。中国高校的经费主要来自政府拨款，得由纳税人负担，这类"蹭饭族"增加了，岂不是加重了纳税人的负担？

如果将对停车、用餐的必要管理看成为大学"围墙"的话，这样的"围墙"是必不可少的。

这样的"围墙"不会影响大学的开放。例如，想到大学旁听课程、讲座，参加学术交流或公共活动，阅读书报，或者参观校园，感受校风学风，完全可以利用公共交通工具，骑自行车或步行。实在需要开车的，为什么不能停在校园外面？或者按规定停在指定的地点，交纳一定的停车费？想体验一下大学的食堂，或者必须在校内用餐，无非是按市价而不是按补贴价付费。谁都知道，那些"蹭饭族"大多并非下岗工人、农民工或来自贫困家庭，只是想省几个钱。他们用餐的目的与上述活动完全无关。至于大学师生参与公益或慈善活动，也应该面向真正需要受援的人。

顺便说一下，即使是世界上最开放的大学，也会有一些完全不开放的地方。当然未必需要高筑围墙，只要放一块提示牌，外人就会自动止步了。

2.5 此书何必出线装本

作为图书馆馆长，我不时要审查订购书目，有一天，发现其中有一本前领导人的著作。我以前看过这位前领导人的文章，对他能深入浅出讲清复杂的辩证方法十分佩服，见订数只有 3 册，就想增加几本。但一看定价，却吓了一跳，居然要 470 元一册，原来是某出版社的线装本。

我百思不得其解。这位前领导人的论著的最大特色，就是以相当平民化的、浅近的语言，将高深的哲学原理讲得明白可读，其内容都与当代有关。无论如何分类，他的书都不属于传统文化，与时下流行的"国学"无关。出版他的书自然是让更多的读者、特别是非专业的读者、年轻人阅读和学习，照理应该注意普及。现在把这本书的定价提高到470元，读起来也不方便，连我这位重点大学的图书馆馆长订购时都会犹豫一番，能适应绝大多数读者的需要吗？有利于这本书的流通吗？

或许此书只是作为平装本的补充，但我以为也没有必要。我不反对出线装本，但得与内容相称。如毛泽东的诗词或旧体诗词、文言文论著，或内容涉及传统文化，或手稿及某些不便用电脑排版或机器处理的文字，用线装的方式更符合一些读者的阅读习惯。另一种情况，是出版社希望出版有收藏价值的工艺品，或者用于重要的古籍再版，因而选用精美的印刷和装帧、高质量的纸张和材料，或者完全采用木版手工印刷。这类书必须选择合适的内容，才不致造成不伦不类的产品。而且这家出版社并非以重版古籍或出线装书见长，这本书似乎也不可能具备这样的价值。

这样浅显的道理，想来编辑和社长不会不懂，于是我大胆地推测，这样做只是因为前领导人的特殊身份。这曾经是我国长期以来的一种习惯做法，对领导人的书要出各种版本，无论是否有实际需要。为了适应领袖的个人需要，不惜工本出版特殊的版本。如毛泽东晚年视力不佳，为他专门印制了大字本《二十四史》。照理，即使毛泽东有这样的需要，手工抄一份给他看就是了，至多印一二套就够了，却印了一批。我曾经听到已故上海图书馆馆长在先师家抱怨："大字本《二十四史》这么贵，非要我们馆买两部，一部要占一个大房间，连放的地方都没有。"可见即使是领袖的需要，过了分也会成为包袱，造成浪费。

这并不是说领袖或名人的书不能出得精致甚至豪华些，只要阅读者、收藏者有此要求。42年前，我就提前登记买过一套四卷合一的精装《毛泽东选集》，价格比普通平装本贵近一倍，为此我得节衣缩食两三个月。我很喜爱，至今仍收藏着。但如果出价格十倍的线装本，我是肯定不会买的。近年来纷纷出笼的所谓"黄金书"、"真丝书"以至"珠宝书"，无非是打着伟人的旗号变相牟取暴利，则更等而下之，相信那家出版社是不屑与之为伍的。

2.6 对新教材不妨宽松些

近年来不断可以见到媒体和网络上对新教材的评论,有的意见相当极端。就是对原有教材的某些修改,甚至只是一些个人意见或修改建议,也往往引起轩然大波。有的新教材刚开始试用,就得大幅度修改,甚至立即停用。

众所周知,我国教育落后的一个重要方面,就是教材陈旧,落后于人类社会和科学技术的发展,脱离实际,内容呆板。如果再对新教材的试验采取这样苛刻的态度,现有教材的落后状态更是无法改变的,受损失的还是整个教育事业,还是上亿正在使用或将要使用这些旧教材的学生。

说宽松也不是没有原则,任何教材都必须守住底线,那就是遵循国家的教育方针,符合教学大纲的要求,遵守《宪法》和国家法令,不违背科学精神、社会公德和历史事实。在此前提下,按照正常审查程序通过的教材,就应该保证它们正常的试验和使用。外界可以讨论和批评,但不要任意干扰或干涉,还得听听使用过教材的教师和学生的意见。

据我所知,教育部和各级教育主管部门对新教材、特别是中小学新教材的使用,是相当慎重的。一种新教材从立项到编写、上报、评审、批准试用到正式通过,一般要经过好几年的时间、数十位专家和一线教师的评审。新教材中存在的问题大多并非本质性的,不是简单的是或非,而是如何改进和完善,或者是对具体问题的见仁见智。外界应该尊重按照教育部授予的职权组成的教材评审机构,相信它们具有评审能力。如果发现其中有不合格或不称职的成员、机构,可以向主管教育部门提出撤销或撤换的要求,而不能越俎代庖,以个人意见或不正常的途径解决问题。

以我在学校工作四十多年的经验,深知教师在教学过程中的重要作用,再好的教材也离不开教师的讲解和运用。特别是在中小学阶段,教材本身的容量是很有限的,主要还在教师的发挥。教师也最了解学生的实际需要,知道如何将教材的意图贯彻在教学之中。有些人毫无教学实践,根本不了解学校师生的实际情况,对教材的政治要求高而又高,纯而又纯,却不问是否现实,能否实行。如果他们真是对教学负责,不妨自己编一本,亲自到课堂教一段时间试试，可惜我只听说从北大退休的钱理群教授在这样做。

有些课程、有些教材的实际效果很差，但谁都不敢越雷池一步，只能在应付上各显神通，师生间心照不宣。有些教材中的问题显而易见，却一直无法更正或删去。既然新教材的环境如此严峻，看来只能容忍这类现象"万寿无疆"。这不仅浪费了师生的宝贵时间和精力，更破坏了实事求是、追求真理的优良学风。

课堂和课本早已不是学生获得知识、树立观念的唯一途径，甚至已不是主要途径。一种教材中的个别错误或部分不足之处造成的影响实际上是很有限的，也不妨在教学过程中由师生自行纠正。科学研究容许失败，社会实践重视总结教训，在改革开放和解放思想的过程中免不了走些弯路，为什么对新教材的试验不能给一点宽容？

2.7 体育节的设立应该因时制宜

自从有人提出以每年 8 月 8 日即 2008 年北京奥运会开幕的日子设立体育节的建议后，已得到不少人的响应。也有人提出这个节的名称应为全民健身节，还有人提醒设立体育节不仅是为了纪念北京奥运会，更是为了推动全民的体育活动，这些我都赞成。

日前见到报道，某媒体的调查显示，80% 的民众赞成以 8 月 8 日为体育节。这使我产生了忧虑，尽管 8 月 8 日是北京奥运会开幕的时间，是一个值得永远纪念的历史时刻，却不适合作为旨在促进全民参与的体育节。

道理很简单，这一天全国绝大多数地方的气候都不适合体育活动，特别是民众能普遍参与的、户外的体育活动。8 月 8 日虽然已是立秋后的二三天，但全国基本上还没有进入气象上的秋天，往往是一年气温最高的阶段，还可能受到暴雨、洪水、台风的影响。奥运会开幕放在这一天，是因为受到其他种种因素的影响，并不是因为这个日子的气候条件最适宜。为了奥运会开幕式的顺利进行，可以不惜工本，如动用大量设备严密监控，出动飞机人工消雨，为近十万观众预备雨衣、扇子等，要是在全国各地同时举办体育活动，又要求尽可能多的民众参与，有这样的条件吗？一定要做到的话，又需要多花多少人力物力？因为过于炎热而造成参加者中暑或其他伤病，有必要吗？

有人还提出，8月8日正是暑假期间，有利于学生参加。其实这是不了解学校的情况，暑假期间，无论是中小学还是大学，一般都会安排一些平时不便进行的基建、修缮，或利用校园和校内设施安排夏令营、暑期班等活动，一部分师生还会外出参观、旅游，或回乡、探亲、出国等。要在暑假中间组织体育节的活动，远没有在开学期间那么方便，师生的参与率不会高。

体育节的设立不仅是为了纪念北京奥运会，而是为了推动全民体育和健身；不是一时一事的权宜之计，而是需要长期推进的年度活动。这个节日不是为了图形式，而是要讲究实效。它不是党政官员、专业运动员、社会名流的纪念仪式，而是社会各界、城乡居民、男女老幼都能够参与的公共活动，都乐于参与的体育健身活动。气候适宜是最基本的条件，否则，不仅会因此而多消耗资源，更会影响国人参与的比例。

所以体育节应设立在秋高气爽的季节，日期不必固定，可定于某月的第几个星期天。等以后国定假日再增加，就可将该周末后的星期一作为补休日，形成一个长周末。如果直接将体育节定为新的国定假日，自然更好，那就可直接定于某一个星期一或星期五。

体育节不能与纪念北京奥运会开幕结合在一起，固然是件憾事。但相比之下，全民参与更重要，更符合设立体育节的初衷。好在北京奥运会已经成为中国历史和人类历史上的光辉一页，完全可以用其他方式纪念。

3. 热点话题

3.1 从华南虎看周边态度

3.1.1 从华南虎事件看政府的作为和不作为

据《新闻晨报》报道，全球权威杂志《科学》将于 11 月 8 日刊登那张在中国引起激烈争议的华南虎照片，但该杂志的野生生物专栏作者维吉尼亚·莫尔女士明确表示，《科学》杂志刊登"野生华南虎照片"，并不表明他们认定周正龙拍摄的野生华南虎照片就是真的。"我们私下也觉得照片不太对劲"。

《科学》杂志的做法是高明的——有作为，有不作为。作为一家全球权威的杂志，特别是作为野生生物专栏作者，自然应该关注这样一件轰动世界的大事，毕竟绝大多数人都认为野生华南虎已经绝迹，所以要及时发表这张照片。但另一方面，无论是《科学》杂志，还是莫尔女士，都不会为这张照片的真伪负责，而且不影响莫尔女士私人也怀疑这张照片的真实性。"但是，真相是什么，《科学》杂志无法给出定论"。发表这张照片的栏目是"随机样本"（Random Samples）。正因为如此，无论将来的结果是什么，《科学》杂志都立于不败之地。

反观我们的政府相关部门，则恰恰相反，不该作为的时候拼命作为，该作为的时候却毫无动作。

本来，如果没有参与共谋，或者事先并不知情的话，陕西省林业厅完全不必对周正龙的照片负责。无论主管官员内心多么希望这些照片是真的，多么迫切地希望国家批准成立华南虎保护中心，或者多么希望此事有助于当地的经济发展和自己的政绩，都没有必要匆匆忙忙宣布正式结论，将照片公布于世。

如果这样，在今天的争议中就会处于一个完全主动的地位，并且更有利于学术界和社会舆论作出自己的评判。即使一时真伪难辨，也不会影响对华南虎的保护和实际上的有利形势，因为即使这些照片被证明为伪造，保护华南虎和自然环境的愿望和努力都没有错，没有人会反对政府主管部门的这些举措。可惜出于目前我们无法理解的原因，省林业厅在不该作为时过于作为，将自己与周正龙紧紧地绑在一起。

但事到如今，陕西省林业厅的上级部门、国家主管部门却毫无作为，国家林业局已宣布对照片的真伪不作判断，陕西省政府也没有任何声音。可以想像，如果听之任之，这场争议只能越来越激烈，甚至会丧失理性，违反法律。当然也有出现另一种可能，就像以往处理某些争议一样，一切争议文字和声音会突然之间从所有媒体销声匿迹，当事人从此保持沉默，甚至从公众视野中消失。但这样的"不作为"能解决问题吗？

如果让我当一回事后诸葛亮，我认为政府主管部门应该学习《科学》杂志，该不作为的时候别作为，到了该作为时还得有所作为。

3.1.2 查清照片真相才能更好保护华南虎

中国科学院植物种子研究所傅德志研究员公开指责华南虎照片全部出于伪造，而陕西省林业厅负责人朱巨龙继续坚持照片真实，确认陕西省存在野生华南虎。这一事件发展到今天，已经不是华南虎是否存在，而成了政府主管部门能否能维护正常的科学考察和学术研究，有没有欺骗公众的严重问题。

有人担心这样的争论以及政府对这场争论的反应会影响对野生华南虎的保护，其实恰恰相反，查清了照片真相才能更好地保护华南虎——如果它们真的存在。

照片的真假是一回事，野生华南虎是否存在是另一回事。因为即使照片被证明是假的，也不能就此否定野生华南虎已经完全绝迹，还可继续寻找。即使一时没有找到，也不妨碍对这一区域实施切实的保护。一旦找到，更应该根据保护野生华南虎的需要进行专项保护。

但如果这些照片完全是伪造的，而作为政府主管部门的陕西省林业厅公开向全世界宣布野生华南虎依然存在，并且以此前提划定专门的保护区，那就不仅不能按实际情况采取保护措施，浪费了本来就有限的保护经费，而且满足了某些人（或许包括某些官员）的私欲，败坏了社会风气，违背了科学道德，流毒全国，贻笑世界。

如果说此前还只是种种猜测，那么在傅德志以权威植物分类学家的身份全面否定照片的真实性的情况下，政府主管部门再不采取措施的话，那就是严重失职。由于争议的另一方实际是陕西省林业厅，应该由国家林业局、科技部等部委组成专家委员会对照片进行鉴定，并及时公布真相。如果此事已涉及刑事犯罪，公安部门也应及时介入。

结果无非是三种：真的，假的，真假难分。

如果照片是真的，傅德志应该公开承认错误，承担应有的学术、道德和法律责任。主管部门应该继续查清这一错误产生的原因，相关的学术机构也应考虑他是否还有资格拥有这样的学术地位。

如果照片是假的，那就不仅应该追究直接造假者的责任，包括相应的法律责任，更应该查清陕西省林业厅究竟起了什么作用。是事后轻信，还是事前共谋？是利益所在，还是面子所关？无论哪一种，都是国法所不容许的。据报道，陕西省林业厅有关领导和工作人员"已经开始紧锣密鼓地进行华南虎保护的各项工作"。"目前陕西省林业厅已将建立陕西镇坪华南虎国家级自然保护区的报告送到了陕西省政府和国家林业局"，"同时还希望争取在镇坪建立起我国的华南虎繁育、研究基地"。如果作为一个主管部门，连起码的鉴别能力都没有，出于轻信就能有那么大的魄力，实在令人无法置信。

第三种可能大概不会存在，我想中国的科学家不至于无能到那样的程度，只要政府下了决心，又不受各种干扰。我担心的倒是不了了之，或者以行政命令突然收场，就像以往科技界的某件丑闻那样。无论如何，查清真相总比听之任之好，对可能存在的野生华南虎也是如此。

3.2 反兴奋剂的最大障碍是特殊利益集团

历经五年，美国女飞人马里昂·琼斯服用兴奋剂案以她公开认罪道歉而终结，琼斯将不得不从此告别赛场，还面临着被收回金牌和牢狱之灾。应该承认，琼斯是人类历史上不可多得的运动天才，即使不服用兴奋剂，她也创造了惊人的奇迹，如今毁于一旦，实在令人惋惜。

优秀运动员还要服用兴奋剂，固然是出于他（她）们精神上或物质上的贪欲。他们最终败露，受到应有的惩罚也是罪有应得，咎由自取。但值得注意的是，这背后往往离不开特殊利益集团的操纵或支持。琼斯事件，从目前披露的情况看，至少牵涉到她的前教练格拉哈姆、那家著名的类固醇 THG 制造者巴尔科实验室。琼斯敢在兴奋剂检测结果公布后一直矢口否认，自称无辜，案件的调查和处理拖上好几年，幕后的事恐怕要比人们想像的复杂很多。

在那些利益集团的眼中，运动员不过是一个试验品，一条活广告，一只喂了饲料就能不断生蛋的鸡，或者纯粹是一棵摇钱树。它们利用运动员铤而走险，不惜运用最新的科学发明和技术手段，调动一切社会力量，目的只是获得通过正常投资、使用正常手段无法获得的利益。

奥林匹克精神所体现的是在公正的条件下人类对更高、更快的追求，对自身极限的挑战，一切竞赛都应该在公开、公正的前提下进行。只有在这种前提下，运动员取得的成绩、所创造的纪录才能成为人类的自豪。早期的奥运会要求运动员裸体，原因之一就是强调除了人本身以外不能借助其他因素，人与人之间完全公平竞争。

现在奥运当然需要各种器材、服饰，它们也会对竞赛结果和成绩产生影响，但这些都是公开的、可以检测的，并且不能超过竞赛规则规定的范围。对运动员来说，是外在的不同，随时可以分离和区别。但兴奋剂却不同，它是秘密的、不确定的，其作用会因剂而异，因人而异，是通过改变运动员内在的因素而起作用。且不说它对运动员的身体和心理所构成的伤害，至少破坏了公平公正的原则。

如果听任兴奋剂泛滥，奥林匹克精神就失去了存在的基础，教练员、运动员就会沦为实验工具和赌博筹码，竞赛场会等同于动物实验室和兴奋剂产品发布会。正因为如此，国际社会在反兴奋剂斗争中采取了越来越严厉的措施。

道高一尺，魔高一丈。在利益的驱动下，少数无良知的科研人员滥用先进技术，不断研制出新的兴奋剂，特别是在用量少、药效长、无残留、难检测上下功夫。兴奋剂检测已经成为一项高技术，使用的检测仪器精益求精，价格自然也节节攀升。但明知故犯的运动员前仆后继，重要的大赛几乎很少没有兴奋剂丑闻，正是特殊利益集团操控的结果。

中国不是世外桃源，同样存在着利用兴奋剂或不正当手段牟取各种利益的集团。如果说以往的一些违背体育道德和奥林匹克精神的行为往往出于片面的"政治"考量，或者打着"爱国主义"的旗号，如今已与金钱、名誉、广告、地方利益、小团体利益、政绩、官职等连在一起。谎报年龄，伪造身份证，冒名顶替，打假球，吹黑哨，收买裁判，弄虚作假，无所不用其极，甚至已成为行规和常态。

对兴奋剂，居然也有人打着科研的幌子，希望开发出现有检测手段发现不了的新药，还有人希望从中药和食品中开发，或者明知某些食品含有兴奋剂成分却听之任之。但不知什么原因，在对被查出服用兴奋剂的运动员及知情的教练员处分的同时，却不认真追查兴奋剂的来源。像将禁药来源说成在地铁站拣到这样的谎言，居然也能不了了之，黑幕后面的利益集团自然会有恃无恐。

3.3 山寨无法成功，文化尚须创新

要讨论和评价"山寨文化"，首先必须明确什么是"山寨文化"，"山寨"的含义是什么。

"山寨文化"的名称来源于"山寨产品"，而"山寨"的含义自然离不开山寨本身。所谓山寨，本来是旧时代反叛或非法势力的据点，大多凭险而建，或者处于荒僻边远地区，既可具有反抗统治者的正义性，也不乏打家劫舍、杀人越货的破坏性和残酷性。所以，"山寨产品"无不带有仿冒、名实不符、伪劣的特点。有人将廉价产品、甚至价廉物美的产品也称为"山寨产品"，那完全是曲解。就拿被某些人吹捧的"山寨手机"来说，如果它真是价廉物美，为什么不能堂堂正正打出自己的牌子呢？说穿了，还在于仿冒了名牌，省掉了本来应该为知识产权付的钱，又满足了一些人的虚荣心。

"山寨文化"与"山寨产品"一样，大多带有抄袭、仿冒或恶搞的特点，最多加上自娱自乐，自我表现，否则为什么非要放上"山寨"两字呢？但现在有些人喜欢将"山寨文化"无限扩大，将所有的民间的、草根的、有别于主流的、新出现的文化形式、内容都称之为"山寨文化"，甚至将"山寨文化"等同于创新文化，这既不符合"山寨文化"的本来面目，也无助于问题的讨论。文化类型那么多，汉语的词汇那么丰富，何必都用"山寨"来描述定性呢？如果什么文化都能叫"山寨"，那当然只能肯定，不能批评了。

我之所以提出对"山寨文化""不能过分宽容"，是就"山寨文化"的抄袭、仿冒或恶搞的特点而言，当然不是针对不具备这些特点的民间文化、草根文化、非主流文化。至于民众的自娱自乐，自我表现，其实是一直存在的，与

"山寨"无关。如果一定要称为"山寨",或者他们要以"山寨"自居,那也无妨。对"山寨文化"容忍的底线是不违反法律,不违背社会公德,在这一范围内是可以宽容的,超越了这底线就不行了。但宽容不等于提倡,更不能代表发展的潮流和方向。

什么创新都需要巨大的投入,物质成本、时间成本、精力成本,或者需要超常的才能,而且要冒失败的风险,文化的创新更是如此。"山寨"则是依样画葫芦,投机取巧,成本低,几乎没有风险,因为当事人可以随心所欲解释,本来就没有什么目标或标准。如果社会成了"山寨文化"生长的土壤,那么创新文化就很难生长。

不妨看看近来被一些人充分肯定的"山寨"代表。一是"山寨版百家讲堂",制作者韩江雪本来是自荐给央视"百家讲坛"当主讲的,因为种种原因没有如愿,就自己依照"百家讲坛"的方式录制了一台,以证明自己完全有此资质。即使看过的人赞同韩江雪的自我评价,或者认为他的水平高于"百家讲坛"的主讲人,最多只能证明"百家讲坛"在挑选主讲人时走了眼,或者标准不对,这没有什么创新意义。何况要做到这一点也很难,且不说见仁见智,评价本来就不易一致;韩江雪又怎么能使他的观众有央视那么多呢?

一是老孟(施孟奇)炒作的"山寨春晚"。是在一处洗浴中心的联欢,阵容是20名演职人员。除夕当晚8点至11点在澳门澳亚卫视播出的,是预先录像,大陆绝大多数人是收不到的。有人赞扬为"一股清风"、"破冰",我实在不明白清在哪里,破在何处?也有人说它产生了巨大的影响,的确影响不小,但究竟是正面的,还是负面的?不要忘记,老孟一开始打的旗号是"向央视春晚叫板(后改为学习),给全国人民拜年",这个板叫成了吗?学习了多少?全国人民有多少人知道,被拜到年了?26名四川灾区的羌族艺人花费4万元路费,目的之一是要向全国人民表达感激,他们达到目的了吗?一位30岁的农民工放弃回家过年,精心准备两个月,是为了让家人在电视中看到他登上了舞台。如果他们事先知道这不过是老孟后来说的"自娱自乐",会报名参加吗?这台"春晚"和老孟前后的表演的确够得上"山寨",即使他自己的目标实现了,也谈不上成功。有人说,它至少打破了央视对"春晚"的垄断。其实,"山寨春晚"的结局恰恰巩固了央视的垄断,连"解构"、"颠覆"的意义也没有。

不错，仿冒、恶搞对主流文化、流行文化有一定的解构和颠覆作用，但真正意义上的解构和颠覆是建立在严肃的分析和批判的基础上的。伟大的解构与颠覆只是为新文化的产生清理了障碍，却不会自然地产生新文化，不能代替创新。

其实，不少人肯定或赞扬"山寨文化"是出于对主流文化的厌倦或对文化体制的不满，或者是对民众缺乏文化享受的同情。但这些应该通过严肃的批评和积极创新，通过推动文化体制的改革开放，通过务实的文化建设来实现，而不能寄希望于"山寨文化"。

3.4 观看"嫦娥探月"能收费吗

据报道，即将在西昌卫星发射场进行的"嫦娥探月"，已经由当地某旅行社获得组织游客的业务，每位前往观看"嫦娥探月"的游客将收费800元。由于游客报名踊跃，名额有限，每人的收费可能要涨到1000元。看到这条消息，我感到十分惊异，因为公民观看"嫦娥探月"是不应该收费的，谁也没有权为此而向公民收费。

发射部门能收费吗？不能。政府已经为"嫦娥探月"项目的全部工程和活动拨发了经费，纳税人已经为此尽了义务。如果不是为了国家安全需要实行必要的保密措施，如果不是为了工程本身的需要而采取一定的隔离手段，这类重大工程本来是应该接受公民的监督和观察的，而且只要有可能，就应该向公民开放。让公民亲眼目睹"嫦娥探月"的成功，能更加信任政府，理解政府实行的航天发展规划和方针，以此证明政府决策的正确，证明公民纳的税没有白缴。从这一意义上说，在现场观看发射的公民是作为全国人民的代表去见证，去验收，岂能向他们收费？所以，发射部门和当地政府不应该，也无权收费。

如果因为开辟观看场地，或因此而增加了保安、清洁等费用，只能按实际开支收取管理费。如果因为观看的场地有限，满足不了民众的要求，完全可以采取公开报名，抽签决定的办法。如果同时向外国人或境外人士开放，在他们中签后可以另行收费，毕竟他们不是中国的纳税人。

旅游公司能收费吗？也不能。既然这是一项本应属于公众的资源，政府就无权将它交给一家公司——无论是国营的还是民营的。如果有哪家旅游公司愿意承揽这样的业务，收费只能限于经营的成本和合理的服务费，而不可以利用这项公共资源牟利。比如旅游公司可以收取组织安排的劳务费、提供往返现场的交通费，加上正常的服务费。如果这样，即使加上发射部门的管理费，也肯定不需要 800 元，更不应该随着潜在游客的增加而涨价。政府也应该通过招标，选择资质高、服务好、收费低的公司，保证服务质量，保障民众的权益。

不少国家的法律规定，使用纳税人的钱实施的项目，不能再向纳税人收费，更不容许让一项公共资源转化为某一政府部门或企业的财源。如果听任观看"嫦娥探月"的首次收费，并且不加任何限制，那么可以预见，在旅游公司或主管部门大赚其钱的同时，门票价格将不断上涨。如果开了这样的恶例，其他一些本来向公众开放的项目也会援例收费。我很担心，有朝一日观看天安门广场升旗也会收费，甚至进入天安门广场也要收费。

政府主管部门应该立即制止这项收费，并调查是哪个部门、谁批准这家旅行社的经营，收到的钱准备如何分配？同时举一反三，取消本来应该由公民免费享用的项目的收费。

3.5 "嫦娥"探月与科学普及

近 50 年前，当前苏联第一颗人造地球卫星发射成功时，我还在初中读书。这件事不仅是当时的头条新闻，也是科普的重要内容。尽管那时没有电视和电脑投影仪，最多只能看到报纸上有限的几张照片和用幻灯机演示的示意图，但大量的科普文章和各种讲座，包括老师在课堂上的介绍，还是使我们对航天、太空、宇宙产生了强烈的兴趣。尽管还是刚开始学物理，也懂得了卫星上天的基本原理，记住了第一、第二、第三宇宙速度。加加林乘飞船上天又成为我们关注的焦点，有关的科学知识也学得更多了。此后，尽管我已经放弃理科，改学文科，但对航天的兴趣始终不减。

正因为如此，在 2008 年 12 月 3 日的文汇论坛上与中国月球探测首席科学家欧阳自远院士对话时，半个世纪来的往事如在眼前，与他谈起了美国阿波罗飞船最后一次登月和当时我国的态度。更使我感到高兴的是，当上海天文台的科研人员就"嫦娥"有没有制定科学普及目标提问时，欧阳院士明确表示："我们现在专家委员会中设有科普委员会，也有很多科学家主动承担科普的责任和义务。""我们下一步一定去更好地思考和实现，不能等第二期，第一期我们现在就应该加紧做这件事情，因为这是提高全民科学素质中非常重要的一点。"在回答叶叔华院士的提问时，他也说明，立体图像、月壤成分探测结果都会陆续公布，不断地把探测成果向全国人民汇报。可以预见，"嫦娥"工程的成功和进步，必将极大地推动我国的科普事业。

正如温家宝总理引用一位老华侨的话所称："你们的卫星打多高，我们的头就能昂多高。"探月卫星的发射成功极大地提高了我们的民族自豪感。但只有具备了一定的科学知识，才能真正了解航天探月的难度，理解中国科学家的卓越贡献，认识探月工程的伟大意义。掌握了必要的科学知识，才能既看到我国已经取得的巨大成就，又了解我国与世界先进水平之间存在的差距，才能恰如其分地认识国情，既不自卑，也不盲目自大。例如，有些人总认为，美国早已将人送上月球，我们再发展也比不上人家。在了解"嫦娥工程"各阶段的目标和水平后，就认识到了我们的后发优势，知道我们在不少具体指标上的领先地位。又如，有些人总觉得不载人登月不过瘾，希望提前实现。听了科普报告后，就知道得循序渐进，不能一步登天。

要提高国民素质，科学知识是不可或缺的。尽管在少数人中也存在着"科学主义"的影响，但对绝大多数国民来说，科学知识还是太少。而以"嫦娥"探月为契机，以具体的内容为吸引，就能收到普及的实效。近年来我们在对青少年的教育中，注意提高人文素质，继承优秀的传统文化，是完全必要的。但人文与科学相辅相承，缺一不可。如果不具备必要的科学知识，不仅无法正确理解和运用传统文化的精华，甚至会误入歧途。例如，"天人合一"的观念，以科学的理论、观念和知识来解释，可以理解为人与自然、人类之间的协调发展及和谐关系。但其中也包含着君权神授、天意决定人事、天象反映人事这样一些有利于专制统治，宣扬天命、宿命的糟粕。

不可否认，近年来一些迷信陋习恶俗沉渣泛起，在社会上颇有市场，青少年也深受其害。例如，有些人出门办事要翻黄历，挑房置屋要请风水先生，遇到稍大的事就要打卦算命、烧香拜佛。一些青少年学生迷信星座，相信命中注定，讲究各种禁忌。当然我们不能指望通过一两次科普讲座就能改变这种状况，但掌握更多的科学知识，肯定能减少以至消除迷信愚昧。

当年美国耗费巨资发展阿波罗计划，但投入产出比在不久就达到了 1：4 左右，二三十年后更已高达 1：14，靠的就是航天技术、发明和设施的民用化，及时转化为生产力，推动社会的进步。有的产品，本来只是为了解决航天员生活上的困难，如尿不湿，后来却发展成为一个遍及全球的大产业。像碳纤维，是为航天器材专门开发的高强度特殊材料，已经运用于包括钓鱼杆在内的大量民用品。但这些产品并非完全靠航天科学家发明创造的，特别是商品化、社会化过程，都是在航天系统以外进行的。有些还是业余发明家的产物。阿波罗计划之所以能取得如此高的回报，而且很快实现倍增效应，一个重要的因素，就是美国高度发达的科学技术和普及程度。如何使我们为探月工程投入的 16 亿变成 160 亿，如何使嫦娥一号传回来的大量信息为更多的人所利用，并造福于国民，也需要建立在科学技术不断普及、掌握科学知识的人越来越多的基础上。

1960 年我进入高中后开始学习英语，在英语课本上有一首诗：The moon is in the sky. It is far and high. Let's go to the moon. Ride the rocket and fly. （明月当空，高且遥远。乘上火箭，飞往遨游。）当母亲给孩子讲嫦娥奔月故事的时候，当中秋晚上全家赏月的时候，不要忘记也讲些航天知识，那么国旗插上月球、遨游宇宙的日子就会来得更早。

3.6 学唱"样板戏"是"传承民族优秀文化"吗

教育部将在 10 个省、市、自治区试点在音乐课程中增加京剧内容，被称之为"传承优秀民族文化"，"有利于强化学生民族文化学习意识"。尽管这样的说法显得有些夸张，如果所选真是京剧中有代表性的优秀曲目，也未尝不可。但看到选定的这 15 首教学曲目，发现其中绝大多数居然都属"样板戏"，不能不感到惊讶！

对"样板戏"，我们这一代人太熟悉了，当时担任中学教师和学生辅导教师（那时叫"红卫兵团辅导员"）的我尤其不会忘记。因为我不仅要像"革命群众"一样看、听、唱，而且要组织、督促甚至强制学生看、听、唱。"样板戏"电影上映时，全校停课列队，一路高唱"样板戏"去电影院观看，回来还要开大会赞颂，写大字报歌颂毛主席的革命文艺路线的伟大胜利，批判资产阶级反动路线和死不改悔的走资派。在组织学生"拉练"（背上行李长途步行）时，边走边高呼口号，高唱"语录歌"，也少不了唱"样板戏"。与此同时，还得学习歌颂"文化大革命的旗手"、"毛主席的文艺战士"江青创作"革命样板戏"的丰功伟绩，打击阶级敌人的破坏活动。"上海市革命委员会"还处理过"洪富江破坏革命样板戏《智取威虎山》"的案件，专门发文件让全市批判他的罪行。

没有这段经历的年轻人不妨问一下你们的长辈，也不妨翻一下当时的报纸，看看我讲的是否属实。

现在中国戏曲学院一位教授竟说，"样板戏"作为一定时期的产物，是人民创造的艺术，是京剧艺术的一部分。不知他是真不知道"样板戏"是怎么一回事，还是故意曲解？"样板戏"是人民创造的吗？谁都知道，从《自有后来人》到《红灯记》，从《芦荡火种》到《沙家浜》，哪样改变能违背江青的旨意？已故的汪曾祺是参与其事的，他的回忆中讲得明明白白，不用说"人民"起不了作用，就是他这个执笔人，也只能都听江青的。

要说"样板戏"是"一定时期的产物"，请问世上还有什么不是"一定时期的产物"？纳粹德国、军国主义统治的日本难道不是一个时期吗？这个时期也产生了艺术，它们的意义在哪里？"文化大革命"是中国历史上一个黑暗、悲惨、罪恶的时代，是亲身经历的人不堪回首的时代，又是一个中国人永远不能忘却的时代。这个时代的产物当然是历史的一部分，可以用作实证、展示、批判，也应该进行研究或借鉴，但绝不能用作义务制教育阶段的教材。

要说"样板戏""有简单易学、贴近生活的特点"，或许对这位戏曲教授来说的确如此，但我的经验是，当初绝大多数人都只是照调子唱或吼革命歌曲，根本没有京剧的味道。至于说"贴近生活"，莫非是贴近"文化大革命"的生活，"阶级斗争"、"路线斗争"、"你死我活"的生活？

北京市教委一位副处长要求，"开设京剧课后，教师不能简单满足于演唱技巧的教授，而应将曲目背后的故事，如何理解京剧这种传统艺术形式作为教学的主要目标"。请问，"样板戏"背后的故事应该怎样讲？对天真无邪的小学生怎么讲？通过学唱"样板戏"能"理解京剧这种传统艺术形式"吗？

彻底否定"文化大革命"是中国共产党的既定方针，在中国实行的义务教育的课程不允许违背这一方针。将"文化大革命"产物的"样板戏"作为京剧课的主要内容，至少模糊、弱化了对"文化大革命"的彻底否定，应该予以取消，代之以真正能代表京剧或其他戏曲优秀传统的曲目。

第五章

追忆似水流年

1. 故乡小学杂忆

两年前，某电视台拍摄《回乡》系列，将我也列入其中，于是摄制组随我回到我的出生地——浙江湖州市南浔镇。当天下午，我来到曾经就读的小学原地，几乎已经无法辨认。从一条巷子绕到背后，终于找到了一排似曾相识的旧平房，现已辟为民居。据住户中一位老者说，这就是当年小学的教室。当年学校名为圆通小学，后改名浔北小学，那时的南浔镇也属吴兴县。

我上学的时间很早——1950 年 9 月，年龄 4 岁 9 个月。年长我三岁的姐姐上学，我跟着去玩，到校后就不肯回家，一定要上课。老师见我很认真，就同意了，让我坐到一年级教室里，与新生一起上课。学校是圆通庵改的，以后学了历史，才知道这圆通庵曾经发生过惊天动地的大事。清初南浔"庄氏私修《明史》案"导致七十多人被杀，这惹祸的《明史》就是在圆通庵修的。但当时我只知道校舍的门槛很高，我跨不过去，每次都要大同学或老师帮助。由于年龄小，个子也小，两年后才正式升级。

学校很小，设施简陋，但也有礼堂和操场。我从小不喜欢运动，对操场已经没有什么印象。那礼堂大概是原来的佛堂，已经改建，搭了一个台。大概三年级时，班主任韩学农老师为我排练一段快板，参加全校的演出。快板的内容是老农民拥护粮食统购统销，他亲自将我化妆成老头，穿上一条"作裙"，挑着一担"粮"。我一走上台就引来全场关注，谁知刚开始说话扁担一头的绳子断了，韩老师不得不上台救火。

另一次是全校的演讲比赛，也是上台讲。这次我还获奖，奖品是一本"千用簿"。其实是在一块腊板上铺了一张半透明的薄纸，用不太尖的竹笔在上面写字划线，可在纸上见到痕迹。而将纸提离腊板后，上面痕迹消除。如此可反复使用，这对我来说是很贵重的纸笔。实际上没多久纸就破了，但当时的确让我既兴奋又荣耀，也引起同学们的羡慕。

虽然是在小学，频繁的政治运动也是我们学习的重要内容。特别是在这样的镇上，任何运动都是全民动员，我家门前的宝善街和附近的大街上装的广播喇叭不是宣传就是演唱，几乎每天都会给我增加新的记忆。例如有段时间，不断播放越剧演员袁雪芬唱的歌颂新婚姻法曲子，以至到今天我还记得"千年枷锁已打碎，封建礼教如山倒"等内容。斯大林葬礼那天，我们正在空地上看人放风筝。忽听到喇叭里传来气笛鸣响，周围人肃立，我们也赶快站好。只见一只风筝脱线飞走，放的人也不敢去追。等肃立完毕，风筝早已不见踪影，大家连叫可惜。

有一段时间，镇上到处开会学习，不知是哪次运动。连家庭主妇也天天晚上去学习，地点在原来的耶稣堂。参加学习的都是妇女，不少人带着孩子，孩子们一起在门外或过道里玩得很开心。有时妈妈们唱起歌来，我们都挤在窗口看，觉得很新鲜。那时，极希望母亲天天晚上带我们去开会。

镇压反革命运动时又是另一种景象。除了喇叭里天天不断宣传，喊口号外，深更半夜也会有人在街上、巷里巡逻，边敲锣边喊"坦白从宽，抗拒从严"。不时听大人说，某家某人被抓，"解湖州"（押送县城）了。最可怕的还是听同学描述枪毙人，说亲眼看到脑袋开花，白色的脑浆与血一起流出来，有的还说枪打过后，头被削掉一半，令人毛骨悚然，有的同学吓得晚上做恶梦。虽然枪毙人的地方离我们家并不远，但大人不许我们去看，我也从来不敢去。

另一些运动就连小学生也参加了，并且都很积极。比如欢迎志愿军伤病员、各种游行，特别是爱国卫生。记得在抗美援朝时，听说美帝发动细菌战，又听说在附近某地扔下了细菌弹，有鼠疫、伤寒等细菌，还放在糖果中引诱孩子去捡。老师教育我们路上的东西不能随便捡，发现可疑的要立即报告。这使我在很长一段时间内看到老鼠就想到鼠疫，害怕被传染。

南浔镇被评为爱国卫生先进镇，其中少不了小学生的功劳。有一位名叫王阿金的老太作为代表去北京开会，见到了毛主席，南浔作为卫生镇的名气也更响了。卫生镇的标准之一是无蝇，于是就得不断灭蝇，小学生成为主力，每个人都有任务，必须消灭多少个苍蝇。下课后，我们就带上自己做的苍蝇拍和放些散石灰的空火柴盒出发了。我们的蝇拍是用废纸板剪成长方形或椭圆形，上面打些孔，中间插一根竹柄。打起来比较费劲，容易破，而且用力太猛了会把苍蝇打扁打烂，看了恶心，还不便统计数字。但商店里卖的纱面蝇拍我们是买不起的，虽然用起来很方便。因为要完成任务，最好超额，所以专找苍蝇多的地方，如"羊木行"（制革作坊）。那一张张被针在木板上的新鲜羊皮，表面还能看到血丝，会引来大量苍蝇，正是我们扩大战果的好机会。上交死苍蝇时要统计数字，开始时一个个数，后来改为称量，以两为单位。我大概没有什么突出表现，所以没有像演讲比赛那样得奖。

与运动配合的还有歌曲，学校里教，更多的还是喇叭里播放，游行时唱。我不仅会唱少年儿童唱的，如"让我们荡起双桨"等，还会唱中学生和成年人唱的歌，也会唱流行的苏联歌曲。记得有一次看游行，见队伍中有人扛着一棵连根拔起的柳树，喇叭里播的是："嗨啦啦啦啦，嗨啦啦啦啦，天空出太阳呀，地上开红花呀，中朝人民力量大，打败了美国兵呀。全世界人民拍手笑，要把帝国主义连根拔那个连根拔！"这样的歌至今我还能记得，足见当初印象之深。

大多数同学家里都很穷，但我家更穷。解放前父亲是银匠，在宝善街一间街面房为人加工金银首饰。解放不久，浙江省取缔这一行业，就此失业，一家五口只能靠借贷和变卖度日。先卖家中存下的零星首饰，再卖铜锡用具。由于浙江不收购，又禁止带出，父亲都是天不亮就出门，偷偷送到邻近的江苏省去卖。坐吃山空，何况家里根本没有山。他曾与两人合伙开过一家小文具店，没有多久就关了门。几年后他去上海谋生，但经常没有钱带回家来。到1955年才掌握了土法制造钻头的技术，让母亲也去上海摆摊推销，生活渐趋安定。为了省钱，经常买最便宜的黑面粉，吃菜粥。但最难对付的还是开学时交学费、书簿费，姐弟三人上学，经常连书簿费也交不起。开学时，看到其他同学领了新书，而自己一直在担心到哪天被老师赶出教室，虽然老师总是雷声大雨点小，一再宽限。有一次，开学已经几天，我已吓得不想上学，舅父得知后送来了救急的钱。

到读完五年级，我从来没有买过一本书。但我从小喜欢看书，只要有字的纸都会拿着看。无论是糊墙的"申报纸"（当地当时对旧报纸的通称），还是偶然得到的一本旧书、一张字纸，我都会看，无论懂与不懂。有一次舅父从他读书的平湖师范回来，带给我们几本连环画报，我不知看了多少遍。五年级时姐姐进了初中，她的课本成了我的读物。只要她在家，我就从她书包里翻书看，特别是文学课本，我从第一课《论语》选读的"学而时习之"起，差不多每篇都背得出。只是好多字都念错，更不知道是什么意思。

除了5岁时随父亲回过一次原籍绍兴外，我一直没有离开过南浔镇。最远的一次是学校组织"远足"（春游）去了十几里路外的江苏震泽镇。另一次

"远足"是去沈庄漾"露营",晚上在古坟台上搭帐篷睡。四年级时我参加的一个集体节目被挑选到县里演出,要乘轮船去几十里外的菱湖镇,但自己要付几毛钱买船票,我只能眼睁睁看着被别人替补。1957年,父母在上海安顿下来,那年暑假让我转到上海读书。当轮船在夜色中驶离码头,我整夜未曾入睡,想像大上海的景象,直到江上的大轮船、江边的厂房和烟囱出现在晨光中。

开学后,我成为上海闸北区虬江路第一小学六年级学生,到今天已过半个世纪。但故乡的小学生活不时会浮现在眼前,当年的艰难苦涩都已淡去,留下的只是难忘的记忆。

2. 我所知的俞大缜

1981年5月中旬，我随侍先师谭其骧先生赴京出席中国科学院学部委员（院士）大会，住在京西宾馆。那是文革后中国科学院恢复学部后的第一次大会，会期较长，中间有一天休会。会务人员问谭先生想到哪里去，可以提供车辆。于是谭先生上午去沙滩人民教育出版社宿舍拜访老友周有光，下午去看俞大缜。谭先生已多年未去俞家了，只记得是美术馆后黄米胡同，在司机的协助下，居然顺利地找到了。

谭先生曾告诉我他与俞大缜的关系。他在燕京大学读研究生时，俞大纲是他的好友，来往密切，因此也结识了俞大纲的兄弟姐妹。解放后，俞大纲与俞大维（曾任国民党政府国防部长）、俞大绹（傅斯年夫人）去了台湾，俞大绂（中科院院士、曾任中国农业大学校长）、俞大纲（曾昭抡夫人、曾任北大西语系主任）、俞大缜留在大陆。但谭先生与俞大绂本来就不熟，俞大纲住在北大，偶尔也见过几次，而俞大缜住在城里，谭先生在北京工作时常有来往。俞大缜早已离婚，也不和女儿住在一起。

突然见到谭先生，半睡在躺椅上的俞大缜高兴得拍手高呼"谭其骧！谭其骧！"又拉着谭先生的手讲了好一阵话。俞大缜告诉谭先生，她已瘫痪了八年，由于严重哮喘，她只能整天在躺椅上半坐半卧，晚上也不能平卧在床上，生活都靠保姆照料。但她精神健旺，思维、言语正常。她说现在白天主要是教英语，完全免费，某些要人的子女都曾来学过。

此后我每年都会陪谭先生去北京几次，也随他去看过俞大缜。有一次，俞大缜告诉谭先生，俞大维在美国的儿子娶了蒋经国的女儿孝章。本来俞家担心蒋孝章难相处，实际她非常贤惠，一点没有"公主"习气。

有一次，正值中秋，谭先生从上海带了几盒月饼送给北京的友人，其中一盒是给俞大缜的，让我送去。送到后，正好俞大缜也空着，她要我陪她聊聊。我知道俞家与曾国藩家的关系，趁机问她李秀成供状的真伪。她说："李秀成劝文正公（曾国藩）当皇帝，确有其事。这是我母亲告诉我的，她是基督徒，一辈子不会撒谎。"俞大缜的母亲是曾国藩的孙女，而她的姐夫曾昭抡又是曾国藩的曾孙。俞大缜说，这在曾家不是秘密。她母亲不止一次说起，在曾家的其他房与长房（曾国藩长子）发生龃龉时，常有人说："还好文正公没有听李秀成的话当皇帝，要不，他们（指长房）不知会多厉害！"

最后一次见到俞大缜时她已病危，已由女儿接到中央美院宿舍的家中。1988 年 2 月 1 日，谭先生闻讯赶去。神志不清的俞大缜认出谭先生后，竟喊出了 30 年代称呼他的小名，还喊着俞大纲的小名，或许她已经回到了青春年华的美好记忆之中。

3. 我所经历的抄家

对不满四十岁的中国人来说，"抄家"一词一定相当陌生，甚至不知抄家为何物。因为在今天中国的法律中，已经没有抄家这一项，公民住宅和财产受到法律保护，搜查或没收都需要经公安部门批准，或经法院判决。但在"文化大革命"期间，抄家是很普通的一种"革命行动"。特别是在1966年文革初期，一度抄家成风，在任何城镇中随时发生，随处可见。当时的《人民日报》曾发表社论，赞扬红卫兵的革命行动："好得很"! 的确，抄家是从北京红卫兵的"革命行动"开始的，但这股风刮到各地后，情况有所不同，我的经历就可证明。

当时我是上海市闸北区古田中学的英语教师。这是一所只有两个初中年级、几十名教师的新学校，只有三名党员，勉强够成立党支部。我是教工团支部副书记，积极要求入党。文革开始时，党支部组织"左派队伍"，成立"核心组"，我是成员之一，负责整理材料，实际成了支部书记的助手。

1966年8月，北京红卫兵上街"破四旧"经广泛报道和充分肯定后，上海当天就爆发"破四旧"热潮，随之传来红卫兵上门抄家的消息。中旬某日下午，支部书记去闸北公安分局开会，原来是布置抄家。回校后，他立即向其他两位党员和我传达：市委得到消息，北京的红卫兵将来上海抄家。为了争取主动，避免混淆敌我界线，执行政策，市委决定发动红卫兵小将统一采取革命行动，由公安部门、里弄干部予以配合。接着宣布注意事项，抄家的对象由公安局提供名单，里弄干部引路确认，不能搞错，不能随意扩大。查抄的范围是金银财物、现金、反动罪证、变天账、枪支、电台等。要造清单，查抄物资要集中保管，防止遗失和破坏。要宣传政策，坦白从宽，抗拒从严。要文斗，不要武斗，但要打击阶级敌人的嚣张气焰。日常生活用品和粮票、油票、少量现金等不要抄走，让他们能维持生活。对抄家对象要严格保密，不能走漏风声。

他带回来的名单有5家，西宝兴路的周某以前是米店老板，青云路一家是地主，济阳桥附近一家当过伪保长，另有两家已记不得了。接着马上开"革命教师"（已被"揪出"的"牛鬼蛇神"或被贴大字报多的对象自然没有资格参加）和红卫兵会议，由支部书记布置动员。当时学校党支部还牢牢地控制着局面，红卫兵基本都是原来的少先队干部和出身好的学生。接着分工，周某家估计缴获最多，由大队辅导员 T 带头；抄伪保长这一队特意指派复员军人 Y 参加，以便万一发现枪支时能现场处理。每队指定一位教师负责登记查抄物资，回校后由老党员 W 集中保管。我负责各队及支部书记间的联络。那时还没有手机，公用电话也不多，骑自行车来往是最快捷的联络方式。

天黑后，各路整队出发。我随同其中一队，将到目的地时，果然见民警在等候，然后由里弄干部领至被抄对象。大概事先被看管，主人在家恭候。红卫兵一拥而入。可是那家地主只有一间棚户房，家徒四壁。红卫兵宣布采取革命行动，经过政策宣传，那地主交出一只戒指。在一片"打倒"的口号声中，红卫兵很快将屋子翻了个遍，实在找不到什么值钱的东西，见有不少各色纽扣，就当作战利品交给负责登记保管的教师。红卫兵向地主追查"变天账"，地主不知所云，立即挨了一巴掌，被斥为不老实。我悄悄叮嘱红卫兵干部"不要武斗"，已有人在砸墙角，往地下挖，看能不能找到反动罪证。我知道不会有什么收获，但又不便多说，只是让负责登记战利品的女教师务必管好财物，就离开了这一家。

接着我到西宝兴路周家。周某原来是开米店的，靠马路是店堂，里面是他的住宅，有几间平房，还有一个小院，在这一带算相当阔气的，去抄家的红卫兵和教师大概从未见过。等我到达时，屋内已经翻了个遍，橱柜箱子都已打开，但除了衣服、几件小首饰和少量现金、粮票外，没有什么值钱的东西。有的学生找到一个番茄酱罐头，不知道里面是什么，一定要砸开看，还说要看看里面会不会藏着什么。红卫兵正在院里批斗周某，他赤膊穿一条短裤，低头举着双手，衣服被汗水湿透。红卫兵高呼口号后，要他老实交代，将金银财宝和反动罪证藏到哪里去了，他虽然不断求饶，却一直说实在没有。

有的红卫兵急不可待，已经在房内撬地板，砸门框。我让红卫兵暂停一下，到院内休息，将周某带到屋内，让他坐下喝点水。我对周某说："这次抄家是红卫兵的革命行动，要抗拒绝没有好下场。如果能自己交代，老实配合，红卫兵一定会根据党的政策，只查抄金银财物和反动罪证，生活用品会留下，不会影响你家的正常生活。查抄的物品都会登记，留下清单，以后会根据党的政策处理。你要不交出来，红卫兵挖地三尺也会找，到时候房子也毁了，你还得从严处理。"我还说："我们是正规的红卫兵，是通过派出所、里弄来的，还有党支部派来的老师，严格执行政策。要是碰到自己来的红卫兵，东西抄走了连收条都拿不到。"看到他欲言又止，还在犹豫，我又劝他："你这么大年纪了，命要紧还是钱要紧？你听我的话，我保证你的安全。只要把东西都交出来，红卫兵不会砸房子，也不会再斗你，办完手续就离开。"这时他说："老师，我听你的，你说话要算数。"我说："你放心，党的政策是坦白从宽，抗拒从严，你现在交出来还是算坦白的，一定会宽大。"

他带我走到一个房间的门口，告诉我可以将门上的司必灵锁取下，原来在锁下面有一个洞，里面藏着2根小金条。又在一堆衣物中找到一个枕头，拆开边线，里面藏着一迭人民币。我肯定他的态度有转变，又说："如果你真的愿意彻底交代，争取宽大，就应该先将最大的东西交出来。我们知道你不止这些。"他迟疑了一下，带我走到院子里，指着矮篱旁一根竹子，说在这里面。这根竹子顶上糊着石灰，敲掉石灰，下面露出油纸包着的一段硬物，原来是一根10两的金条。他说："是老早就放在里面的，不是因为知道你们来抄家才转移的。"的确，竹子已很旧，石灰也是干的。我说："你有实际行动，我们相信你，你可以慢慢想，不要漏了。"就这样他一件件交出来，老实说，要是他不交，就是挖地三尺，一时也未必找得到。最终获得的战利品是三十多两黄金、几件首饰、一千多元现金、一批毛料衣服、皮箱、电风扇等。

此时已过午夜，学校食堂用黄鱼车（三轮运货车）送来肉包子、稀饭。因为战利品多，得等天亮后找一辆卡车运回学校，红卫兵留在周家，或席地而卧，或坐着打盹。我让周某与家人睡觉，他说哪里睡得着，开始整理扔在地上的杂物。

第二天一早，从附近工厂调来的一辆大卡车开到，我们边往车上搬东西，边写清单。我根据事先传达的政策，也为了兑现承诺，给周家留下了不少生活用品，如一百多元现金、全部上海粮票等票证、穿过的衣服和用过的器具。如一新一旧两台电风扇，只拿走新的；零星的衣料、旧的皮箱也没有拿走。全国粮票都抄走，因为拿了全国粮票可以到外地用，要防止资本家外逃。

T和一些红卫兵颇有意见，认为我过于宽大，但因为那时我是学校公认的左派，又是党支部组织的"核心组"成员，没有人怀疑我立场不稳。但周某颇有些得寸进尺，不时请求红卫兵留下某件物品，惹得 T 大怒："老实些！谁跟你讨价还价。"我怕周弄巧成拙，也训斥他："我们会掌握政策，你少噜苏！"装完车后，我让周某在清单上签字，又将一份清单交给他保存，满载而归。

其他几家都没有抄到什么值钱的东西，伪保长家也没有发现武器（但据说后来被其他单位抄到了）。因为当时只规定上报清单，"抄家物资"暂时由学校保存，我们专门腾出一间储藏室保管，仍由 W 负责。后来学生要烧图书馆中"封资修毒草"，我与管理员在夜间将可能惹麻烦的书挑出来，也放在这间房内。到 12 月时出现"造反派"，接着批判资产阶级反动路线，夺党支部的权，成立革命委员会，W 始终管着钥匙，这间屋子安然无恙。

据我所知，这样一类由公安局安排的抄家进行了几天，但红卫兵或"革命群众"自发的抄家延续时间更长，次数更频繁。当时有些中学党支部已经失控，只要红卫兵提出要抄家，就没有人敢阻止，所以几乎每位中老年教职员或出身不好的青年教师都给抄过家，只是程度不同而已。一些目标大的对象，往往一批抄过又来一批，甚至不知道来者是哪个单位，东西给谁拿走。有的不得不请求被抄对象所在的单位贴上布告，证明已由本单位红卫兵抄过。一些中学生的抄家是毁灭性的，不管抄到什么，能砸的全砸光，能搬的全搬走，根本不留什么收据清单。

当时是抄家的初级阶段，目标是金银财宝、"四旧"和反动罪证，不像以后"清理阶级队伍"或"一打三反"那么专业，有特定目标。反动罪证就五花八门，有的令人啼笑皆非。如一些原工商业主家中或普通人家中往往会留有旧账本，红卫兵发现后一概称为"变天账"，印有青天白日满地红旗帜或徽记，或有孙中山、蒋介石头像的毕业证书、奖状、证书、纸币，有"中华民国"年号的，有"反党分子"（如已当时被打倒的彭真、罗瑞卿、陆定一、杨尚昆，或邓拓、吴晗、廖沫沙"三家村"）照片、姓名的文章，都成了反动罪证。

本校一位中年女教师因父亲属"反革命"，抄家时也顺便到她家扫了一下，谁知发现重要罪证——原来她用旧报纸剪鞋样，而报纸上本来有毛主席的照片，剪过后就不完整了。更严重的是，在毛主席的身上还有一个个针眼。她当场被打为"现行反革命"，作现场批斗。幸而学校党支部没有将她列为运动对象，她还能将学校当作避风港，尽可能早上班晚回家。

一时间上海风声鹤唳，"四类分子"（地主、富农、反革命、坏分子）、右派（含已摘帽的）、"牛鬼蛇神"（揭批对象，尚未定性处理）、"三反分子"（反党、反社会主义、反革命修正主义分子）、"流氓阿飞"自不用说，就是一部分劳动人民也胆战心惊，因为出身不好或有问题的亲友关系都会被株连，有的就因被怀疑接受抄家对象的转移而被抄。而且一般家庭也免不了有点金银首饰或"四旧"。

当时和事后都听到过一些无法证实的传言：有人将金条包起来扔进苏州河，清洁工在阴沟里拣到大批珠宝首饰。但确有其事的是，银行收购黄金白银的柜台前排着长队，拿着金戒指、"小黄鱼"（一两的小金条，当时牌价96元人民币）、银元来兑换的几乎都是老人小孩，因为真正的主人不敢露面。几天后，大概引起红卫兵的注意，银行宣布暂停兑换。文革结束后，上海的报纸上曾刊登过一条消息，抄家时有人将大量金银财物交给属劳动人民的亲戚保管，当时自然不会有什么收据或清单。事后双方发生争执，一是双方所说数量相差悬殊，一是接受方称是赠送而不是保管，最后只能对簿公堂。

报上刊登过北京红卫兵抄家的伟大成果：价值多少的金银财宝，多少反动罪证，使阶级敌人闻风丧胆，大长了红卫兵的威风。还举办过展览会。但上海似乎没有这类综合报道，也没有举办过大规模的展览会。有些单位在内部举办过战利品的展示，或者让抄家对象手持抄出的罪证，甚至穿戴上抄获的"封资修""奇装异服"接受批斗，游街示众。

我所在的学校后来调入两位教师，在"落实政策"和清理抄家物资时我得知，其中一位的父亲是资本家，抄家时发现几十两黄金，是藏在一只煤球炉的四壁。另一位表面家庭贫困，母亲经常到菜场拣菜皮，子女衣衫褴褛，但偶然被抄上万元现款，为此一直在审查，最后查不出什么疑问，却不知怎么处理这笔钱。

当年冬天，一些被抄对象请求领回过冬的衣被，或发还一些钱。我们学校只抄了几家，也没有抄本校教工，记得只有一个人来过。经请示上级，可以按实际情况处理。大概到了第二年，各级革命委员会先后成立，上面通知可以允许被抄对象适当领回一些生活用品。过了一段时间，下达了对抄家物资的处理办法，要求各单位成立清理小组，与被抄对象核对查清后，除必要的生活用品可以发还外，金银由银行按国家牌价收购，其他家具衣物等交旧货商店变卖，全部收入存入银行冻结，等待"运动"后期处理。"四旧"和反动罪证上缴统一处理。我们学校保存的东西不多，除了周家抄来的，其余的都不值钱，且全部有清单，大多退回了，这项工作仍由 W 办理。

但大量被毁灭性抄家，或者根本不知道抄家者是谁，更不可能留下清单的人就惨了。他们既无法证明家中的损失，又找不到追索对象，连本单位也爱莫能助。据说到文革结束落实政策时，只能适当予以补助。

一时间，淮海路旧货店等处堆满了各种抄家物资，皮大衣、料子衣服、红木家具、沙发、电风扇、收音机、照相机、留声机、钟表、工艺品应有尽有，店堂里放不下，人行道和马路边上也堆着。一把红木椅子只卖 10 元，一套皮沙发几十元就够了，工艺品更不值钱，却没有什么人买。因为高收入的人大多被抄被斗，工资、存款已被削减或冻结，住房也被紧缩，一般家庭住房狭窄，就是白拣也没有地方放。更重要的是，经过"文化大革命"的风暴，已经没有什么人敢保持"资产阶级生活方式"。倒是劳动人民无所顾忌，只要买得起，家里放得下就行。我看到了梦寐以求的英文打字机，以往多少次走过南京东路那家商店，看着玻璃柜里标价上百元的打字机，如今成批堆在地上，最多几十元就能买到。我挑了一台 UNDERWOOD 三十年代的手提式打字机，花了 25元。那时我住在学校，每天都公开练打字。我不怕有人说我走"白专道路"或追求"资产阶级生活方式"，因为我打的都是英文的《毛主席语录》和《毛泽东选集》，或《北京周报》(Peking Review)。我完全按照正规的盲打训练，至今获益匪浅——用五笔法每小时可以轻松地输入四千字。那台打字机我一直使用到 1986 年，以后又给我几位研究生练打字。

1979 年春天，我已在复旦大学历史系读研究生。一天下午，我正在图书馆看书，有同学告诉我宿舍有人找我。回到房间，见有一位不认识的老人坐着。他自我介绍说是西宝兴路的米店老板周某。他千恩万谢，说幸而当年是由我去抄家，让他渡过难关，现在落实政策，按清单完整无缺，连全国粮票都没有缺。又说他到我原来的中学问到我的地址，得知我考上了研究生，"真是善有善报，你现在高升了"。我顿感惶恐，抄人家还能算善事？连忙解释："这是党的政策，我只是按政策办。"寒暄毕后，我才得知他的来意，现在有一张外国股票可以兑现，家里却找不到原件，问我有什么印象或线索。我告诉他，当时只注意金银财物，也不懂什么股票。要是被红卫兵当成"反动罪证"，早已被撕了毁了。要是没有被发现，也可能在混乱中遗失了。既然连粮票都一一登记，要是真有这张纸，清单上不会缺少。他说当然相信我们认真负责，只是想了解我有什么印象。我说："要是知道股票这么值钱，肯定会注意，可惜当时连股票是什么也不知道，怎么会有印象呢？"我劝他赶快按遗失的结果想办法，因为不会有比我更了解的人了。

　　四十一年过去了，当年的抄家者和被抄者有的已经去世，有的可能已记忆不清，有的不愿再保留不堪回首的记忆，有的甚至还在炫耀自己的"革命行动"。我倒希望有亲身经历的人都能记录下来，毕竟这是中国历史上不可或缺的一页。

4. 我经历过的"学生政审"

所谓"政审",就是"政治审查"的简称。这曾经是改革开放以前每个成年人或中学文化程度以上的人所必须经历或熟悉的过程——因为从理论上说,人人都需要通过各种方式的"政审"。

在一个"政治统治一切",什么事情都要"讲政治"的社会,对每个人都要进行政治审查,对每件事、每个人首先必须从"政治角度"作出评价,是完全正常的。而根据毛主席的教导:"每个人都在一定的阶级地位中生活,各种思想无不打上阶级的烙印。"阶级地位和阶级烙印就被解释为一个人的家庭出身,所以在一般情况下,政审是从调查一个人的家庭出身和社会关系开始的。

进一步的政审,就要根据不同的要求,如入团、入党、参军、提干、当劳模、评奖、享受各种荣誉、当选代表或委员、成为统战对象、出国、升学、从事某种工作、执行某项任务,甚至能否在某地居住、与某人结婚、上山下乡的方式(插队、农场、军垦)或地点(内地、边疆)等等,需要对本人的历史和言行进行审查,或者扩大家庭出身和社会关系的审查范围。这些都属于常规的、普遍的审查,结果是合适或不合适,或者需要对审查对象实行哪些限制,而不是处理或处罚。如果在政治运动中或针对某种案件,就需要成立"专案组",设立专案审查,对审查对象专门作结论,作为最后处理或惩罚的根据。

曾经在解放后至改革开放前生活过的成年人,人人都是被政审的对象,只是审查的方式有所不同。而要进行如此广泛而深入的政审,也需要大批不同等级的政审执行者。我出生于1945年,于1964年入团,同年高中毕业,1965年正式参加工作,并提出入党申请,"文化大革命"开始的1966年已经成年,文革中一度要借调我进市"写作班",曾报名支援西藏,1976年几乎入党,1977年被评为市先进工作者,当选为市人大代表,1978年考取研究生。我相信,这中间已经历过无数次政审。但这些,我自己是不可能知道的,最多偶然听到经办者透露有那么一回事。但从1968年开始,我被挑选进了所在中学的"材料组"(专案组的别称),参与审查运动的对象。一年后,学生开始"上山下乡",接着又有了毕业分配,我兼做学生的毕业政审。文革后期共青团的活动恢复,我担任了校团委书记,负责团组织的建立和新团员的发展,又需要对入团对象作政审。直到我考取研究生离开中学，我做了十年的政审，可以说说我的亲身经历。至于"专案组"的经历，因为与政审并不完全相同，留在以后再说。

在上海市区，小学生毕业时还没有什么档案，转入中学的只有成绩单（包括其中的品德评语）和一张登记表。学生的家庭出身、父母亲的工作单位和政治面貌、本人曾经担任过什么干部等一般都根据学生自己的填写，个别特殊情况由校方或班主任注明。入学前后，校方都不会专作政审。对需要担任少先队、校级或班组干部的学生，一般只是通过与原来的小学联系了解。

但到中学毕业（文革前分高中、初中，文革期间合并为学期为四年中学）前，就必须进行家庭情况与社会关系的政审，填写一张政审表，放进学生档案，转入他（她）下阶段的工作、学习单位或户口所在的派出所。在毕业前的半年（有时因人数多开始得更早），学校就要派人去每位学生家长所在单位，通过查阅本人档案，摘录家庭出身、本人成分、政治面貌、家庭成员、主要社会关系、奖惩记录、有何审查结论或特别需要说明的问题。然后交单位核对无误后签署意见，盖上公章。

父母双方材料齐全后，由政审人员填写表格，摘录的材料作为附件，放入学生档案。父母工作单位不在本市的，可以通过人事部门进行"函调"，对方人事部门会按要求摘录盖章后寄回。一般对方单位都很重视，会按时寄回。但遇到特殊情况，如对方单位还在"武斗"，没有成立革命委员会，或者档案被封，或者被调查对象正在审查等（这些情况在文革中常有），有时到学生将离校时还未收到。那时打长途电话既贵又难，而且根本查不到外地单位的电话号码，所以只能一次次发信催。

正常情况下，这项工作是由学校的专职人事干部做的，由于工作量大，也可以组织教职员中的党团员协助。我所在的中学文革前刚建立党支部，只有三位党员，还没有专职人事干部，加上文革中的特殊情况，"工宣队"（工人毛泽东思想宣传队）材料组的成员（包括我们几位参加的教师）就承担了这项工作。每年有上千毕业生，得摘录二千来份档案。那时我年轻，骑自行车，查档案和摘录速度快，又住在学校，所以全校学生多数是我政审的。

查档案需要县级以上政府部门的专用介绍信，我们先开了"校革会"（学校革命委员会）的介绍信和名单，到"区革会"（区革命委员会，地级单位）开介绍信。由于量太大，介绍信得一本本地开，后来就让我们领回空白介绍信，事先开好后到区里核对盖章。接待单位只认县级以上的公章，专职人员一看公章的直径就明白了。但文革中有的单位是新建立，有时会因"区"的介绍信而拒绝，这时就得解释这个"区"比县级还高。介绍信上必须有调查人的姓名和政治面貌（党员、团员、群众），按规定，只能查与自己身份相当的对象，如团员或群众不能查党员的档案。群众和一般干部的档案保管在所在单位，一定级别的党政干部、统战对象或特殊人物的档案保管在上级单位或特别部门，到那里去才能解决，而且不一定就让查阅。遇到家长是党员或干部，我们非党调查者可以请对方人事干部代查代填。

比较复杂的情况，或对方不愿代办，只能另派党员去调查，或专门给上级部门打报告，获得批准后再去查阅。我们的家长中最高级别的是局（厅）级干部、老红军（抗战前入伍）和市劳模，有的表格是由单位代填的，非常简单：某某，党员，副局级干部，其他项目一概空白，或填上一个"无"字。文革前期党组织陷于瘫痪，所以不少单位只要有介绍信就能查档案，常常会把党员、干部的档案给我这非党员看。但如果接待者是原来的人事干部，一般都遵守规定，至多抽出一张登记表之类让摘录一下。其实，为了工作便利，我们倒是希望只抄一张表格。

那时中学是就地招生，按学生的居住地分块，家长的工作单位相对集中。如学校附近的3516厂，就是家长最集中的单位。每次政审，我们将名单交给工厂人事部门，去抄上两三天，百来份政审材料就完成了。但一大半家长的单位都是分散的，得一个个去，有的还在郊区。那时交通不便，一天只能跑一个地方。去崇明县要坐轮渡，当天无法往返，一般都发函调。

如果家长没有正式工作，如不少学生的母亲是家庭主妇，或只在里弄生产组工作，有的父母是临时工、外包工，他们的档案得到所属派出所去查，多数人没有档案。对这些人就抄户口本，然后找户籍警或居委会主任核对一下，由派出所盖章。但如果情况比较复杂，如属刑满释放人员、"五类分子"（地主、富农、反革命分子、坏分子、右派分子实际包括"摘帽右派"）或者"内控"（内部控制的对象）就比较麻烦，他们的档案有的在原判处单位或原来的工作单位，有的还在外地劳改单位。但这样的对象恰恰是政审的重点，非查不可。

我政审的对象大多属"劳动人民"，档案袋中只有薄薄几张纸。但"有问题"的人档案会有几大包，如何能不错漏地摘录，又节省时间，既需要正确判断，也得依靠经验。刚开始时我逐张翻阅，速度很慢。后来才知道，自传、检举揭发材料、旁证材料、调查笔录等不必看，只要找到主要表格或审查结论就可以了。有的结论很不规范，如有的家庭出身、本人成分栏中所填往往与政策不符，或者纯属杜撰，有的结论前后矛盾，时间不对等等。遇到这种情况，就得找人事干部或单位负责人。有时他们也解释不了，或不知所云，那就拣轻的抄，或者在征得他们同意后不抄。有时翻到一大包材料，出于好奇，我会仔细阅读，倒了解了一些平时从来没有机会了解的情况。其中不乏一些骇人听闻的事实，使我感受到了阶级斗争、政治运动的残酷无情。

如一位被枪决的"恶霸地主"的全部材料就是一张草草书写的"判决书"，没有任何旁证材料。记得有一次到"提篮桥"（上海市监狱）抄来的一份材料，本人因贪污判刑三年，罪行是当公共汽车售票员时贪污了几十块钱。检举揭发他人的信件，特别是针对领导的，往往留在本人的档案中，还加上领导要求对该人调查的批语，甚至已作了"恶毒攻击"、"阶级报复"等结论，可怜本人还一无所知。

解放初，绝大多数人填表格或写自传时都极其忠诚老实，特别是在政治运动中，或自认为出身、经历或多或少有点"问题"的人，都点滴不漏，惟恐涉嫌隐瞒历史，欺骗组织。那些要求入团入党、靠拢组织的积极分子，更将这当作相信党的具体行动，往往连道听途说的话也会当事实交代，心里有过的想法也要汇报。如有的人解放前当码头工人，拉黄包车（人力车），为了相互照顾，拜过把兄弟；或者为了寻求庇护，拜过师父。在填写社会关系时会写上：结拜兄弟某某系恶霸，被政府镇压。师父某某，听说逃往台湾。有人上过大学，会将同学作为社会关系一一列出，其中免不了会有"去美国留学未归"，"随蒋匪逃台"，"是三青团骨干"等。于是，明明本人属"苦大仇深"的工人阶级，或党员干部，却已列入"内部控制"，在档案中写上了"有反动社会关系"，"社会关系复杂，有逃台蒋匪特务"。到文革中"清理阶级队伍"时往往成为重点审查或批斗对象，甚至成了"里通外国"、"敌特嫌疑"，本人受罪，还祸延子女，使他们在入团、分配工作时受到种种限制。

毕业家庭政审一般限于父母，但父母双亡的则还得调查抚养者（监护人）。如直系亲属中发现有"杀（被判死刑）、关（被判徒刑）、管（被判管制、劳动教养）"对象，则还得补充调查，至少要抄到正式结论。

这份政审表格就成为学生档案不可或缺的一部分，学生毕业后不管是下乡还是就业，都要带上这份材料。有的单位要先看档案，审查合格后才会接收。没有下乡或就业而留在家里的学生档案，到一定时候就转入所属派出所。

如家庭出身不好，属地主、富农、反革命、坏分子、右派分子（往往包括已"摘帽"的），军垦农场和黑龙江、吉林、内蒙古、云南等边疆地区的农村一般不会接收，除非是个别能坚决划清界线的积极分子典型。分配工作时，对进入国际海运、军工单位、"保密厂"、"要害部门"的人也会严格审查，有时还得补充调查直系亲属和重要的社会关系。对资本家、小业主、有"历史问题"但已作结论者、属"人民内部矛盾"的审查对象、经济问题（一般"投机倒把"、"多吃多占"、"小偷小摸"）、生活作风问题等没有严格规定，往往因人而异。只要学生本人可以，一般会网开一面。

政审表格是不与本人见面的，班主任和其他教师也不能看，但对分配有一定限制的对象，会给相关教师提醒一下，不一定透露具体内容。教师往往颇感意外，甚至大吃一惊，例如最钟爱的好学生、学生干部就此与某些机会无缘。但当时人都明白"政治"与"家庭出身"的重要性、神秘性，一般不会问，或不敢问具体情况。

对入团或当校以上干部，如市级、区级"红代会"（红卫兵代表大会）或团委的学生委员，如在家庭政审中发现问题，要找本人谈认识。如果学生不知道，就让他们回家问父母，然后写成书面认识交来。如属阶级立场一类重大问题，还必须在入团审批会上公开谈认识，由团员视其深刻程度决定是否同意入团。隐瞒情况或认识不够的自然就此淘汰。

征兵的家庭政审要严格得多，不仅要查父母和直系亲属，还要查主要社会关系。不仅要抄结论，有问题还要摘录具体材料，包括正在审查或未作正式结论的问题。70届征兵时有位学生的父亲是3516厂的老工人，历史清白，家庭出身和社会关系毫无问题，却受了档案中一句话之累。原来他在业余学文化时做造句，造了一句"我们都盼望蒋介石回来"。因为当时正宣传"和平解放台湾"，国家领导人说如果蒋介石愿意回来可以让他当副委员长，所以这位刚摘了文盲帽子、对"盼望"半懂不懂的工人写了这样一句话。结果可想而知，无论我们如何解释，部队坚决不收。他父亲来找我询问原因。我内心十分同情，却不能透露，只能说些安慰的空话。

我还接受过两次比征兵要求还高的政审。一次是文革后期，上海开始办外语培训班，按王洪文的说法，要培养"红色外交战士"、"工人大使"。从应届中学毕业生中挑选，经审查合格后直接入学。那次我们中学分配到一个名额，先挑出几位表现好、家庭出身等方面尚未发现问题的学生，初审后进行比较，集中在一位父亲是党员、一般干部的男生。对他的政审遍及所有能找到的家庭成年成员和社会关系，最后报送成功。

学生本人的表现一般由班主任写评语，文革中一度改为由"红卫兵排"（相当班委）或"革命小将"自己鉴定。实际上教师害怕得罪学生或影响学生分配工作，都不敢再写。学生自己写的接收单位也不会当真。我负责管理全校差生，有不少学生自己写的检查、"认罪书"，还有公安局、派出所、"文攻武卫"（一度存在，相当治安队、联防队）等转来的材料，这些都不是正式的处理决定，都不随档案转出。个别学生被公检法（那时公安局、检察院、法院合而为一）判刑或送劳动教养的已经开除，我们不必再管。一般性拘留审查的不算正式处理，材料留在公检法。

相比之下，学生本人的材料反而不如家庭出身重要。我的记忆中，除了毕业后出了什么事，所在单位来校了解，我们从未在毕业生档案中主动附什么材料。某年盛夏的一天下午，突然接到无锡传染病院打来的电话，称我校一位学生正在该院，有重要"政治嫌疑"。我与一位工宣队材料组长连夜乘火车赶去。原来该生在其姐工作的医院过暑假，那天在公厕蹲坑旁发现"打倒毛"三个字，经当地公安局侦查，他是主要嫌疑对象。我与他谈了一个上午，软硬兼施，他都没有承认。我越来越相信非他所为，坚决要求对方提供证据，看到了公安局的鉴定书原件。原来写着"因送检字数太少，难以比较，该人书写的可能性较大"。我以鉴定不符合规范为由，拒绝接受该材料，将学生带回。此事在我校从未公开，连班主任都未告诉。不久该学生毕业，从未听说有任何"反动"行为。

不过，在这十年间，经我们之手产生的"政审材料"，更多的是使一些学生从毕业之日起就戴上了无形的枷锁，受到种种限制和不公正的待遇，被打入另册。而本人及家人可能根本不知道真正的原因，因为其中大部分纯粹出于冤假错案，或极左、教条、不负责任的做法。要不是拨乱反正、改革开放，或许我会一辈子做这样一件名为"坚持政治方向，贯彻阶级路线"、实则伤天害理的事。

如今，我作为研究所所长、图书馆馆长，先后接收过很多硕士、博士研究生和新员工。他们都有档案材料，但我从来没有去查过他们的家庭出身或社会关系，我重视的是面试，看重他们的实际能力和表现。每当他们被愉快地录取、取用，或拿到毕业证明、获得学位时，我不由得感叹："年轻人，可知道你们有多幸运！只要凭自己的努力，你们就能获得这一切。"

5. 功夫在"书"外

所谓"治学"，无非是指学习或研究自己的专业。我的专业是历史地理，与今天的学生相比，我进入专业领域实在太晚了——1978年10月才考取先师季龙（谭其骧）先生的研究生，还差两个月就满33岁了。而在此之前，我的全部学历是高中毕业加上一年上海外语学院夜大两年级。报考研究生时我并不知道历史地理专业的确切定义，以为是历史加上地理——都是我喜欢的专业。另一方面，是因为当时新婚成家，不想离开上海，只能在上海的大学和导师中选择。到复试阶段，看了当时上海图书馆能找到的有关书籍，包括先师和顾颉刚、侯仁之、史念海等人的一些论著，才知道并非自己所想的那么简单。

研究生入学后，发现四位同门中，两位是本校本专业的毕业生，一位是南京大学历史系本科毕业，一位虽非历史或地理专业出身，却也毕业于名牌大学，且有多年的工作经验，我起点自然最低。我们的年龄排列也很巧——每人差一岁，我也是排在最后。

开学时，谭师还是住在华东医院，为我们上的第一堂课就是在医院的大厅中进行的，以后才转到医院附近辞书出版社的一间会议室。除了政治、英语和我自己加修的日语外，没有其他课程，剩下的时间都是自己找书看。见其他同学都已轻车熟路走上正轨，我却还不知道从何入手，只能按照先师布置，从读《汉书·地理志》入手。看到有的同学确定了研究方向，有的已在撰写论文，心中更感焦急。但一年多后，学校领导决定由我担任先师的助手，使我获得了特殊的机会。当时先师已69岁，由于在1978年初突发脑血栓留下半身不遂的后遗症，左侧手脚行动不便，但他的学术和社会活动相当繁忙，承担着多项重大科研项目。我担任他的助手后，一般每周去一二次，电话联系就更频繁，帮他整理材料，处理信件，安排日常事务，也做些科研和教学的辅助工作。在他外出时，我一般全程陪同。

1981年5月13日，我陪先师赴京出席中国科学院学部大会，接着又在香山参加民族史讨论会，到6月1日才返回上海。这是我第一次陪先师外出，也是平生第一次乘飞机。此后直到1991年10月他最后一次发病，除了我去美国访问一年外，我一直陪同他外出，最多的一年有13次之多，最长的一次达半年。

由于朝夕相处，随时可以得到先师的耳提面命，我不仅逐渐熟悉了先师的学术思想和成果，也了解了他的治学态度和方法，包括他尚未发表的观点和正在探索的问题。例如对历史上的中国应如何解释，如何界定，这样的探讨经历了很多年，在文革期间曾以此为题作学术报告，但当时难免不受到"左"的思潮的影响。1981年在民族史讨论会上他又就此问题作了一次报告，但在整理发言稿时仍有一些地方不满意。

多年后此稿发表，他仍不时与我谈及其中一些观点。《中国历史地图集》出版后，发表了一些有影响的评价文章，他觉得有些方面没有说清，或者并没有涉及要害。在他的启示下，我也写了一篇，较深入地讨论了一些旁人较少涉及的内容。他觉得有新意，认为有些问题应该在编绘《国家历史地图集》时加以改进。又如他撰写《论〈五藏山经〉的地域范围》一文时，我陪他经历了从确定题目，收集资料，解决难题，到分享完成的喜悦的全过程。与其他同学及同事相比，我不仅增加了很多接受先师言传的机会，更能随时接受他的身教，学到必须身心意会的学问。

1981年10月8日，我顺利通过硕士论文答辩，该文当年底即在《中国史研究》发表。1982年3月，我被录取为先师的在职博士生，一年多后，我完成了课程和博士论文，经教育部特批提前毕业，于1983年8月通过论文答辩，8月获博士学位，为全国文科首批。1985年提升为副教授，1991年晋升教授，1993年被评为博导。1996年任复旦大学历史地理研究所第三任所长，1999年兼任教育部首批人文社会科学重点研究基地"复旦大学历史地理研究中心"主任，2004年被聘为中国地理学会历史地理专业委员会主任。

由于我对先师的道德文章有更多亲身体验的机会，对他的学术和经历有更深入的了解，我先后为他起草了自传、学术概述，在赵永复先生整理的基础上整理编辑了他的论文选集《长水集》上下册，还帮他整理了几篇论文。先师归道山后，我整理编辑了《长水集续编》、《谭其骧日记选》，为他撰写了70多万字的传记《悠悠长水》。在协助他工作的过程中，我也有机会分担了一些重大科研项目，如《中国历史地图集》的修订，《中国历史大辞典·历史地理分册》的编纂等。1982年12月，我因陪同先师出席了《中华人民共和国国家历史地图集》的首次编委会，后担任其中的人口图组组长，以后增补为编委，兼任编辑室主任，承担日常编务。这些经历不仅使我较快地具备了独立从事重大课题研究的能力，而且增加了这类大型、长期、多学科、多单位合作的科研项目的运作管理方面的经验，使我受益无穷。

在担任先师的助手期间，我随同他参加过很多重要活动，如几次中国科学院学部委员（院士）大会和相关活动（如视察和评估相关的研究所、选举新院士等），国务院学位委员会学科评议组、国务院古籍整理出版规划小组、中国社科院、中国史学会、中国地理学会、中国地方志协会及其他很多学术会议或工作会议，到了国内很多地方，有机会见到很多学术界前辈，有时还能问学受教，对上世纪 80 年代还健在的历史学界和地理学界的大家名人，我几乎都有直接的印象。这些都是中国学术史的组成部分，我有机会亲历，曷其幸哉！

我的第二项"书"外功夫，是对专业以外的关注。由于高中毕业以后就当中学教师，除了读过一年夜大学外没有受过正规的学术训练，在报考研究生前，我并没有什么"专业"的概念，只是随心所欲地看书，积累知识。虽然我一向喜欢文史，但对自然科学也有兴趣，加上文革期间既无书可看，又不敢再作"成名成家"的打算，只是满足个人兴趣及当教师的需要，所以只要能找到的书报杂志我都看。当时有一种内部发行的《国外科技动态》，我每期必看，遇到弄不明白的地方，或者一度流行的新技术，我会找学理科的同学请教。但我不求甚解，浅尝辄止，明白基本原理就行了。像射流、可控硅、风洞、仿真学、大规模集成电路、超导等概念和知识，我就是这样弄清楚的。年轻时记忆力强，当时学到的往往能长期保持。对国内外新闻中涉及的科技知识，我也会想方设法找书看，找人问。林彪外逃和尼克松访华后，《航空知识》一度成为我的必看杂志。上海开始造大飞机后，我一位学航空的同学正好参与，使我又学到不少飞机方面的知识。

读了研究生，特别是选择历史地理专业后，我才发现以前无意中积累的知识对我大有裨益，因为历史地理本身就涉及历史、地理和不少相关的人文、社会和自然学科，需要较广的涉猎和触类旁通。这样的兴趣我一直保持至今，只要有机会就会利用。去年暑假参加学校的工作会议，我与高分子化学系主任同住一室，趁机问了不少问题。参观山西平朔安太堡露天煤矿时，矿方专门派了一位技术人员陪同，让我证实或更新了一些旧概念。

在信息爆炸的时代，不加选择地吸收新知识既不现实，也绝无可能。但这并不等于说，一个人只能或只需要将自己局限于本身狭小的专业。另一方面，在知识的汪洋大海中，的确要有所节制，分清主次，不能贪多，或者随波逐流，没有自己的目的和主见。正因为如此，我对其他学科的了解，一般仅限于基本原理和最新进展。对过于高深或自己一时弄不明白的问题，我总是及时放弃，绝不坚持。

尽管如此，这些专业以外的知识还是使我受益无穷。学问的基本原理是相通的，研究的基本方法也是通用的。历史地理研究本来就涉及人文、社会和自然科学的不少领域，借助于其他学科的研究手段，正是开拓新领域的捷径。我在历史人口地理、人口史、移民史、环境变迁、人地关系、文化地理、文化史的研究中，都曾得益于以前随意涉猎的结果。我曾写过一本《未来生存空间·自然空间》，多少提出了一些个人见解，其中就运用了不少自然科学的研究成果。

近年来，我们与哈佛大学等单位合作，研制"中国历史地理信息系统"，目标是达到世界最先进的水平。由于中国有世界上最悠久的、延续的、完整的历史地理资料，在内容上的先进是有保证的，但在技术方面，也要保证先进，才能在总体上达到世界最先进的水平。我没有能力掌握先进技术，但作为项目主持人，我必须了解有哪些先进技术可以利用，并解决利用中可能遇到的困难。在制定编码方案时，我们曾经请国外一位专业人员设计，他搞了一段时间没有成功。在与他讨论时，我明确提出对"一地一码"的技术要求，将他做不到的原因归纳为：现有的技术达不到我们的要求，现有设备的容量与速度满足不了我们的要求，资金与人力不足，他缺乏能力。由于我对相关的方面有一定的了解，他不得不承认是他个人的原因。我们停止了与他的合作，自己解决了编码中的难题。我们确定的"一地一码"的编码原则和具体方法，用"数据标准化"处理史料中时间和空间的模糊性，都得到了国际同行的肯定。

如果说我的第二项"书外"功夫毕竟是"书"的延伸或扩展，那么我的第三项"书外"功夫就与"书"完全无关了，那就是社会经验——各种社会活动的参与和对社会的了解。对我来说，并非出于自觉的选择，而是不得已的。

我从 1964 年开始当实习教师，1965 年 8 月正式当中学教师，但不到一年文革爆发，此后的十余年间就不务正业了。作为学校的"笔杆子"，我自己写或代别人写过各种各样的文字——表态性或揭发批判的大字报、大批判文章、致敬信、决心书、斗私批修材料、"活学活用毛泽东思想"讲用稿、自我检查（曾代党员、"当权派"起草）、"批林批孔"文章、先进典型总结材料、审查报告、处分决定、各种布告、讯问笔录、判决书（以区"公检法"名义）、慰问信、悼词，凡当时用得上的文体几乎都写过。在学校里，上至"第一把手"（如"工人毛泽东思想宣传队"队长、革命委员会主任、党支部书记）的报告，某人在市、区会议上的发言，下至某党员的"斗私批修"、某小流氓的检查书，都写过或改过。1976 年毛主席逝世后开全校追悼会，全部发言稿都出自我一人之手。1973 年，上海市写作组为了适应教育"大批判"的需要，选拔物色年轻、有实践经验的教师，我被选中，学校已开了欢送大会，只因临时被别人顶替，才使我未进"写作班子"。

　　文革开始当天，我就搬进了党支部办公室，负责整理材料。学校"革委会"成立后，我成为"材料组"（又称"专案组"）成员。"工宣队"进驻学校后，我被留用于"材料组"，"清理阶级队伍"、"落实政策"、"清查五一六"、"一打三反"等运动的内查外调和材料整理大多是我做的。我外调的足迹南至广州，北至京、津，像苏北各县，几乎都跑遍了。还有日常的材料工作，每位学生离校，无论是上山下乡，分配工作，还是参军、上学、入团，或者某种特殊需要（如解放军总部来人"选美"，据说与林立果有关），都需要查阅学生家长的档案并加摘录，像进外语培训班、当国际海员等还得"查三代"和社会关系，这些年间我不知看过多少份档案，也了解了不少以往根本想不到的事实。

　　"复课闹革命"后，我开始管理差生，以后当了"红卫兵团"辅导员、学生团委书记和"教革组"（相当教导处）成员。当时"公检法"（公安局、检察院和法院合在一起）实行"群众办案"，我校的学生被抓了或涉案，就要派人去协助办案。我去了两次后，就被邀继续办下去，对象也不限于本校或学生。三年间我俨然成了闸北区公检法的一员，有合用的办公室，经常出入拘留所、派出所，在分局食堂用餐，提审，做笔录，整理报批材料，拟判决书，押送犯人去外地，行使拘留逮捕，这些事都干过。与此同时，我也成为学校的"派出所所长"，对学校管不了的学生，就移送公检法。当时学生都按地区入学，来自同一街道，加上不时有与街道里弄配合的活动，我的管理范围又扩大到校外。我处理过的事，既包括持刀行凶、聚众殴斗、"反动标语"等一类必须交"公检法"处理的大事，也有家长里短的小事，如邻里纠纷、家庭失和、同学打架、教室失窃、师生冲突等。学校或地区举办重大活动，我总会在场坐镇。有些教师课堂秩序无法维持，我也得赶去"镇压"。

这样的经历，一般教师或校长大概很少会有的，这也使我学到了很多在书本、课堂、校内学不到的东西，对社会有了比较深刻的了解。当我进入史学领域后，我认识到，要读懂史料的文字内容固然不易，但真正的困难是要读懂文字的真实含义，即文字背后的事实真相，那十余年的经历积累下来的经验意外地帮了我的大忙。我经常对学生说：以往的社会现象是无法重现的，但如果你了解了今天的社会，再了解过去社会就比较容易了。

以上三点只是个人的体会，并非普遍的经验。例如第一点，就是可遇不可求的机会，多数人没有那么幸运。第二点，如果有了机会或可能，就应该积极争取，倍加珍惜。第三点其实也是意外收获，当时是不得已的，并不值得效仿。但现在的学生和学者同样需要了解社会，增加实践能力，对从事人文科学研究的人来说尤其重要。

6. 读萨苏的书，回忆中国抗战

我出生于 1945 年 12 月，抗日战争已经胜利结束了几个月。但在我有记忆开始，上一辈人有关"东洋鬼子"、"矮东洋"、"东洋乌龟"的回忆就不绝于耳，日本兵如何烧镇上的房子，如何强暴"花姑娘"，"逃难"的日子如何艰难，当"良民"如何受屈辱，都在我幼小的心灵留下深深的烙印。镇上不止一处"火烧白场"（被火焚毁的房屋废墟），有的依然荒废，有的已成为我们游戏的场所，有的已被新建的房屋覆盖，但老人们都能一一指认，哪一处是"长毛"（太平天国部队）烧的，哪一处是日本兵烧的。

有关抗日战争的课文、歌曲、小说、戏剧、电影伴随着我们这一代人成长，《平型关大捷》、《百团大战》、《奇袭阳明堡》、《狼牙山五壮士》、《白求恩》、《松花江上》、《保卫黄河》、《游击队之歌》、《太行山上》、《延安颂》、《抗大校歌》，《鸡毛信》、《小兵张嘎》、《铁道游击队》、《平原游击队》、《敌后武工队》、《烈火金刚》、《野火春风斗古城》、《地道战》、《红灯记》、《沙家浜》，持续不断地加深着中国共产党、八路军、新四军、革命群众的英雄形象和日本侵略者、汉奸、伪军、卖国贼和国民党反动派的丑恶面目。

记得 1957 年我刚随父母迁居上海，"日本商品展览会"在上海举办，这是战后第一次在上海升起日本国旗。据说，要不是政府防范在前，肯定会有爱国青年将它扯下。但另一种声音也逐渐增强——要把日本军国主义与日本人民区别开来：日本人民反对战争，他们也是战争的受害者，愿意与中国友好，现在正在与美帝国主义及日本反动派作斗争，所以我们应该支持日本人民的反美爱国斗争。每年的广岛、长崎原子弹爆炸纪念和日本禁止原子弹、氢弹的活动，中国都会派代表团参加，特别是对"日本人民反对'日美安保条约'斗争"的支持更有集会、游行等多种方式。1960 年夏，我在上海参加高中入学考试，作文的试题就是《给日本朋友的一封信》。

文化大革命期间，"反修"的口号越叫越响，"苏修"（苏联修正主义）成为头号敌人，对日本人民的支持又增加了"收回北方四岛"。为了揭露日本军国主义复活，在国家干部范围内放映日本"反动影片"《啊，海军》、《山本五十六》、《日本海大海战》。中学教师算是干部，也属观看人员。其中一次我正带学生在农村劳动，接到通知专程赶回上海看半夜一场。尽管是带着批判的眼光，对第一次看到正面显示的日本军容还是十分震惊。

改革开放以来，抗日战争的历史事实得到更全面的实事求是的评价。我也从中学教师成为历史专业的研究生，又成为历史地理专业的研究人员，因而有更多机会了解历史真相，进行专题研究，参加史迹考察。滇西抗战五十周年时，我去云南保山参加学术讨论会，会后又考察了松山、龙陵、腾冲等战场遗址。当最后来到国殇墓园，面对数千为国献身的英魂时，我不能不感到惭愧和遗憾——为什么烈士们身后寂寞了那么长的时间？近年来，我读到的史料更多，对抗战的了解也更全面。但我深知，我所知还只是某些片断，就是中国方面的记载也了解不多，何况还有日本方面及其他国家的史料？像南京大屠杀的一部分证据，就是德国、美国、英国等外国经历者的记录。

1997年我在日本京都的国际日本文化研究中心当客座研究员，发现图书馆中有不少战时的电影资料录像。其中一部分是由"满映"（伪满洲国"满洲映画株式会社"）拍摄的新闻短片，我全部看了一遍，这才知道我从小就开始看的"新闻简报"原来是从"满映"学来的。这些新闻片自然都是为日本侵略中国作宣传而制造的。但多少也显示了一些事实，如日军进攻上海时曾在爱国女中遭到中国军队的激烈抵抗，占领该校后，分别为"皇军"和"国军"阵亡者设了灵位，影片中出现了日本军人同时向两个灵位献花致敬的画面。东北的民众在日本和伪满的驱使下，加紧采煤，连妇女也在工厂参与装配飞机。汉奸政权组织市民，在上海外白渡桥手持小旗夹道欢迎日本军队。溥仪访日时表面受到隆重欢迎，而汪精卫的尸体用专机运回南京时一派冷清。

在日本的图书馆中还有大量相关史料，可惜因为我专业研究以外的时间太少，读日文的速度又太慢，无法涉猎。如果我以抗战史或近代中日关系为研究方向的话，日本方面的史料肯定与中国方面的史料具有同样重要的地位。在与日本学者交流时，我发现，除了文化背景方面的差异外，依据的证据不同，也是造成双方分歧的主要原因。但对方提出的相反证据，我往往闻所未闻，在以往接触到的中国学者的论著中从未提及。2004年我在台湾暨南国际大学讲学期间去雾社参观，因为早就知道"雾社事件"或"雾社暴动"。回校后，与在该校任教的滨岛敦俊教授谈起，他却列举一些我从未听说过的事，提出了相反的理由。如果只是对同一事实的不同理解或不同观念，我们完全可以继续讨论，或者求同存异。但在没有弄清事实的真相前，原则性的是非标准是毫无意义的。

所以，当我读到萨苏先生的书稿时，立即决定要向读者推荐，因为此书有利于我们更全面地了解抗日战争的历史。写这本书，萨苏先生可谓得天独厚——他的家庭和社会背景使他有机会接触到或听到抗战留下的人物或事件，不少是不见于正史记载的。他供职于一家美国公司，却长期派驻日本，有机会深入了解日本，并收集他感兴趣的资料。从已经收录入书稿的内容看就相当广泛，包括当时的公开报道、内部报告、通讯、回忆、谈话、照片、地图、书影，据说其中不少是首次在中国发表，至少我是第一次见到。但我们能读到这些文字，还得感谢他对资料的严格选择和客观分析。尽管他没有受过历史学的专业训练，但在尊重事实，实事求是方面并不亚于历史学者。

或许有人会担心，多用日本方面的史料会使读者误解抗战历史，或者会在客观上减轻日本的侵略罪行。其实恰恰相反，事实越充分，结论越明确。双方的史料放在一起，即使相互矛盾，也比各说各的要强，在此基础上得出的结论才经得起历史的检验，对双方都有说服力。例如，对战争中双方的伤亡人数，作者既介绍了日方公开报道中的吹嘘，也公布了日本内部报道中承认的数字。又如，从日本方面的史料看，八路军的确曾击落一架日本侦察机，但迄今为止中国方面未见任何记载，显然当初就被忽略了。要不是作者的发掘，中国抗战史就缺少了这光辉的一页。

萨苏先生的文章也很有吸引力，语言亦庄亦谐，举重若轻。某些段落在专业人士看来或许稍显夸张，但作为普及性读物也无伤大雅。

我与萨苏先生素不相识，读到编辑发来的书稿才首次得知其人其文。因希望与更多读者分享，我乐意写下这些话作一介绍。未知萨苏先生以为然否？

7. 我的从教心得

记得我读研究生不久，先师季龙（谭其骧）先生谈及撰写论文。先师说：写论文选题很重要。题目选得不好，花再多功夫也做不出好结果。他举例说，同样研究长江河道的变迁，如果选中游，或许能发现不少问题，写出高质量的论文。但有人选了下游马鞍山到南京一段，但这一段河道本身变化不大，即使作者尽了力，还是做不出什么结果，自然写不成高质量的论文。

这使我明白了一个道理——写论文和研究还是有区别的。研究可以有目标，却不必也不能规定具体的成果。研究下来可能会有肯定或否定的结果，也可能什么结果也没有。但写论文就不同，因为并非所有的研究都能写成论文的。要是什么结果也没有，什么结论都没有办法做，还写什么论文呢？

拿学位论文来说，现在一般都强调要有新意，有创造性。当然能达到这样的水平最好，但至少也得通过论文显示作者已经掌握的基本理论和概念、研究方法和能力、具体成果和水平。我将博士论文戏称为博士生的"高级技巧表演"，原因就在于此。这并不是说博士论文不需要有创造性，或者不讲学术质量，而是要强调博士论文基本的、有限的目标——必须在规定的期限内写出足以证明作者是否达到学位培养水准的论文。因而，选题的重要性不言而喻。我认为选题应不大不小，太大了涉及范围太广，不能穷尽，难以深入，也无法在二三年至多三四年内完成；太小了就不能比较全面地显示作者已具备的能力和已达到的水平。

自从 1989 年我单独指导研究生至今，我都让他们自己确定选题。非到不得已的情况，我不会提出我的建议。因为只有学生自己选定的题目，才能充分考虑自己的优势和不足，扬长避短，才会有足够的自信和兴趣做下去，才有可能达到较高的水准。还得作些调查了解，看看是否有最低限度的史料，已有研究成果留下多少发展余地。有几次学生自己选的题目被我否定了，在说明理由后，新的题目还是让他们自己选。这些年间被评为优秀的和陆续出版的博士论文，都是由作者自己选题的。

现在，王大学的博士论文经修订后及时出版。翻阅一过，更使我深信选题的重要性。

作为一篇历史地理学科的博士学位论文，江南海塘这一研究对象有丰富的研究领域，涉及历史自然地理和人文地理很多分支。海塘的建造、维护、废弃、重建必须顺应海陆变迁，抗御常规或异常的灾害；必须具备必要的人力和物力，获得基本的建筑材料，还需要有相应的精神支撑；建造和维护的过程既要有行政权力的保证，也要有民间的合作和官民的互动。另一方面，明清以来的江南是中国经济文化最发达的地区，文献资料丰富，保存相对完好，海塘研究所涉及的方面大多能找到相应的资料，甚至还有记载详尽的档案和描述精细的地图，可谓得天独厚。更加幸运的是，这样一个重要的选题，此前的研究还很有限，留下了相当大的发展空间。

不过，要将选题的优势变为成功的现实，就取决于作者的努力。我另一位学生曾经选了一个很有发展潜力的题目，在调查考察中也发现了大量尚未引起重视的原始资料，可惜因为种种原因而放弃了。而王大学从硕士生期间开始，始终以江南海塘为研究目标，锲而不舍。为了进行比较研究，他不仅研读了英国历史地理学家达比的论著，还利用我访问诺丁汉大学之机，找来了英国研究泰晤士河堤岸的博士论文。为了不漏掉一条史料，他曾请本所的台湾硕士生在台北的图书馆借书核对。至于论文的质量如何，已有进行评阅的诸位导师和答辩委员会全体导师作了结论，各位读者也可作出评价。

王大学出身农家，却有志于学。有一年，我去河南师大讲学，他当时是历史系的学生。回来不久就收到一封来信，正是他听了我的报告后写来的。在信中，他表达了报考研究生的愿望，也谈了对现实的困惑。我给他回信，肯定他的志向，鼓励他树立信心，也谈了一些具体看法。据说得知他报考我们所研究生时，有的老师还以为他异想天开，但最后他如愿以偿。如今，他已获得博士学位，成为复旦大学中国历史地理研究所的讲师，承担了重大的研究项目。他当初的追求已经成为现实，希望他确立更高的目标，持续地追求下去，这就需要他在学术研究和人生道路上不断确定新的选题。